JN440827

고대 동아시아와 탐라

탐라문화학술총서 22
[탐라천년, 제주천년 01]

고대 동아시아와 탐라

채미하·김경주·장창은·박남수·이유진·최희준 공저

景仁文化社

책을 펴내며

탐라문화연구원에서는 지난 2017년부터 2년여에 걸쳐 진행한 학술대회 등을 통해 고대 탐라로부터 현대 제주까지의 역사와 문화를 '탐라 천 년, 제주 천 년'의 대주제로 풀어내고자 하였습니다. 시대적으로 부침이 없었던 것은 아니지만 지정학적인 면에서 예로부터 동아시아 해양문화 교류의 중심지 역할을 수행했던 곳으로서 제주도의 위상을 자리매김하기 위함입니다. 나아가 제주 역사문화의 균형 있는 연구와 제주학의 종합적인 정립을 위한 기반을 마련한다는 취지이기도 합니다.

이번에 발간되는 『고대 동아시아와 탐라』는 신화, 역사, 고고학, 외국 문헌자료 등의 분석을 통해 고대 탐라의 역사를 조명하고, 탐라와 한반도-중국-일본 등과의 대외 교섭과 교류를 종합적으로 검토하였던 2017년 학술대회의 연구 성과를 정리한 것입니다. 채미하 교수의 「탐라 건국신화에 보이는 3神女의 역할과 위상」은 제주인들의 삶에 투영된 신화소를 해석하는 데 중점을 두었고, 장창은 교수의 「史書에 남겨진 古代 耽羅國 운위 실체의 재검토」는 국내·외의 문헌 기록들을 재확인하여 역사적인 실체 접근을 이루었습니다. 김경주 부원장은 「탐라시대 전기의 취락구조와 대외교류」의 연구를 진행하여 고고학적으로 탐라국을 해석하였으며, 박남수 신라사학회장의 「탐라국의 동아시아 교섭과 신라」, 이유진 박사의 「탐라의 대일교섭 『日本書紀』의 교류기록을 중심으로」, 최희준 박사의 「탐라국의 대외교섭과 항로」는 성장 과정에 있었던 탐라국의 대외교류를 다양한 시각에서 풀어낸 연구입니다. 탐라국에 대한 연구는 제주 역사문화의 첫 출발에 해당하는 매우 중요한 시기임에도 불구하고 고려와 조선, 근현대사에 비해서 상대적으로 연구 성과가 미진한 실정이었는데, 이 책의 간행을 통해 편린으로 남아 있는 탐라국의 역사를 조금이나마 복원할 수 있기를 기대합니다.

탐라문화연구원에서는 이번의 『고대 동아시아와 탐라』에 이어 『중세 동아시아 해양과 교류』·『근대 동아시아의 해양과 문화』 등을 '탐라 천 년, 제주 천 년' 기획도서로 간행할 계획입니다. 이는 언론인이자 제주해녀 연구가였던 강대원 선생(1926~2015)의 유족들이 기탁한 발전기금에 힘입은 사업입니다. 널리 알려졌다시피 강대원 선생은 제주해녀 연구 활동에 진력하면서 『해녀연구(1970)』, 『제주도해녀(1973)』, 『제주잠수권익투쟁사(2001)』 등의 저서를 남겼으며, 제주도공익상(현, 제주도문화상)을 수상한 분입니다. 동아시아 해양문화 속 제주의 해양문화에는 제주해녀를 비롯한 신앙, 민속 등이 망라되어 있어서 故人의 고귀한 뜻을 받들 수 있었습니다. 이 자리를 빌려 고인과 유족들께 감사 인사를 드립니다.

2019년 3월

제주대학교 탐라문화연구원장 전영준

차 례

탐라 건국신화에 보이는 3神女의 역할과 위상

채 미 하
고려대학교 동아시아문화교류연구소 연구교수

Ⅰ. 머리말

탐라 건국신화는 한라산 북쪽 기슭 모흥혈에서 솟아난 고을나·양을나·부을나(이하 3神人)가 바다를 건너 오곡 종자와 송아지·망아지를 가지고 온 세 여인(이하 3神女)과 각각 혼인하여 分居하였다는 것이다.[1] 본풀이(신화)에는 심방들이 영평 8년(65)에 고·양·부 3신인이 솟아나 나라를 세웠다고 했다.[2] 그리고 1928년 산지항 축조 공사 때 발견된 오수전은 서기전 118년부터 주조되어 사용되었던 화폐이며 왕망 때 잠시 사용과 주조가 금지되었다가 후한 이후 다시 주조되었다. 이 오수전은 제주도 산지항, 전남 거문도, 마산 성산 패총, 황해도 운송리 등에서도 출토되었다.[3]

이를 통해 탐라는 1세기에 존재한 국가이며, 탐라 건국신화는 제주 3성의 시조신화이기도 하면서 한국 고대 건국신화가 변형된 것이라고도 하였다.[4] 지금까지 탐라 건국신화에 대한 다양한 검토가 있어왔다.[5] 이

1 『瀛州誌』와 『고려사』 지리지 참고. 그리고 기록에 따르면 탐라에 온 여성은 '處子三人' '處女三'으로 나온다. 이것은 고려말~조선초의 인식이 반영된 것으로, 본 논문에서는 '處子三人' '處女三'을 3신녀로 사용함으로써 3신인과 대비하였다.

2 허남춘, 「제주도 본풀이와 주변신화」, 『탐라문화』, 2011, 202~204쪽.

3 전경수, 「상고 탐라사회의 기본구조와 운동방향」, 『제주도연구』 4, 1987, 33쪽.

4 정진희는 「조선초 제주 삼성신화의 문자화 양상과 그 의미」, 『고전문학연구』

를 통해 3신녀의 도래와 3신인과의 혼인, 그로 말미암은 탐라 사회의 변화 등에 대해 알 수 있었다. 하지만 3신녀가 한국 고대 건국신화에서 차지하는 역할과 위상에 대한 이해는 부족하다고 생각한다. 따라서 본 글에서는 3신녀의 역할과 그 위상을 한국 고대 건국신화의 시조비·시조모와 비교 검토해 보려고 한다.[6]

이를 위해 우선 탐라 건국신화에 보이는 3신인과 3신녀에 대한 기록을 고찰할 것이다. 다음으로 바다를 건너온 3신녀가 3신인과의 혼인으로 탐라 사회가 변화되어 가는 것을 통해 3신녀의 역할을 알아볼 것이다. 그리고 3신녀의 위상은 3신녀에 대한 추숭과 관련지어 살펴볼 것이다. 이를 통해 탐라 건국신화의 3신녀가 한국 고대 사회에서 차지하는 특수성과 보편성을 알 수 있을 것으로 기대한다.

30, 2006, 257~258쪽에서 서세문의 삼성신화는 건국신화로 볼 수 있으나, 지리지와 성주고씨전의 삼성신화는 건국신화라 할 수 없다고 하였다. 왜냐하면 세 이본 모두 '오곡을 심고 구독을 기르는 등의 '산업'이 이루어졌다고 한 것은 공통적이나, 서세문은 왕의 등극과 '모모'라는 국가의 성립으로 이어지는 결말을 보인다는 점에서 다른 두 이본과 구분된다고 하였다.

5 이와 관련된 연구성과는 정진희, 앞의 논문, 2006, 252~253쪽 및 이하의 논문 참고.

6 이와 관련해서 채미하, 「고구려의 국모신앙」, 『북방사논총』 12, 2006 ; 나희라, 「대가야의 신화와 의례」, 『대가야의 정신세계』, 2009 ; 김선주, 「신라 선도성모 전승의 역사적 위상」, 『사학연구』 99, 2010 ; 강영경, 「단군신화에 나타난 웅녀의 역할」, 『여성과 역사』 16, 2012 ; 채미하, 「신라의 건국신화와 국가제의」, 『한국사학보』 55, 2014 ; 채미하, 「한국 고대 神母와 國家祭儀 - 유화와 선도산신모를 중심으로」, 『동북아역사논총』 52, 2016 등

Ⅱ. 관련 기록 검토

탐라 건국신화가 처음 보이는 문헌은 『瀛州誌』(저자 미상, 고려 말 또는 조선 초 발간 추정)로, 이것은 『星主高氏傳』(鄭以吾, 1416년(태종 32))과 「序世文」(高得宗, 1450년(세종 32)), 『高氏世譜』 등과 서로 이어져 있다고 한다. 『고려사』 지리지(양성지 편찬, 1451년(문종 1))의 탐라 건국신화는 『세종실록』 지리지(1454년(단종 2)), 『동국통감』(서거정 편찬, 1485년(성종 16)), 『신증동국여지승람』(이행·홍언필 증보, 1530년(중종 26)), 『탐라지』(이원진 저, 1653년(효종 4)) 등에도 보인다.[7] 전자는 영주지계, 후자는 고려사계라고 한다. 『瀛州誌』와 『고려사』 지리지의 내용을 제시하면 다음과 같다.[8]

1) ① 瀛州에는 태초에 사람이 없었다. 홀연히 세 神人이 한라산 북쪽 기슭에서 솟아 나왔는데, 모흥혈이라 한다. 長은 高乙那, 次는 良乙那, 三은 夫乙那라 하였다. 그들의 모양은 매우 크고 도량이 넓어서 인간 사회에는 없는 모습이었다. 그들은 가죽옷과 육식을 하면서 항상 사냥을 일삼으며 생활하나 가업을 이루지 못하였다. ② 하루는 한라산에

7 탐라신화의 이본과 관련해서는 장주근, 「구전신화의 문헌신화화 과정」, 『선청어문-의민 이두현 교수 정년퇴임기념논문집』 18, 1989, 72쪽 및 79~80쪽 ; 현용준, 「삼성신화연구」, 『탐라문화』 2, 1983, 48~53쪽 ; 허남춘, 「삼성신화의 신화학적 고찰」, 『탐라문화』 14, 1994 ; 정진희, 2006, 앞의 논문.

8 현용준은 앞의 논문, 1983, 57쪽에서 3신인의 출생과 생활, 3신녀의 표착과 혼인, 所居地 선정과 정착건국으로 나누었으나, 필자는 현용준의 두 번째 내용을 3신녀의 표착과 사자의 전언으로 나누고 3신인과 3신녀의 혼인과 사회의 변화를 함께 보았다.

올라 멀리 바라보니 자줏빛 흙으로 봉한 목함이 동해 쪽으로 떠와서 머물러 떠나지 않은 것을 보고 삼인은 내려가 이를 열어 본즉 속에는 새알 모양인 옥함이 있고 자줏빛 옷에 관대를 한 사자가 따라와 있었다. 또 옥함을 여니 푸른 옷을 입은 처녀 세 사람이 있었는데 모두 나이는 15, 16세요, 용모는 품위 높고 아리따움이 보통이 아니었고, 각각이 아름답게 장식하여 같이 앉아 있었다. 또 망아지 송아지와 오곡의 종자도 가지고 있었는데 이를 금당의 해안가에 내려놓았다. ③ 세 신인은 모두 즐거워서 말하기를, 이는 반드시 하늘이 우리에게 주신 것이다 하였다. 사자는 두 번 절하고 엎드려 말하길, 나는 동해의 벽랑국의 사자올시다. 우리 임금님이 이 세 공주를 낳으시고 나이가 다 성숙함에도 이들의 배우자를 얻지 못하여 항상 탄식함이 한 해 나머지 되는데 근자에 우리 임금님께서 자소각에 오르시고 서쪽 바다의 기상을 바라보시더니 자주 빛 기운이 하늘을 이어 상서로운 빛이 서리는 것을 보시고 신자 세 사람이 절악에 내려와 있어서 장차 나라를 열고자 하나 배필이 없어하고 있어 신더러 명하여 세 공주를 그 곳으로 데려가라 하여 왔으니 좋도록 짝짓는 예를 올리시고 대업을 이룩하소서 하고는 홀연 구름을 타고 사라져 버렸다. ④ 세 신인은 곧 목욕재계하여 하늘에 고하니 나이 차례로 그녀들과 결혼하여 물 좋고 기름진 땅을 골라 활을 쏘아 땅을 정하니 고을나가 사는 곳은 제일도라 하였고, 양을나가 사는 곳은 제이도라 하였고, 부을나가 사는 곳은 제삼도라 하였다. 이로부터 산업을 일으키기 시작하여 오곡의 씨를 뿌리고 송아지 망아지를 치니 날로 번성하여 부유하게 되어 드디어 인간 세계를 이룩하여 놓았다(『瀛州誌』 奎章閣藏, 1976, 『탐라문헌집』, 제주도교육위원회, 2~4쪽).[9]

9 ① 瀛州 太初無人物 忽有三神人 從地湧聳出鎭山北麓 有穴曰毛興 長曰高乙那 次曰良乙那 三曰夫乙那 狀貌甚偉 器度寬豁 絶無人世之態也 皮衣肉食 常以遊獵爲事 不成家業矣 ② 一日登漢拏山 望見紫泥封木函 自東海中浮來欲留而不

2) 耽羅縣은 全羅道 南海에 있다. 古記에서 말하기를 "① 太初에 사람이 없었는데, 세 神人이 땅으로부터 솟아 나왔으니(그 主山의 북쪽 기슭에 구멍이 있는데, 毛興이라고 한다. 이곳이 그 땅이다), 맏이는 良乙那라고 하였고, 그 다음을 高乙那라고 하였으며, 셋째는 夫乙那라고 했다. 세 사람은 거친 땅에서 사냥을 하면서 가죽 옷을 입고 고기를 먹었다. ② 하루는 자주색 진흙으로 봉해진 나무 상자가 바다에서 떠다니다 동쪽 바닷가에 닿은 것을 보고 가서 열어보니, 상자 안에 또 돌 상자가 있었으며, 붉은 띠와 자주색 옷을 입은 使者 한 사람이 따라 나왔다. 돌 상자를 여니 푸른 옷을 입은 처녀 세 사람과 망아지와 송아지[駒犢]들과 五穀의 종자가 나왔다. ③ 사자가 '우리는 日本國의 사신입니다. 우리 왕이 이 세 딸을 낳고는, '西海의 中嶽에 神子 세 사람이 내려와 장차 나라를 열고자 하나 배필이 없구나' 하고는 저에게 분부하여 세 딸을 모시고 여기에 오도록 한 것입니다. 마땅히 배필로 삼아 大業을 이루십시오.'라고 말한 후 홀연히 구름을 타고 가버렸다. ④세 사람이 나이 순서에 따라 세 여자를 나누어 아내로 삼고서, 샘이 달고 땅이 비옥한 곳으로 가서, 화살을 쏘아 땅을 점치고는 양을나가 사는 곳을 第一都라 하였고, 고을나가 사는 곳을 第二都라 하였으며, 부을나가 사는 곳을 第三都라 하였다. 처음으로 오곡을 파종하고 또

去 三人降臨就開則 內有玉函形如鳥卵 有一冠帶紫衣使者 隨來 開函有青衣處子三人 皆年十五六 容姿脫俗 氣韻窈窕 名修飾共坐 且持駒犢五穀之種 出置金塘之岸 三神人 自賀曰 是天必授我三人也 ③ 使者再拜稽首曰 我東海碧浪國使也 吾王生此三女 年皆壯盛而求不得所耦 常以遺嘆者歲餘 項者吾王登紫霄閣望氣于西溟則 紫氣連空 瑞色葱朧 中有絶岳 降神子三人 將欲開國而無配匹 於是 命臣侍三女 以來 宜用伉儷之禮 以成大業 使者忽乘雲而去 莫知所知 ④ 三神人卽以潔牲告天 以年次分娶 就泉甘土肥處 射矢卜地 高乙那所居曰第一都 良乙那所居曰第二都 夫乙那所居曰第三都 自此以後 始成產業 植播五穀 且牧駒犢 日就富庶 遂成人界矣 …

> 가축을 길러 나날이 부유하고 자손이 번성하게 되었다(『고려사』 57, 지11 지리2 전라도 진도현 탐라현).[10]

위의 탐라 건국신화를 보면 3신인에 대해 『영주지』에는 장자가 고을나로 되어 있으나, 『고려사』 지리지에는 양을나로 나온다. 3신인과 혼인한 3신녀도 『영주지』에는 동해 벽랑국 임금의 세 딸로,[11] 『고려사』 지리지에는 일본 국왕의 세 딸로 기록되어 있다. 이와 같이 3신인과 3신녀는 기록에 따라 차이를 보이지만,[12] 탐라 건국신화를 보면 3신인은 땅에서 솟아 올랐고(從地涌聳) 3신녀는 바다에서 나무 상자(紫泥封木函)를 타고 이주하였다고 한다.

한국 고대 건국의 주인공인 시조는 주로 卵生으로 하늘에서 지상으로 탄강한 이주세력이며, 그 배우자는 토착세력인 경우가 대부분이다. 한국 고대 건국신화 속의 시조와 그 시조비(모)를 제시하면 다음과 같다.

---

10 ① 耽羅縣在全羅道南海中 其古記云 太初無人物 三神人 從地聳出(其主山北麓有穴曰毛興 是其地也) 長曰良乙那 次曰高乙那 三曰夫乙那 三人遊獵荒僻 皮衣肉食 ② 一日見紫泥封藏木函 浮至于東海濱 就而開之 函內又有石函 有一紅帶紫衣使者 隨來 開石函 出現青衣處女三 及諸駒犢五穀種 ③ 乃曰 我是日本國使也 吾王生此三女云 西海中嶽 降神子三人 將欲開國 而無配匹 於是 命臣侍三女 以來爾 宜作配 以成大業 使者忽乘雲而去 ④ 三人 以年次 分娶之 就泉甘土肥處 射矢卜地 良乙那所居曰第一都 高乙那所居曰第二都 夫乙那所居曰第三都 始播五穀 且牧駒犢 日就富庶 …

11 『성주고씨전』에는 일본국의 일곱 딸 중 세 명으로 나온다.

12 영주지계와 고려사계에 보이는 기록의 차이는 당시의 이데올로기 등이 반영된 것으로 이해된다.

[표 1] 한국 고대 건국신화의 시조와 시조비

國	시조(부)(출자 등)	시조모(비)
고조선	환웅(天) → 단군	웅녀
고구려	해모수(天) → 주몽(卵生)	하백 → 유화(水)
대가야	이비가지(天)	정견모주(山)
신라		서술산신모(山)
	혁거세(天, 卵生)	알영(井)
	탈해(海, 卵生·궤)	
	알지(天·궤)	
금관가야	수로(天, 卵生·궤)	허황옥(海)
백제	온조	소서노
탐라	3신인(地)	3신녀(海)

위의 [표 1]에서 알 수 있듯이 한국 고대 건국신화의 시조는 天降(탈해 제외)·卵生 등으로 나타난다. 이와 같은 한국 고대 건국신화의 시조와는 달리 탐라 건국신화에서 3신인은 땅에서 솟아나온다. 동남아·남중국·沖繩의 경우 남녀 2신이 땅에서 출현한다. 이로 볼 때 탐라 건국신화에서 3신인이 땅에서 솟아올랐다는 것은 제주의 사회·문화 배경이 반영된 것이라고 할 수 있다.[13]

3신인은 산으로 내려왔다고도 한다. 즉 『영주지』에는 '中有絶嶽 降神子三人'이라 하였고 『고려사』에는 "西海中嶽 降神子三人"이라고 하였다. 『영주지』를 보면 그 산은 한라산으로, 한라산의 영험과 3신인의 출현은 관계있지 않을까 한다. 고대인들은 높은 산을 하늘과 인간의 교섭처로 생각하였다. 즉 천신이 높은 산에 내려와 인간과 교통한다고 믿었던 것이다. 산은 天祭를 지내는 제사장소이기도 하였다.[14]

13 현용준, 앞의 논문, 1983, 71~76쪽.

그렇다면 3신인은 땅 뿐만 아니라 하늘과도 연결된 존재로 이해해 볼 수도 있지 않을까 한다. 이와 관련해서 신라의 6촌장 신화가 관심을 끄는데, 『삼국사기』와 『삼국유사』를 보면 6촌(부)의 시조들은 모두 峰 또는 山에 내려왔다고 한다. 이에 대해 일연은 6부의 조상들이 모두 하늘에서 내려온 것 같다(按上文 此六部之祖 似皆從天而降)고 하였다. 고조선 건국신화에서는 환인의 아들 환웅이 태백산 정상 神檀樹에 내려와 神市를 펼치는데,[15] 이러한 단군신화의 내용과 같은 천손강림의 신화를 6촌장들은 지니고 있었다.[16] 특히 무산대수촌의 대수(촌)는 신단수를 생각하게도 하는데, 신단수는 천·지·지하계의 접합점에 있는 성역이고 만물이 생성되며 太儀를 재현하는 聖壇을 상징한다고 한다.[17]

3신인은 『영주지』를 보면 '皮衣肉食 常以遊獵爲事 不成家業矣'라 하였고, 『고려사』에는 '遊獵荒僻 皮衣肉食'이라 하여, 가죽옷과 육식을 하

---

14 『서경』 순전, "至于岱宗柴"

15 『삼국유사』 1, 기이 2, 고조선, "古記云 昔有桓因庶子桓雄 數意天下 貪求人世 … 雄率徒三千 降於太伯山頂神壇樹下 謂之神市…"

16 6촌장의 천신하강 내용은 고조선에서 이주해 온 천신족으로서 자부심을 내세운 것으로 해석(조동일, 『한국문학통사』, 지식산업사, 1982, 9쪽), 고조선계 유이민이 경주에 정착하면서 자신들의 신화를 꾸몄는데, 이주민이기 때문에 천신하강 구조로 하였다는 해석(이지영, 『한국신화의 神格 유래에 관한 연구』, 태학사, 1995, 62쪽), 고조선 유민들이 진한 지역에 밀려와 정착하면서 북방에서 가져온 자기 신화를 되살려낸 것이라는 해석(조현설, 「건국신화의 형성과 재편에 관한 연구」, 동국대학교대학원박사학위논문, 1997, 137~138쪽) 등이 있다. 한편 6촌장의 천강설화는 후대에 꾸며진 것이라고 한다(이병도, 『국역 삼국사기』, 을유문화사, 1976, 598쪽).

17 황패강, 「단군신화의 연구」, 『단군신화론집』, 새문사, 1988, 78쪽. 이상은 채미하, 「신라의 6촌과 산악제사」, 『신라사학보』 23, 2011, 93쪽.

면서 사냥하였다고 한다. 그런데 바다를 건너 온 3신녀가 망아지·송아지와 오곡 종자(駒犢五穀種)를 가지고 와서 3신인과 혼인함으로써 탐라 사회는 처음으로 오곡을 파종하고 가축을 길러 사회가 부유해졌다(始成產業 植播五穀 且牧駒犢 日就富庶 始播五穀 且牧駒犢 日就富庶)고 한다. 즉『영주지』에는 '太初無人物'에서 3신인이 등장하여 수렵사회가 되었고 바다를 건너온 3신녀가 3신인과 혼인함으로써 '遂成人界'하였다.[18]

이로 볼 때 3신인이 등장한 것은 한국 고대 건국 시조가 등장하던 사회보다 앞선 사회였으며 한국 고대 건국신화에서는 시조가 사회를 변화시키는 역할을 하지만, 탐라 건국신화에서는 3신인이 아닌 3신녀가 그 역할을 하고 있음을 알 수 있다. 이것은 6촌[19]의 6촌장들이 閼川 언덕 위에 모여 "우리들이 위로 백성들을 다스릴 만한 임금이 없어 백성들이 모두 방종하여 제멋대로 놀고 있으니 덕이 있는 사람을 찾아내어 그를 임금으로 삼아 나라를 창건하고 도읍을 정"하는 것을 의논하였고 새로운 세력인 혁거세를 받들어 왕으로 세우고 있는 것[20]과 비교된다.

---

18 제주의 고·양·부 3신인은 사냥을 하면서 지내다가, 3여신과 혼인하여 농경문화를 정착시킨 것으로 볼 수 있다. 그리고 3여신의 도래는 가야국의 허왕후 도래와 비견되는 고대국가의 형성과정이고, 새로운 문명의 수입과정을 보여 주는 문화적 교섭의 징후라 하겠다(이상은 허남춘, 앞의 논문, 2005, 9~11쪽).

19 6촌의 사회적 성격을 혈연과 지연으로 결합된 씨족사회(이병도, 앞의 책, 1976, 600쪽 ; 김병곤,「사로 6촌의 출자와 촌장의 사회적 성격」,『한국고대사연구』22, 2001, 137쪽 :『신라 왕권 성장사 연구』, 학연문화사, 2003)로 계급(Rank)을 가진 혈연집단으로서의 氏族(Clan) 社會인 酋長社會(Chiefdom)(이종욱,『신라국가형성사연구』, 일조각, 1982, 17~47쪽), 촌락공동체인 소연맹국으로 보기도 한다(김두진,「신라 6촌장신화의 모습과 그 의미」,『신라문화』21, 2003, 108쪽).

20 채미하, 앞의 논문, 2011, 88~89쪽.

3신녀는 『영주지』를 보면 자주빛 木函 속의 鳥卵形 玉函에 담겨 떠왔으며(玉函形如鳥卵), 『고려사』에는 자주빛 木函 속의 石函에 담겨 떠 왔다고 한다. 3신녀가 함에 담겨 바다를 건너 탐라에 왔다는 것은 동남아와 沖繩, 가야의 허황옥과 신라의 탈해신화에서도 알 수 있다.[21] 『영주지』의 옥함은 鳥卵형인데, 이것을 한국 고대 건국신화의 가락국의 김수로, 신라의 혁거세·탈해·알지, 고구려 주몽의 난생과 같은 난생형 신화를 차용하여 변이한 것이라고 한다.[22] 이와 같은 3신녀의 출자처를 『영주지』에서는 벽랑국, 『고려사』에서는 '일본국'이라 하였으며[23] 이들이 도착한 장소는 『영주지』에는 '金塘之岸'(금당포, 조천)으로, 『고려사』에는 '東海濱'으로 나오며 20세기 문헌에는 온평리(열운리)로 나온다.[24]

『영주지』를 보면 "東海中浮來欲留而不去 三人降臨就開"하였고 3신인은 '自賀曰 是天必授我三人也' 하였다고 한다. 이로 볼 때 3신녀를 발견하고 맞이한 것은 3신인으로, 이것은 가락국의 수로가 허황후가 오는 것은 미리 알고 유천간과 신귀간을 보내 기다리게 한 것과 비교해 볼 수 있다. 한국 고대 건국신화에서 신라 혁거세는 6촌의 시조들이, 가락국의 수로는 9간이 맞이하였다. 특히 가락국의 9간은 3월 계욕일에 구지봉에 모여 수로왕을 맞는 제의를 주관하였다.[25] 신라에 등장한 탈해를 맞이한

21 현용준, 앞의 논문, 1983, 80쪽.

22 현용준, 위의 논문, 1983, 64쪽 ; 허남춘, 앞의 논문, 1994, 145쪽에서 도래신화는 천강신화를 전제로 한다고 하였다.

23 벽랑국과 일본국의 실재에 대해 현용준, 위의 논문, 1983, 61~62쪽 ; 허남춘, 「삼여신 도래신화와 축제 가능성」, 『탐라문화』 27, 2005, 6~7쪽.

24 3신녀의 표착지와 관련해서 현용준, 위의 논문, 1983, 64~67쪽 ; 허남춘, 위의 논문, 2005, 4~5쪽.

25 『삼국유사』 2, 기이 2, 가락국기.

것은 아진의선이었으며 알지는 탈해가 발견하였다.

3신녀는 사자와 함께 왔는데, 『영주지』에는 관대를 하고 자주 빛 옷을 입은(冠帶紫衣) 사자가 3신녀와 혼인을 하고 대업을 이루라고 하였다고 한다(~將欲開國而無配匹~以成大業). 『고려사』에는 붉은 띠와 자주색 옷을 입은(紅帶紫衣) 사자가 3신녀를 짝을 삼고 대업을 이루라고 하였다(宜作配 以成大業). 신라 혁거세의 출생에 등장하는 백마는 성스러운 인물의 降臨을 알리는 사자 즉 天馬로,[26] 이후 하늘로 올라갔다고 한다. 『영주지』의 사자 역시 말을 마치고 하늘로 올라갔다는 점에서 3신녀의 신성성을 생각해 볼 수 있다.

3신녀가 탐라에 온 이유는 3신인이 나라를 열고자 하나 배필이 없기 때문이라는 점에서, 대업·개국·건국과 밀접한 관련을 가지고 있음을 알 수 있다. 즉 3신인과 3신녀의 혼인은 건국과 관련된 것으로 이해할 수 있다. 이것은 허황옥이 가락국에 온 이유와 비교되는데, 허황옥 부모의 꿈에 상제가 나타나 '수로가 하늘에서 내려와 왕위에 올랐으나 새롭게 나라를 다스림에 배필을 정하지 못했으니 공주를 보내 짝이 되게 하라'고 하였다. 하지만 허황옥의 경우는 가락국이 건국된 이후에 등장한다. 이것은 혁거세에 의해 사로국이 건국되고 알영을 맞이하고 있는 것도 참고된다.

3신인과 3신녀의 혼인은 나이 순서에 따라 하였는데(年次分娶), 『영주지』에서는 3신인이 '卽以潔牲告天', 목욕재계하고 하늘에 고하는 의식을 행하고 있다. 한국 고대 건국신화에서 시조와 시조비의 혼인은 혁거세와

---

26 혁거세의 출생에 말이 관련되는 점에서 박씨족을 기마술에 익숙한 北方 유이민 계통으로 파악하기도 한다(김철준, 「신라 상고세계와 그 기년」, 『한국고대사회연구』, 지식산업사, 1975, 72~73쪽).

알영, 수로와 허황옥이 있다. 수로는 구간 등을 보내 허황옥을 대궐 안으로 들이려 하였으나, 허황옥은 山靈에게 비단바지를 바친 후에 임시궁으로 들어갔다고 한다.[27]

혼인 후 3신인과 3신녀는 화살을 쏘아 땅을 점치고는 分居하였다고 한다. 좌정처를 정하기 위한 활쏘기는 제주도 당신본풀이의 '뿡개 던지기'로, 이것은 신화적 요소를 띄고 있다.[28] 이와 관련해서 주몽이 皇天과 后土에게 빌고 활로 강물을 쳐서 고기와 자라가 다리를 만들도록 한 것과 송양과의 대결에서 활로 승부하여 승리한 것도 참고되는데, 주몽이 '하늘의 뜻을 묻고 활로써 그 능력을 인정받음'이라는 의미를 지니고 있다. 그렇다면 탐라 건국신화에서 활을 쏘아 하늘의 뜻을 묻고 거주지를 정한다는 것은 '활로써 하늘을 뜻을 묻고 그 소유권을 인정받음'이라는 의미이다.[29]

3신녀가 3신인과 혼인한 후 탐라사회는 수렵사회에서 농경, 목축사회로 변한다. 이것은 한국 고대 건국신화의 모습과는 차이가 있지만, 가락국의 수로가 허황옥과 혼인 후 관직명과 신하들의 이름을 고치면서 사회변화를 꾀한 것은 참고할 만하다. 『영주지』와 『고려사』에 보이는 3신녀에 대한 내용을 [표 2]로 제시하면 다음과 같다.

---

27 현용준, 「고대 한국민족의 해양타계」, 『무속신화와 문헌신화』, 집문당, 1992, 466쪽.

28 현용준, 앞의 논문, 1983, 69~70쪽.

29 허남춘, 앞의 논문, 1994, 145~147쪽.

[표 2] 『영주지』와 『고려사』의 3신녀 관련 내용

	영주지系	고려사系
3신녀	동해 벽랑국의 왕녀→처자로 표현	일본국의 왕녀→처녀로 표현
도래한 곳	金塘之岸 : 금당(조천리)	東海濱 : 열운리(온평리)
도래 방법	자주빛 木函 속의 鳥卵形 玉函에 담겨 떠오다	자주빛 木函 속의 石函에 담겨 떠오다
휴대물	망아지, 송아지, 오곡종자	망아지, 송아지, 오곡종자
사자의 전언	삼신녀를 배필삼아 건국하라 傳言하고 구름을 타고 가다	삼신녀를 배필삼아 건국하라 傳言하고 구름을 타고 가다
혼인의 모습	나이 순서에 따라 3신인과 혼인	나이 순서에 따라 3신인과 혼인
혼인 후 사회 변화	오곡을 파종하고 망아지와 송아지를 길러 날라 부유해졌다	오곡을 파종하고 망아지와 송아지를 길러 날라 부유해졌다

Ⅲ. 3神女의 移住와 역할

탐라 건국신화에서 3신녀가 바다를 건넌다는 것은 가락국의 허황옥, 신라의 탈해와 같으며 함에 담겨 온 것은 탈해 신화와 비교된다. 우선 허황옥은 아유타국의 공주로 후한 광무제 건무 24년(48)에 배를 타고 김해 가락국에 도착하였고, 가락국의 시조인 수로왕은 이를 미리 알고 그녀를 기다려 왕비로 맞이하였다고 한다. 그녀가 가락국에 온 것은 상제의 명에 따른 것으로, 부모의 꿈에 수로가 나라를 다스림에 배필을 정하지 못하였으니, 공주를 보내라고 명하고 하늘로 올라갔다고 한다. 탈해는 어머니가 임신한지 7년 만에 큰 알로 태어났는데,[30] 부왕이 난생을 상서롭지 못한 일로 여기자 어머니가 비단으로 알을 싸서 보물과 함께 궤

30 『삼국유사』 2, 기이 2, 가락국기에는 10개월이라고 하였다.

짝 속에 넣어 바다에 띄어 보냈다고 한다.[31]

신라의 선도산신모도 바다를 통해 이주하였다. 『삼국유사』를 보면 선도산신모는 중국 帝室의 딸인 사소로 해동에 와서 오래 머물다 마침내 서연산에 와서 살고 地仙이 되었다고 한다.[32] 이러한 선도산신모에 대해 政和 연간(1111~1117)에 송에 간 김부식은 佑神館의 선녀상이 "옛날 帝室의 딸이 남편 없이 잉태를 하여 사람들에게 의심을 받자 바다에 배를 띄워 辰韓으로 가서 아들을 낳아, 海東의 시조왕이 되었다. 황제의 딸은 地仙이 되어 오래도록 仙桃山에 있는데, 이것이 그녀의 像이다."라는 설명을 송 館伴學士 王黼에게 들었다.[33] 그리고 가락국기에는 가락국의 수로가 구지봉에 내려왔다고 하였지만, 어산불영조에는 하늘에서 알이 바닷가에 내려왔는데, 그가 수로왕이라고 하였다[昔天卵下于海邊 作人御國 卽首露王].[34]

한국 고대 건국신화의 혁거세·주몽·탈해·수로 등은 난생으로 태어나

---

31 『삼국유사』 1, 기이 2, 제4탈해왕 ; 『삼국사기』 1, 신라본기 1, 탈해이사금 즉위년.

32 『삼국유사』 5, 감통 7, 선도성모수희불사. 신라 시조 혁거세를 낳았다고 전해지는 선도산신모는 본래 도교의 女仙으로 한반도에 건너와 선도산에 정착한 이른바 도래신(정재서, 「도교 설화의 정치적 專有와 민족 정체성」, 『도교문화연구』 31, 2009, 16~19쪽)이라고 하였다. 한편 김선주는 「알영 전승 의미와 시조묘」, 『역사와 현실』 76, 2010, 13~15쪽에서 시조모 전승에서 시조모와 관련이 있는 시조는 혁거세가 아닌 시조비로 알려진 알영으로 보았다.

33 『삼국사기』 12, 신라본기 12, 경순왕 9년 "論曰 … 1) 臣富軾以文翰之任輔行詣佑神館 見一堂設女仙像 館伴學士王黼曰 此貴國之神 公等知之乎 遂言曰 古有帝室之女 不夫而孕 爲人所疑 乃泛海抵辰韓生子 爲海東始主 帝女爲地仙 長在仙桃山 此其像也 2) 臣又見大宋國信使王襄祭東神聖母文 有娠賢肇邦之句 乃知東神則仙桃山神聖者也 然而不知其子王於何時 …"

34 『삼국사기』 3, 탑상 4, 魚山佛影.

는데, 알은 영웅의 기이한 탄생과 관련 있으며 생명의 원천 혹은 태양을 상징한다.[35] 궤짝은 존재의 변화와 공간적 이동의 수단으로 적용된다.[36] 3신녀는 탈해와 같은 난생은 아니었지만, 함에 담겨 출자처와는 다른 변화를 겪으면서 바다를 건너왔다. 바다는 중심이 되는 세계에서 멀리 떨어진 또 다른 세계와의 경계 공간으로 기능한다.[37]

이와 같이 3신녀와 허황옥, 선도산신모는 바다를 건너온 이주자이다. 바다는 인간세계의 수평축에 존재하지만 동시에 인간세계가 아닌 또 다른 세계이며, 분리와 경계를 의미하는 공간이면서 동시에 교류와 소통을 의미하는 공간이다.[38] 이와 관련해서 한국 고대 건국신화의 강·천·정도 관심을 끈다. 주몽신화에서 하백의 딸이 웅심산 아래 압록강에서 살며, 여기서 천제의 아들을 만났다고 한다.[39] 하백은 황하의 水神으로 殷商 이래로 주나라 말엽까지 계속해서 제사를 받던 신격이라고 한다.[40] 『晏

35 양성필, 「난생신화의 궤짝신화의 상관성 고찰」, 『탐라문화』 35, 2009, 93쪽.

36 양성필, 위의 논문, 2009, 95~96쪽 및 101~102쪽.

37 탈해가 추방이라면 3신녀와 허황옥이 지상에서 바다로 향한 것은 자발적인 행위로, 바다 건너 새로운 세계로 이동하기 위한 것이라고 한다(오세정, 「한국신화에 나타난 바다의 의미」, 『한국고전연구』 26, 2012, 325~326쪽).

38 오세정, 위의 논문, 2012, 330~331쪽.

39 『삼국유사』 1, 기이 1, 고구려, "… 我是河伯之女 名柳花 與諸弟出遊 時有一男子 自言天帝子解慕漱 誘我於熊神山下鴨綠邊室中 私之而往不返 父母責我無媒而從人 遂謫居于此 …"

40 袁軻, 『中國神話通考』, 成都;巴蜀書社, 1993, 230쪽 ; 조현설, 『동아시아 건국신화의 역사와 논리』, 문학과 지성사, 2003, 259쪽. 宣釘奎는 「하백신화고」, 『중국문학연구』 10, 2004, 7쪽에서 "하백이 갖는 의미는 일반적인 河神이라는 의미와 황하의 신, 하수를 관리하고 관장한다는 현실세계의 질서가 신화에 투영된 복합적 의미를 갖는다"고 하였다.

子春秋』 內篇諫上에서는 "하백은 물을 나라로 하고 물고기와 자라 등을 백성으로 하였다"[41]라고 하여 魚鼈의 통치자로, 『한비자』 內儲說上에는 하백을 대어로, 『搜神記』에서는 하백을 黿이라고 하듯이 하백은 물고기의 통치자나 혹은 물고기 자체를 가리키고 있다.[42] 주몽은 부여에서 도망할 때 어별의 도움을 받고 있다. 다음은 알영과 관련된 내용이다.

1) ① 봄 정월, 용이 閼英井에서 나와 右脇에서 女兒를 낳았다. 老嫗가 보고 그것을 이상하게 여겨 거두어 길렀다. 우물 이름으로 이름하였다. ② 성장함에 德容이 있었다. 시조가 듣고 맞아서 妃로 삼았다. 賢行이 있고 內輔가 能하였다. ③ 이 때 사람들이 二聖이라 일렀다(『삼국사기』 1, 신라본기 1, 시조혁거세거서간 5년).[43]

2) ① 이 날, 沙梁里의 알영정(娥利英井이라고도 한다)가에 雞龍이 나타나 左脇에서 童女(용이 나타나 죽자 그 배를 갈라서 얻었다고도 한다)를 낳았다. ② 姿容이 수려하였으나, 입술이 닭의 부리와 비슷하여 月城의 北川에서 목욕시켰더니 그 부리가 떨어졌다. 따라서 그 川 이름을 撥川이라 했다(『삼국유사』 1, 기이 2, 신라시조혁거세왕).[44]

위의 내용을 보면 알영정(아리영정)에서 용(계룡)이 나타나 알영을 낳았는데, 알영은 용모가 아름다웠으나, 입술이 닭의 부리와 같아 월성 북

41 "河伯以水爲國 以爲魚鼈爲民"

42 宣釘奎, 앞의 논문, 2004, 13쪽.

43 "① 春正月 龍見於閼英井 右脇誕生女兒 老嫗見而異之 收養之 以井名名之 ② 及長有德容 始祖聞之 納以爲妃 有賢行 能內輔 時人謂之二聖"

44 "① 是日 沙梁里閼英井(一作娥利英井)邊 有雞龍現 而左脇誕生童女(一云龍現死而剖其腹得之) ② 姿容殊麗 然而唇似雞觜 將浴於月城北川 其觜撥落 因名其川曰撥川"

천에 목욕시키자 떨어졌다고 한다.

정·천은 신라 혁거세 출생과도 관련 있는데, 『삼국사기』에는 "나정 옆 수풀 사이에서 말이 무릎을 꿇고 울고 있었다. 이에 가서 보니 갑자기 말이 보이지 않았다"라고 하였으며 『삼국유사』에는 "양산 나정 옆에 이상한 기운이 번개처럼 땅에 드리우더니, 흰 말 한 마리가 무릎을 꿇고 절하는 형상을 하고 있었다."고 하였다. 이와 같은 혁거세는 『삼국유사』를 보면 형용이 단정하였으며 東泉에서 목욕을 시키니 몸에서는 광채가 나고 새와 짐승들이 춤을 추며 천지가 진동하고 해와 달이 밝게 빛났다고 하였다. 탈해는 '葬疏川丘中', '水葬未召疏井丘中' 했다고 하여, 사후에는 정·천과도 연결되고 있음을 알 수 있다.

이와 같이 탐라 건국신화와 한국 고대 건국신화의 바다, 강·천·정은 여성과 밀접한 관련을 가졌는데, 이들 여성은 시조나 시조의 부와 혼인해 시조비 내지는 시조모가 되었다. 탐라의 3신녀는 나이 순대로 3신인과 혼인하여 후술되듯이 탐라 사회의 변화를 가져온다. 허황옥은 가락국으로 와서 수로왕의 비가 되었고 도산씨가 하나라를 돕고 요임금의 딸들이 순임금의 요씨를 일으킨 것과 같다고 하였다.[45] 알영은 성장 후 혁거세와 혼인하여 혁거세 재위기간 동안 그를 보필하였다.[46] 고구려 건국신화의 유화는 하백의 딸로 해모수와 사통하여 주몽을 낳았다. 이후 주몽에게 弓矢를 만들어 주었으며 기마하기에 좋은 말을 가려내어 키우는 법

---

45 『삼국유사』 2, 기이 2, 가락국기, "… 況與王后而居也 比如天之有地 日之有月 陽之有陰 其功也塗山翼夏 唐媛興嬌 頻年有得熊羆之兆 誕生太子居登公 靈帝中平六年己巳三月一日后崩 壽一百五十七 …"

46 이와 관련해서 혁거세 17년(서기전 41)에 혁거세가 육부를 巡撫할 때 알영이 함께 따라갔다고 한 것도 참고된다.

도 가르쳐 주었다. 그리고 다른 형제들의 박해를 피해 떠나는 주몽에게 오곡의 종자와 보리종자를 보내주었다.[47] 신라 혁거세와 알영의 유래는 선도산신모에서 찾고 있는데, 선도산신모는 혁거세를 낳았고 계룡이 상서를 나타내어 낳은 알영을 선도산신모의 현신이라고 하였다.[48]

한편 한국 고대 건국신화에서 문명권 중심부에서 이주한 남성은 토착세력인 여성과 혼인하고 그곳의 통치자가 되어 새로운 사회를 건설한다. 이처럼 새로운 사회 건설은 주로 남성신에 의해 이루어졌다. 바다를 건너 이주한 탈해 역시 마찬가지였다. 탈해는 토함산에 오른 뒤에 호공의 집에 숯과 숫돌을 감추어 두었다가 위계로 호공의 집을 빼앗는데,[49] 이 숯과 숫돌은 바로 철을 다루는 야장의 도구이다. 그러나 탈해는 박혁거세보다 늦게 신라에 들어왔지만 철기문명을 바탕으로 제4대 왕에 오른다.

그런데 탐라 건국신화를 보면 도래한 인물은 남성이 아니고 여성으로, 왕이 되지 않고 왕후가 되어 탐라국에 변화를 가져온다. 즉 탐라 건국신화에는 3신녀의 출현으로 수렵사회였던 탐라가 농업과 목축사회로 전환했다고 한다. 오곡종자가 선진문명이라는 것은 유화가 주몽에게 준 것에서 알 수 있듯이, 새로운 국가를 건설하는데 필수불가결한 요소였다.[50] 3신녀가 가지고 온 오곡 종자 뿐만 아니라 망아지·송아지는 농경에 필요한 동력이었다. 이로 볼 때 3신녀는 바다 건너 농경과 목축을 기반으로

---

47 고구려 건국신화와 관련된 문헌과 그 연구성과는 채미하, 앞의 논문, 2006 참고.

48 『삼국유사』에는 선도산신모가 혁거세와 알영을 낳았다고 하여 『삼국사기』와는 달리 혁거세와 알영이 남매로 나온다.

49 『삼국유사』 1, 기이 2, 제4탈해왕.

50 현용준, 앞의 논문, 1983, 82~84쪽 및 85~86쪽 ; 허남춘, 앞의 논문, 1994 ; 허남춘, 앞의 논문, 2005, 6쪽.

한 사회에서 온 인물들이며, 이들의 이주로 탐라는 농경과 목축 사회로 변하였다. 이것은 3신녀의 출신지인 '벽랑국', '일본국'이 당시 탐라 보다 문화적으로 앞선 나라임을 말하는 것이다. 3신녀와 함께 온 사신이 구름을 타는 범상치 않은 인물이라는 점에서도 알 수 있다.

바다는 강, 정과 함께 물을 담고 있는 공간이다. 물은 인간의 생명을 유지하는 가장 기본적인 것이며 생명 자체도 근원적으로는 물에서 발생한 것이다.[51] 따라서 井, 淵, 泉(川), 江(河), 海의 물은 여성적 생명의 원리를 상징하는 것으로 나타나고 있다.[52] 물은 끊임없이 변화하며, 그것의 변화는 무언가를 상징하는 것으로도 여겨졌다.

한국 고대 건국신화의 여성 이주자 중 허황옥은 錦繡綾羅·衣裳疋段·金銀珠玉·瓊玖服·玩器 등을 가지고 오는데, 이 물건들은 탐라 건국신화에서 3신녀가 가지고 온 오곡종자 등과 같은 선진 문화의 속성을 띈다. 허황옥이 탄 배가 망산도로 들어올 때 붉은 빛의 돛(緋帆)을 높이 걸고 적황색 빛의 깃발(茜旗)을 달고 있는데, 이는 비단과 연관되는 신성상징일 것으로 추정되며[53] 비단의 직조문화를 가지고 도래한 집단이라고 할

51 『管子』 20, 刑勢解 64, "淵者 衆物之所生也 能深而不涸 則沈玉至 主者人之所仰而生也 能寬裕純厚 而不苛忮 則民人附 父母者子婦之所受 敎也 能慈仁敎訓而不失理 則子婦孝 臣下者 主之所用也 能盡力事上 則當於主 子婦者親之所以安也 能孝悌順親 則當於親 故淵涸而無水 則沈玉不至 主苛而無厚 則萬民不附 父母暴而無恩 則子婦不親 臣下隨而不忠 則卑辱困窮 子婦不安親 則禍憂至 故淵不涸 則所欲者至 涸則不至 故曰淵深而不涸 則沈玉極"

52 금장태, 『유교사상과 종교문화』, 서울대출판부, 1994, 76~77쪽.

53 윤철중, 「사소신화의 성립에 관한 고찰」, 『반교어문연구』 7, 1996, 12쪽. 그는 붉은 깁과 꼭두서니빛이 신성상징이라고 했고 이 돛과 깃발도 비단으로 만들어진 직조문화의 산물이라고 했다.

수 있다. 게다가 허황옥은 가락국의 불교 전래와도 밀접한 관련을 가지고 있다.[54]

신라의 시조모인 선도산신모는 일찍이 여러 天仙을 시켜 비단을 짜서 붉은 물을 들이고 朝衣를 만들어 지아비에게 주었고, 이 나라 사람들은 이로 인하여 비로소 신성한 증험을 알게 되었다고 했다. 선도산신모의 '織羅' 또한 직조문화를 가지고 이주한 집단의 의미를 지닌다. 연오랑과 세오녀 설화에서도 연오랑과 세오녀가 신라를 떠나자 일월이 빛을 잃었고, 세오녀가 짠 비단(細綃)으로 일월이 빛을 되찾았다. 그래서 그들을 '日月之精'으로 여겼고, 祭天한 곳을 영일현이라 했다고 한다.[55] 이 설화는 직조술의 渡日을 상징한다.[56]

이상에서 탐라 건국신화의 3신녀와 가락국의 허황옥, 신라의 선도산신모는 바다와 관련된 여성이주자로, 시조의 조력자인 시조비나 시조모가 되어 그 역할을 하였다. 그리고 백제 건국신화에 나오는 소서노는 시조비이자 시조모였다. 『삼국사기』에 따르면 시조의 어머니 소서노는 졸본 사람 연타발의 딸로 처음에는 북부여의 우태와 혼인하여 비류와 온조 두 아들을 두었다고 한다. 그리고 우태가 죽자 소서노는 두 부여 아들을 데리고 졸본에 와서 살았는데, 주몽이 부여에서 남하하여 졸본에 오자 소서노는 주몽의 비가 되어 고구려를 건국하는데 경제적인 도움도 주었다. 이후 주몽이 부여에서 온 유리를 태자로 삼자 소서노는 비류·온조와 함께 남쪽으로 내려와 백제를 세웠다.[57]

---

54 『삼국유사』 3, 탑상 4, 金官城婆娑石塔.

55 『삼국유사』 1, 기이 2, 延烏郎細烏女.

56 조동일, 「시조도래 건국의 중세인식」, 『하나이면서 여럿인 동아시아문학』, 지식산업사, 1999, 96~141쪽. 이상은 허남춘, 앞의 논문, 2005, 9~10쪽.

시조모인 웅녀와 유화, 정견모주는 천신의 배우자로 시조를 낳고 기르고 시조를 도와 건국에 일조하였다. 고조선 건국신화에 보이는 웅녀는 『삼국유사』에 따르면 곰이었으나 신의 아들 환웅에게 사람 되기를 빌어 환웅의 시험을 통과한 후에 사람이 되었고 또 아이를 낳기를 간절히 원하여 인간으로 변한 환웅과의 결합을 통해 단군을 낳았다.[58] 『삼국유사』가락국기를 보면 하늘에서 내려온 알에서 나온 수로가 금관가야를 건국했으며 바다를 건너온 허왕후와 결혼함으로써 건국을 완결하는 것으로 되어 있다.[59] 그런데 『신증동국여지승람』에서는 정견모주가 천신에 감응되어 금관가야와 대가야의 시조를 낳았다는 것이다. 최치원이 쓴 釋利貞傳을 인용하여 가야산신 정견모주는 천신 이비가지에 감응되어 대가야왕 뇌질주일과 금관국왕 뇌질청예를 낳았다고 한다.

시조모와 시조비의 선후 관계는 잘 알 수 없지만, 한 집단의 근원이 되는 시조가 여성에 있다는 시조모에 대한 관념은 대체로 부계 중심 신화 이전에 모계 중심으로 서술하는 신화적 전통에 있었다고 한다.[60] 즉 시조모에 대한 전승은 시조와 시조비 이전 단계에 형성되어 있었다고 할 수 있는 것이다. 그리고 소서노 관련 전승은 부계출계 사회가 확립되었음을 보여주는 것이라고 한다.[61]

---

57 『삼국사기』 23, 백제본기 1, 온조왕 즉위년.

58 『삼국유사』 1, 기이 2, 고조선.

59 『삼국유사』 2, 기이 2, 가락국기.

60 조현설, 앞의 책, 2003, 257~258쪽. 천혜숙은 선도산신모 신화의 '不夫而孕' 요소는 모권제 또는 모계제의 흔적이라고 하였다(「'父性 不在'의 신화학과 聖母 신앙의 문제」, 『역사민속학』 15, 2002, 23~24쪽).

61 천혜숙, 위의 논문, 2002, 28쪽.

탐라 건국신화의 3신녀는 3신인과 혼인하여 시조비가 된다. 바다를 통해 건너온 이들은 가지고 온 선진문물을 통해 사회를 변화시킨다.[62] 즉 3신인은 사냥과 수렵생활을 하다가 바다 너머에서 오곡의 씨·송아지·망아지 등을 가지고 온 3신녀와 혼인하여 탐라 사회는 수렵사회에서 농경, 목축을 하는 사회로 전이된다. 허황옥, 선도산신모의 직조술도 고대국가 건설의 중요한 문화기반이 되었다. 이것은 3신녀가 가지고 온 것과는 구별되는데, 이들이 이주한 곳이 이미 농경문화를 사회적 기반으로 하고 있었기 때문이 아니었을까 한다. 때문에 농경문화를 바탕으로 하는 사회에 이주한 여성 이주자는 직조술을 지니고 들어와 새로운 문물을 전했다고 할 수 있다. 반면 3신녀는 수렵을 주 산업으로 하던 사회에 농경과 목축을 전하면서 새로운 국가를 건설할 수 있었다. 『영주지』의 '遂成人界'는 이것을 말하는 것이다.

Ⅳ. 3神女의 追崇과 위상

한국 고대 건국신화에 보이는 이주자는 선진 문화와 기술을 토대[63]로 지배자(시조) 혹은 지배자의 배우자(시조비)가 되었다. 이것은 탐라 건국신화의 3신녀 역시 마찬가지였다. 그리고 한국 고대 건국신화의 시조와

---

62 오세정, 앞의 논문, 2012, 321쪽에서 우리 신화에서 바다는 선진문물, 혹은 선진문화의 수용과 직접 관련된 경우 많다고 하면서 가락국신화나 삼성신화에서는 바다 건너 등장한 이인들을 통해 지상의 인간세계에 선진문화가 전파되는 것을 볼 수 있다고 하였다.

63 윤철중, 「탈해신화의 연구」, 성균관대박사학위논문, 1987, 88쪽.

시조비(모)는 死後에 추숭되어 국가제사의 대상이 되었다. 우선 시조와 관련해서 『삼국사기』 제사지를 보면 고구려의 시조묘에 국왕들의 배알이 8차례 확인된다.[64] 이러한 시조묘 제사의 주신은 주몽이라고 한다.[65] 후술되듯이 태후묘는 동명왕의 어머니가 죽고 얼마 있지 않아 건립되었다. 반면 시조묘는 신대왕대 처음으로 시조묘에 대한 제사를 지낸 점[66]으로 미루어 그 이전 어느 시기에 건립되지 않았을까 한다. 태조왕대 주몽을 국조로 하는 의식이 성립되었고 이후 시조묘가 건립되었다는 견해[67]는 참고할 만하다.[68]

백제 한성 - 웅진시기 동명묘 제사의 대상은 범부여계의 조상인 동명이었으나, 사비시기 구태묘는 왕실의 직계조상으로 여겨진 구태를 제사지내는 것으로,[69] 구태묘를 중국적인 종묘로 파악하고 있다.[70] 즉 사비시기

---

64 신대왕 4년(168) 9월, 고국천왕 2년(180) 9월, 동천왕 2년(228) 2월, 중천왕 13년(260) 9월, 고국원왕 2년(332) 2월, 안장왕 3년(521) 4월, 평안왕 2년(560) 2월, 건무왕 2년(619) 4월이 그것이다.

65 井上秀雄, 『古代朝鮮史序說 - 王者と宗教』, 寧樂社, 1978, 109쪽.

66 신대왕과 고국천왕대의 시조묘 기사는 허구라는 견해가 있다(田中通彦, 「高句麗の信仰 と祭祀」, 『酒井忠夫先生古稀祝賀記念論集 歴史における民衆と文化』(圖書刊行會), 1982, 734쪽 ; 武田幸男, 「始祖廟記事と高句麗王系」, 『東方學會立50周年記念東方學論集』(東方學會), 1997, 817~820쪽).

67 시조로서 주몽에 대한 의식과 숭배가 태조왕대 이루어졌다고 하였다. 따라서 고구려의 주몽묘 건립은 태조왕대부터 차대왕에 이르는 기간에 이루어졌을 것이나 차대왕대에 반태조왕 세력에 의해 정국이 주도되었으므로 차대왕을 시해하고 신대왕을 옹립한 친태조왕 세력이 집권하자 시조묘 봉사가 이루어졌을 것으로 보았다(이종태, 「삼국시대의 시조인식과 그 변천」, 국민대학교박사학위논문, 1996, 80~84쪽).

68 이상은 채미하, 2006, 앞의 논문, 344~345쪽.

구태묘 제사의 대상인 구태는 백제 왕실의 시조이고 구태묘는 도성 내에 세우고 廟祠를 올린 종묘적 성격으로 보기도 하고[71] 육후로부터 종묘제를 배워 부여왕 위구태가 始國者로 설정되고 동시에 구태묘가 종묘로 성립되었다는 견해[72]도 있다.[73]

신라 남해왕 3년(6)에 설치된 시조묘[74]에는 박씨집단의 族祖인 혁거세를 모셨다가 아달라왕대 신라연맹체의 제천이 사로국의 시조묘를 중심으로 통합되면서 혁거세는 국조가 되었고, 신라 상고기 내내 시조묘의 주신이 될 수 있었다. 소지왕 9년(487)에 설치된 신궁의 주신은 혁거세로,[75] 혁거세는 全 국가적 시조왕의 성격을 지녔다. 이와 같이 시조묘와 신궁에서 혁거세가 그 제사의 주신이었지만, 신라 중대에 오묘제[76]가 성립되면서 국조인 혁거세를 모신 신궁제사는 김성 시조를 모시는 오묘제보다 그 격에 변화가 있었다.[77] 석씨집단의 족조인 탈해의 소상은 궐 안

69 양기석, 「백제 성왕대의 정치개혁과 그 성격」, 『한국고대사연구』 4, 1990, 23~24쪽 ; 김주성, 「백제 사비시대 정치사연구」, 전남대학교사학과박사학위논문, 1990, 45쪽.

70 이와 관련해서 노명호, 「백제의 동명신화와 동명묘」, 『역사학연구』 10(전남대), 1981, 73~76쪽 ; 박현숙, 「『삼국사기』 백제본기 온조왕조의 검토」, 『선사와 고대』 10, 1998, 87쪽 ; 박현숙, 「백제 건국신화의 형성과정과 그 의미」, 『한국고대사연구』 39, 2005, 48~49쪽.

71 유원재, 『중국정사 백제전 연구(증보판)』, 학연문화사, 1995, 98~100쪽.

72 김병곤, 「중국 사서에 나타난 백제 시조관과 시국자 구태」, 『한국고대사연구』 46, 2007, 178~187쪽.

73 이상은 채미하, 「백제의 산천제사와 그 정비」, 『동국사학』 48, 2010, 48~49쪽.

74 『삼국사기』 1, 신라본기 1, 남해차차웅 3년.

75 『삼국사기』 3, 신라본기 3, 소지마립간 9년 ; 『삼국사기』 32, 잡지 1, 제사.

76 『삼국사기』 8, 신라본기 8, 신문왕 7년 ; 『삼국사기』 32, 잡지 1, 제사.

에 있다가 동악에 안치되는데, 그 시기는 문무왕 20년(680)으로 나온다.[78] 동악은 토함산으로 탈해와 밀접한 관련을 가진 장소이며 고려시대에는 동악대왕으로 불리기도 하였다.[79] 이로 볼 때 시조신이었던 탈해는 신라 중대 이후 산신으로 그 신격이 변화되었음을 알 수 있다.[80]

탐라 건국신화의 3신인의 지중용출은 탄생의 의미인 동시에 곡신부활의 의미를 지니며 건국시조라는 복합적 성격을 지니고 있다고도 하였다.[81] 이와 같은 3신인에 대한 제사는 '처음에는 사당을 세우고 향사한 일이 없었으며 다만 廣壤堂이 있어 무당들이 빌고 굿하는 장소였는데, 嘉靖 5년 丙戌(중종 21년, 1526)에 목사 李壽童이 비로소 모흥혈 옆에 단을 쌓고 三乙那의 자손으로 매년 仲冬에 제향을 올리'게 되었다고 한다.[82] 광양당은 『신증동국여지승람』 38 전라도 제주목 사묘조에 나온다.[83] 이로 볼 때 3신인에 대한 제사는 16세기 이전까지는 광양당에서

77 채미하, 『신라 국가제사와 왕권』, 혜안, 2008 ; 앞의 논문, 2014 참고.

78 『삼국유사』 1, 기이 2, 제4탈해왕.

79 『삼국유사』 1, 기이 2, 제4탈해왕 ; 『삼국유사』 1, 왕력 1, 제4탈해이질금.

80 채미하, 앞의 논문, 2014, 186~187쪽 및 앞의 논문, 2016, 21쪽.

81 허남춘, 앞의 논문, 1994, 144쪽.

82 初無建祠 致祭之事 只有廣壤堂 而爲巫覡 禱養之場矣 嘉靖丙戌 牧使臣李壽童 始爲築壇於穴傍 使乙那子孫 每於仲冬 行祭是白如可 … (高氏宗門會總本部, 1979, 「耽羅星主遺事」, 627~635쪽) ; 장주근, 1989, 앞의 논문, 72~73쪽에서 재인용, 77쪽)

83 廣壤堂 : 주 남쪽 한라 護國神祠에 있다. 속설에 전하기를, "漢拏山神의 아우가 나서부터 성스러운 덕이 있었고, 죽어서는 신이 되었다. 고려 때에 宋 胡宗旦이 와서 이 땅을 제어하고 바다에 떠서 돌아가는데, 신이 화하여 매가 되어서 돛대 머리에 날아올랐다. 조금 있다가 북풍이 크게 불어서 종단의 배를 쳐부셔 서쪽 지경 飛揚島 바위 사이에서 죽었다. 조정에서 그 신령스럽고 이상

무격에 의해 무속적인 제사로 행해졌지만, 이후 유교식 제사로 지냈음을 알 수 있다.[84] 한라산이 3신인의 탄생처였다고 한다면 모흥혈은 降神의 의례를 거행하던 제의장소였을 것이라고 하였다.[85] 삼성혈에서 매해 穴祭(乾始祭)를 지내는데, 이 의례 방식은 地面으로 통한 구멍 곧 궤를 열어 神을 청하고, 제물을 그 구멍으로 地面에 통하게 넣어 신을 대접하고 신을 구멍을 통하여 地中으로 보내어 뚜껑을 닫는 것이다.[86]

한편 한국 고대 건국신화에 보이는 시조비 중 허황옥은 영제 중평 6년(189) 3월 1일에 죽었다(崩). 이 후 나라사람들이 龜旨의 동북쪽 언덕에 장사지냈고, 그녀를 잊지 못하여 왕후가 처음 배에서 내려 배를 매어둔 나룻가의 마을을 주포촌이라고 이름하고 비단바지를 벗은 산마루를 綾峴이라 하고 꼭두서니빛 깃발이 나타나 들어온 바닷가를 旗出邊이라고 하였다.[87] 8대 질지왕은 452년에 수로왕과 허황옥의 혼례 장소에 王后寺를 창건하기도 하였다.[88] 이로 볼 때 허황옥은 죽은 이후 금관가야인에

함을 포창하여 食邑을 주고 廣壤王을 봉하고 해마다 香과 폐백을 내려 제사하였고, 본조에서는 본읍으로 하여금 제사 지내게 하였다." 하였다. ○ 상고하건대 호종단이 와서 고려에 벼슬이 起居舍人에 이르고 죽었으니, 와서 땅을 제어하다가 배가 침몰되었다 하는 말은 믿을 수 없다.

84 장주근, 앞의 논문, 1989, 74~77쪽.

85 허남춘, 앞의 논문, 1994, 143~144쪽.

86 현용준, 「제주도 신화와 의례 형식에서 본 문화의 계통」, 『탐라문화』 13, 1993, 210~211쪽.

87 『삼국유사』 2, 기이 2, 가락국기, "… 靈帝中平六年己巳三月一日后崩 壽一百五十七 國人如嘆坤崩 葬於龜旨東北塢 遂欲忘子愛下民之惠 因號初來下纜渡頭村曰主浦村 解綾袴高岡曰綾峴 茜旗行入海涯曰旗出邊 媵臣泉府卿申輔…". 이와 관련된 현재 위치에 대해서는 김태식, 「가락국기 소재 허왕후설화의 성격」, 『한국사연구』 102, 1998, 26~27쪽 참고.

게 신앙의 대상이었고, 그녀에 대한 추숭은 지속되었음을 알 수 있다.[89] 이 중 질지왕이 수로왕과 합혼한 곳에 세웠다는 왕후사는 이전부터 존재했던 首露王夫人祠를 절로 바꾼 것으로 이해하기도 하였다.[90] 알영은 시조와 함께 二聖으로 여겨졌는데, '이 때[時]'는 신라 중대 이후로 알영은 시조와 함께 여전히 추숭되었음을 알 수 있다.[91]

유화는 태후묘 뿐만 아니라 隧神祭, 扶餘神廟에서 '태후', '수신', '부여신'으로 고구려 국가제사의 대상이었다. 동명왕 14년(서기전 24) 8월에 동명왕의 어머니가 동부여에서 죽자 금와왕이 '태후'의 예로 장례를 지내고 神廟를 세웠다고 한다. 태조왕은 왕 69년(121) 10월에 부여에 순행하여 태후묘에 제사지내고 있다.[92] 태후묘가 '동명왕의 모후'에 대한 제사였다고 한다면 태조왕대 이후 주몽을 국조로 하는 국조의식이 성립되면서 유화는 국모로 여겨졌고 그녀에 대한 제사는 수신제에서 이루어졌다.[93] 수신제는 유화의 주몽 잉태와 출산 신화를 압록강 가에서 재현한 의례였다. 유화는 부여족의 공동시조를 낳았기 때문에 부여신으로도 불

88 『삼국유사』 2, 기이 2, 가락국기, "銍知王 一云金銍王 元嘉二十八年卽位 明年爲世祖許黃玉王后 奉資冥福於初與世祖合御之地 創寺曰王后寺"

89 김태식, 앞의 논문, 1998, 31~32쪽.

90 권주현, 「왕후사와 가야의 불교전래문제」, 『대구사학』 95, 2009, 55쪽. 한편 사당에서 절로 전환된 것은 신라 중대로 추정하기도 하였다(권주현, 「삼국사기에 보이는 4~5세기의 가야와 삼국과의 관계」, 『신라문화』 38, 2011, 66쪽). 이상은 채미하, 2016, 앞의 논문, 20~21쪽.

91 채미하, 앞의 논문, 2014, 187~188쪽 참고.

92 이상은 채미하, 앞의 논문, 2006, 342~344쪽 참고.

93 수신제와 관련된 기록은 『삼국지』·『후한서』, 『구당서』·『신당서』·『한원』에 보인다.

려졌고, 부여신묘에서 그 제사가 행해졌다.[94] 부여신은 '刻木한 부인상'으로 나타나며 木隧로 나타난 수신보다는 구체적인 것으로 고구려 국모뿐만 아니라 부여족 전체의 어머니로 추숭되었다.[95] 이처럼 유화는 죽은 이후 국가제사의 대상이 되었고 고구려 말에는 주몽[96]과 마찬가지로 유화에 대한 신앙은 전국적으로 퍼져있었다.[97] 유화는 수신의 성격 뿐만 아니라 농업신적 성격도 띄면서 '신모'로 불려졌다.[98]

선도산은 통일 이전 신라 오악의 하나였으며,[99] 『삼국유사』 천사옥대조를 보면 진평왕대 鎭祐邦國하는 靈異가 많아 나라가 건립된 이래 언제나 三祀의 하나였고, 그 서열은 群望의 위에 있었다고 한다. 『삼국사기』 제사지 신라조에 서술, 선도산은 牟梁에 있었다고 한다.[100] 이로 볼 때 선도산은 신라가 나라를 세운 이래로 국가제사의 대상이었고 진평왕을 전후한 시기까지는 최고의 신성산악이었다가[101] 통일 이후 신라 국가

94 부여신묘과 관련해서는 『북사』·『주서』를 통해 알 수 있다.

95 이상은 채미하, 앞의 논문, 2006, 363~364쪽 참고.

96 『신당서』 220, 열전 145, 동이 고려 및 『주서』 49, 열전 41, 이역 상 고려 ; 『책부원귀』 369, 장수부 공취 2 이적 참고.

97 『삼국사기』 21, 고구려본기 9, 보장왕 5년, "東明王母塑像 泣血三日" 및 『신당서』 220, 열전 145, 동이 고려 참조. 이상은 채미하, 앞의 논문, 2006, 365쪽.

98 이상은 채미하, 앞의 논문, 2006 및 앞의 논문, 앞의 논문, 2016, 18~19쪽 및 20쪽 참고.

99 『신증동국여지승람』 21 경주부 산천조에는 토함산을 동악, 금강산을 북악, 함월산을 남악, 선도산을 서연산(서악)이라고 하고 있다. 『삼국사기』 41, 열전 1, 김유신(상)에는 중악 단석산이 보인다.

100 『삼국사기』 32, 잡지 1, 제사, "三山五岳已下 名山大川 分爲大中小祀 … 小祀 … 西述(牟梁)".

101 강영경은 앞의 논문, 2012, 57쪽에서 신라의 국가성장이 6촌장의 합의체에서

제사의 하나로 편제되었다고 볼 수 있다. 선도산신모는 신라 경명왕대왕의 잃어버린 매를 찾아주어 봉작을 받기도 하였다.[102]

『신증동국여지승람』에서 대가야 마지막 왕자의 세계를 정견모주로부터 기억한 것은 정견모주가 조상신으로의 권능을 대가야 멸망 직전까지도 유지했던 것을 말해주는 것이다.[103] 해인사의 정견천왕사에 모셔진 정견은 본래 대가야의 왕후로 죽어서 가야산 산신이 되었다고 하며[104] 대가야가 신라에 통합된 이후 통일 이후 신라의 명산대천제사 중 소사에 가량악이 편제되었다.[105]

백제에서는 온조왕 13년(서기전 6) 2월 왕모 소서노가 죽자 온조왕 17년 4월에 묘를 세워 국모를 제사하였다고 한다.[106] 온조왕은 왕모 소서

시작하였고 이후 신라왕은 박·석·김 3성의 교립으로 이어졌기 때문에 선도산신모는 국모신으로 확고한 위치를 점하거나 고구려와 백제처럼 거국적인 숭배를 받은 것으로 나타나 있지 않다고 하였다. 그리고 신라사회에서 박씨 왕계의 사회적 위치와 비중의 변화에 따라 시기적으로 선도산신모의 위치는 변화되었을 것이라고 하였다.

102 『삼국유사』 5, 감통 7, 선도성모수희불사, "第五十四景明王好使鷹 嘗登此放鷹而失之 禱於神母曰 若得鷹 當封爵 俄而鷹飛來止机上 因封爵大王焉". 이상은 채미하, 앞의 논문, 2016, 22쪽.

103 서철원, 「대가야 건국신화와의 비교를 통해 본 백제 건국신화의 인물 형상과 그 의미」, 『인문학연구』 36(조선대학교 인문학연구소), 2008. 이와 관련해서 나희라, 앞의 논문, 2009, 126~127쪽도 참고.

104 천혜숙은 앞의 논문, 2002, 12~13쪽에서 정견모주를 신라의 선도산신모와 같은 유형으로 분석하기도 하였다.

105 김태식, 「대가야의 세계와 道設智」, 『진단학보』 81, 1996, 11쪽과 16쪽. 그리고 김태식은 16~17쪽에서 대가야군 소재 推心의 主神은 대가야시조 伊珍阿豉王으로 보는 것이 타당하다고 하였다. 이상은 채미하, 앞의 논문, 2016, 25쪽.

106 『삼국사기』 23, 백제본기 1, 온조왕 13년, "春二月 王母薨 年六十一歲" ; 『삼

노가 죽은 지 3개월 후에 국모가 나라를 지켜주지 않으니 국세가 안전하지 못해 반드시 나라를 옮겨야겠다고 하였다.[107] 아마도 이 때부터 소서노는 국모로 여겨졌고 국모묘에 대한 건립 논의가 이루어졌으며, 국모묘를 건립한 이후 그에 대한 제사 기록은 보이지 않지만, 소서노를 국모묘에서 제사지냈을 것이다.[108]

탐라 건국신화를 보면 3신녀는 왕명으로 3신인과 혼인하기 위해 탐라로 온 이주자로, 나이순으로 배필이 정해졌다는 것에서 제주 신화에서 발견되는 독립적인 여신들과는 달리 수동적인 모습을 보인다고 한다.[109] 때문에 3신녀는 3신인의 배필로만 역할이 고정되어 탐라국의 母神으로 자리잡지는 못하였다고 한다.[110] 하지만 3신녀는 오곡종자와 가축을 통해 사회를 변화시켰다.[111] 한국 고대 건국신화의 시조비와 시조모는 농업신, 곡모신의 성격을 띄었다.[112] 그렇다면 탐라 건국신화의 3신녀가 오

국사기』 23, 백제본기 1, 온조왕 17년, “夏四月 立廟以祀國母”

107 『삼국사기』 21, 백제본기 1, 시조 온조왕 13년, “夏五月 王謂臣下曰 國家東有樂浪 北有靺鞨 侵軼疆境 少有寧日 况今妖祥屢見 國母棄養 勢不自安 必將遷國 予昨出巡 觀漢水之南 土壤膏腴 宜都於彼 以圖久安之計”

108 이상은 채미하, 앞의 논문, 2016, 19쪽.

109 전영준, 「耽羅神話에 보이는 女性性의 역사문화적 의미」, 『동국사학』 61, 2016, 519쪽 ; 강현정, 「한국 고대 신화 속 여성성의 신화화 과정과 변용」, 『탐라문화』 55, 2017, 60~61쪽.

110 강만생 외, 『제주여성사』 Ⅰ, 81쪽.

111 전경수, 「탐라신화의 고금학과 모성중심사회의 신화적 특성」, 『탐라·제주의 문화인류학』, 민속원, 2010, 31~32쪽.

112 장지훈, 「한국 고대의 지모신 신앙」, 『사학연구』 58·59, 1999, 81쪽 ; 한영화, 「고구려 지모신신앙과 母處制」, 『사학연구』 58·59, 1999, 208~215쪽 및 앞의 주 1) 참고.

곡종자를 뿌리고 우마를 키우고 풍요를 담당한다는 점에서 지모신격에 해당한다고 할 수 있다.[113]

인간이 대지에서 태어난다는 믿음은 동서를 막론하고 보편적으로 유포되어 있는 신앙이다. 대지는 살아 있는 형태를 자신의 본질로부터 끌어내어 발생시킨다. 대지는 비옥하기 때문에 살아있다. 대지에서 비롯된 모든 것은 생명이 부여되며, 대지로 돌아간 모든 것은 다시 생명이 주어진다.[114] 동·서양의 고대 신화와 의례의 유형을 보면 대지는 우주의 기초를 구성하는 것으로 무엇보다도 만물을 낳고 열매를 맺는 무한한 능력으로 인해 가치가 부여되었고 숭배의 대상이 되었다.[115] 농경사회에서 대지는 어머니로 이해되었으며 점차 지모신은 경작과 수확 즉 농경의 여신으로 대체되어갔다.[116]

3신녀는 오곡종자를 가져온 풍요신격의 의미를 지니며 3신녀의 곡모신적 성격은 선도산신모나 유화처럼, 신모 혹은 성모로 숭앙되었을 것이다.[117] 그리고 3신녀의 도래일에 맞추어 풍요신격을 맞이하는 의례를 1년에 한 번 거행하였을 개연성은 충분하였을 것이다. 현재 제주도 전역에서는 2월 영등달에 영등 굿을 거행하는데, 이것은 바다를 건너 온 풍요신격에 대한 의례로 신명은 대체로 영등할망이다. 영등 굿이 바다에서 내방하는 여신을 맞이한다는 점에서, 탐라 건국신화의 3신녀의 의례 역시 이와 같지 않았을까 한다. 이 의례와 관련해서 가락국기의 '戲樂思慕

113 강현정, 앞의 논문, 2017, 60~61쪽.

114 멀치아 엘리아데, 『종교사개론』, 까치, 1993, 55쪽.

115 멀치아 엘리아데, 위의 책, 1993, 230쪽 및 249~250쪽.

116 멀치아 엘리아데, 위의 책, 1993, 235쪽.

117 허남춘, 앞의 논문, 1994, 147~148쪽.

之事'가 관심을 끄는데, 이것은 望山島에서 古浦까지 건장한 남자들이 좌우편으로 나누어 배를 노를 저어 경주를 하는 것으로, 유천간과 신귀간이 허황옥을 맞이할 때의 신화적 사실을 재연한 경조행사이다.[118] 제주의 영등 굿에서는 배를 타고 바다에서 영등신을 맞이하거나, 배를 타고 바다 먼 곳으로 영등신은 배송하는 의례를 행한다.[119]

Ⅴ. 맺음말

본 글은 탐라건국신화에 보이는 3신녀의 역할과 그 위상을 한국 고대 건국신화와 비교하여 탐라건국신화의 특수성과 보편성을 살펴본 것이다. 탐라 건국신화는 영주지계와 고려사계로 나누어 볼 수 있는데, 여기에는 지상용출한 3신인과 바다를 건너온 3신녀가 혼인하였다. 3신인이 등장한 것은 한국 고대 건국 시조가 등장하던 사회보다 앞선 사회였으며 한국 고대 건국신화에서는 시조가 사회를 변화 시키는 역할을 하지만, 탐라 건국신화에서는 3신인이 아닌 3신녀가 그 역할을 하였다. 3신녀가 탐라에 온 이유는 3신인이 탄강하고 나라를 열고자 하나 배필이 없기 때문이라는 점에서, 대업·개국·건국과 관련된 것으로 이해하였다. 이것은 한국 고대 건국신화에서 시조가 나라를 세우고 이후에 시조비를 맞이하는 것과는 구분된다.

118 현용준, 앞의 논문, 1993, 214~215쪽도 참고.

119 허남춘, 앞의 논문, 2005, 7~8쪽. 영등 굿에 대해서는 현용준, 앞의 논문, 1993, 214~215쪽도 참고.

한국 고대 건국신화에서 사회의 변화는 주로 남성신에 의해 이루어지는데, 바다를 통해 이주한 탈해 역시 마찬가지였다. 하지만 탐라 건국신화를 보면 이주한 인물은 3신인이 아닌 3신녀였고 3신녀의 출현으로 수렵사회였던 탐라 사회는 농업과 목축사회로 전환했다. 탐라 건국신화에서 3신녀가 바다를 건넌다는 것은 가락국의 허황옥, 신라의 탈해와 같으며 함에 담겨 온 것은 탈해 신화와 비교된다. 3신녀는 탈해와 같은 卵生은 아니었지만, 함에 담겨 출자처와는 다른 변화를 겪으면서 바다를 건너왔다. 한국 고대 건국신화에서도 물을 담고 있는 공간인 강과 정이 등장하는데, 유화와 알영에서 알 수 있다. 이와 같은 바다, 강과 정은 탐라 건국신화 뿐만 아니라 한국 고대 건국신화에서는 여성신과 밀접한 관련을 가지고 있었다. 그리고 물의 기본적인 속성은 끊임없이 변화한다는 것이다. 따라서 탐라 건국신화 뿐만 아니라 한국 고대 건국신화의 여성신은 사회 변화와 밀접한 관련을 지니고 있었다고 하였다.

탐라 건국신화의 3신인에 대한 추숭은 16세기 이전까지는 광양당에서 무격에 의해 무속적인 제사로 행해졌지만, 이후 유교적 의례로 변하였다. 3신녀는 나이 순서로 3신인과 혼인하는데, 이것은 제주 신화에서 발견되는 독립적인 여신들과는 구분된다. 하지만 3신녀가 오곡종자를 뿌리고 우마를 키운다는 점에서 풍요를 담당하는 지모신격에 해당하며, 3신녀의 곡모신적 성격은 선도산신모나 유화처럼, 신모 혹은 성모로 숭앙되었을 것이라고 하였다. 이것은 현재 제주 민속의 영등 굿과 연결 지어 이해해 볼 수 있었다. 이와 같은 탐라 건국신화의 3신인과 3신녀의 위상은 한국 고대 건국신화의 지배자(시조) 혹은 지배자의 배우자(시조비)가 死後에 추숭되어 국가제사의 대상이었던 것과 비교된다고 하였다.

참고문헌

강현정, 「한국 고대 신화 속 여성성의 신화화 과정과 변용」, 『탐라문화』 55, 2017.

권주현, 「삼국사기에 보이는 4~5세기의 가야와 삼국과의 관계」, 『신라문화』 38, 2011.

______, 「왕후사와 가야의 불교전래문제」, 『대구사학』 95, 2009.

김두진, 「신라 6촌장신화의 모습과 그 의미」, 『신라문화』 21, 2003.

김병곤, 「사로 6촌의 출자와 촌장의 사회적 성격」, 『한국고대사연구』 22, 2001 : 『신라 왕권 성장사 연구』, 학연문화사, 2003.

______, 「중국 사서에 나타난 백제 시조관과 시국자 구태」, 『한국고대사연구』 46, 2007.

김선주, 「알영 전승 의미와 시조묘」, 『역사와 현실』 76, 2010.

______, 「신라 선도성모 전승의 역사적 위상」, 『사학연구』 99, 2010.

김태식, 「가락국기 소재 허왕후설화의 성격」, 『한국사연구』 102, 1998.

______, 「대가야의 세계와 道設智」, 『진단학보』 81, 1996.

나희라, 「대가야의 신화와 의례」, 『대가야의 정신세계』, 2009.

노명호, 「백제의 동명신화와 동명묘」, 『역사학연구』 10(전남대), 1981.

멀치아 엘리아데, 『종교사개론』, 까치, 1993.

武田幸男, 「始祖廟記事と高句麗王系」, 『東方學會立50周年記念東方學論集』(東方學會), 1997.

박현숙, 「백제 건국신화의 형성과정과 그 의미」, 『한국고대사연구』 39, 2005.

서철원, 「대가야 건국신화와의 비교를 통해 본 백제 건국신화의 인물 형상과 그 의미」, 『인문학연구』36(조선대학교 인문학연구소), 2008.

宣釘奎, 「하백신화고」, 『중국문학연구』 10, 2004.

양기석, 「백제 성왕대의 정치개혁과 그 성격」, 『한국고대사연구』 4, 1990.
양성필, 「난생신화의 궤짝신화의 상관성 고찰」, 『탐라문화』 35, 2009.
오세정, 「한국 신화에 나타난 바다의 의미」, 『한국고전연구』 26, 2012.
袁　軻, 『中國神話通考』, 成都; 巴蜀書社, 1993.
윤철중, 「사소신화의 성립에 관한 고찰」, 『반교어문연구』 7, 1996
______, 「탈해신화의 연구」, 성균관대박사학위논문, 1987.
이종태, 「삼국시대의 시조인식과 그 변천」, 국민대학교박사학위논문, 1996.
이지영, 『한국신화의 神格 유래에 관한 연구』, 태학사, 1995.
장주근, 「구전신화의 문헌신화화 과정」, 『선청어문 - 의민 이두현 교수 정년퇴임 기념논문집』 18, 1989.
장지훈, 「한국 고대의 지모신 신앙」, 『사학연구』 58·59, 1999.
전경수, 「탐라신화의 고금학과 모성중심사회의 신화적 특성」, 『탐라·제주의 문화인류학』, 민속원, 2010.
______, 「상고 탐라사회의 기본구조와 운동방향」, 『제주도연구』 4, 1987.
전영준, 「耽羅神話에 보이는 女性性의 역사문화적 의미」, 『동국사학』 61, 2016.
田中通彦, 「高句麗の信仰と祭祀」, 『酒井忠夫先生古稀祝賀記念論集 歴史における民衆と文化』(圖書刊行會), 1982.
井上秀雄, 『古代朝鮮史序説 - 王者と宗教』, 寧樂社, 1978.
정진희, 「조선초 제주 삼성신화의 문자화 양상과 그 의미」, 『고전문학연구』 30, 2006.
조동일, 「시조도래 건국의 중세인식」, 『하나이면서 여럿인 동아시아문학』, 지식산업사, 1999.
조현설, 「'父性 不在'의 신화학과 聖母신앙의 문제」, 『역사민속학』 15, 2002.
______, 「건국신화의 형성과 재편에 관한 연구」, 동국대학교대 대학원 박사학위논문, 1997.
______, 『동아시아 건국신화의 역사와 논리』, 문학과 지성사, 2003.
채미하, 「고구려의 국모신앙」, 『북방사논총』 12, 2006.
______, 「백제의 산천제사와 그 정비」, 『동국사학』 48, 2010.

______, 「신라의 6촌과 산악제사」, 『신라사학보』 23, 2011.
______, 「신라의 건국신화와 국가제의」, 『한국사학보』 55, 2014.
______, 「한국 고대 神母와 國家祭儀 - 유화와 선도산신모를 중심으로」, 『동북아역사논총』 52, 2016.
한영화, 「고구려 지모신신앙과 母處制」, 『사학연구』 58·59, 1999.
허남춘, 「삼성신화의 신화학적 고찰」, 『탐라문화』 14, 1994.
______, 「삼여신 도래신화와 축제 가능성」, 『탐라문화』 27, 2005.
______, 「제주도 본풀이와 주변신화」, 『탐라문화』, 2011.
현용준, 「고대 한국민족의 해양타계」, 『무속신화와 문헌신화』, 집문당, 1992.
______, 「삼성신화연구」, 『탐라문화』 2, 1983.
______, 「제주도 신화와 의례 형식에서 본 문화의 계통」, 『탐라문화』 13, 1993.

탐라시대 전기의 취락구조와 대외교류*

김 경 주
제주문화유산연구원 부원장

* 본고는 제주대학교 탐라문화연구원 발간 『탐라문화』 제57호에 수록된 내용을 수정보완하여 작성하였다.

Ⅰ. 머리말

고고학적으로 탐라시대는 곽지패총 출토 일상토기인 적갈색경질토기(赤褐色硬質土器)의 하위 토기양식을 기준삼아 전기와 후기로 크게 구분된다.[1] 그리고 전기는 곽지리식토기(郭支里式土器), 후기는 고내리식토기(高內里式土器)를 표지로 논의되고 있다. 즉 탐라시대 전기와 후기는 대표적인 토기양식인 두 토기의 성행단계를 기준으로 설정하는데는 이견이 없다. 그럼에도 불구하고 최근 발굴조사 성과를 통해 곽지리식토기에 선행하는 외도동식토기(外都洞式土器)와 후출하는 종달리식토기(終達里式土器)가 인지되면서 탐라시대 전후기의 시대폭이 구체적으로 정립되는 분위기이다.

탐라시대 이전의 형성단계는 탐라형성기,[2] 탐라성립기,[3] 고탐라시대[4] 등으로 다양하게 불리워지고 있다. 그렇지만 이러한 명칭은 시대구분을

---

1 탐라시대는 전기(0~500년)와 후기(500~900년)로 구분하고 있다(이청규, 1995, 『제주도 고고학연구』, 학연문화사).

2 강창화, 2005, 「고대 탐라의 실체와 물자의 교류」, 『동아시아 역사상과 우리문화의 형성』, 한국학중앙연구원 동북아고대사연구소.

3 김경주, 2005, 「탐라성립기 취락의 형성과 변천」, 『호남고고학보』 22집, 호남고고학회.

4 이종철, 2017, 「제주도 송국리형취락의 특징과 시기 구분」, 『한국청동기학보』 제21호, 한국청동기학회.

위한 용어로는 적절치 못하다. 특히 한국 고고학의 시대구분과 전혀 맞지 않을 뿐만 아니라 통사적 연구를 위해서도 바람직하지 않다.[5] 탐라시대 전기는 선진문물과 철수입의 권한을 독점한 수장층의 출현, 원거리 교역의 중심읍락(邑落)인 위계화된 거점취락의 조성, 철제 무기류와 같은 다량의 위신재가 매납된 상위계층의 개인묘역 축조 등을 근거로 획기를 구분할 수 있다.[6]

최근 탐라고고학의 진전된 연구성과를 반영하면 탐라시대는 대체로 3~9세기경에 해당한다. 또한 전후기의 전환기는 6세기 후반~7세기 전반경으로 추정해 볼 수 있다.[7] 이와 같이 기존의 편년안과 큰 차이를 보이는 것은 탐라시대 전기의 대표적인 토기양식인 곽지리식토기에 대한 신연대가 적용되면서 시작되었다.[8] 신연대 적용 이전까지는 곽지패총 출토 군곡리식 찰문토기에 대한 잘못된 인식[9]과 교차편년에 전적으로 의존[10]했기 때문이다. 결과론적으로 보면 곽지리식토기와 동반되는 양이부호의

5 본고에서는 탐라시대 전기 문화에 대한 논의에 집중하는 차원에서 앞선 단계의 시대구분에 대해서는 자세하게 다루지 않기로 하겠다. 다만 청동기시대 이후와 탐라시대 전기 이전은 철기시대라는 용어를 사용하기로 한다.

6 김경주, 2018a, 「문헌과 고고자료로 본 탐라의 대외교류」, 『호남고고학보』 58, 30쪽, 호남고고학회.

7 김경주, 2018a, 앞의 글.

8 김경주, 2009, 「고고학으로 본 고대 탐라」, 『섬, 흙, 기억의 고리』, 173쪽, 국립제주박물관.

9 군곡리패총 출토 경질찰문토기의 기종은 심발형, 호형, 옹형, 시루 등이 확인될 뿐 양이부호는 포함되지 않는다(최성락, 1993, 『한국 원삼국문화의 연구』, 157~158쪽, 학연문화사).

10 이청규, 1995, 173쪽, 앞의 책; 강창화, 2010, 「고대 탐라의 대외 물자교류」, 『제주학과 만남』, 46~47쪽, 제주학연구자 모임.

중심연대는 4~5세기에 해당하며 탐라시대 전기의 이른 시기에는 화순리식토기에서 점진적으로 발전된 외도동식토기가 표지적이다.[11] 이를 참고하면 탐라시대 전기의 토기는 외도동식과 곽지리식토기를 포함한다고 볼 수 있다.

한편 외도동식토기는 타날문토기의 제작방식을 일부 차용[12]한 것으로 신제도기술의 도입을 의미한다. 현재까지 외도동식토기의 속성은 화순리단계의 토기에서 일부 드러나고 있다. 이처럼 1세기대 이후 무문토기 제작수법에서 벗어나는 형태가 출현하고 3세기를 전후해서는 성형방법이 발전하면서 토기조합이 획일화되고 규격화된다. 이러한 제도기술의 변화는 외도동식토기의 생산과정이 가내수공업적 방식에서 탈피하여 취락내 장인집단에 의해 제작된다는 것을 의미한다. 이와 같이 토기생산 공정의 획기적인 전환은 이전 시기와는 다른 사회구조의 변동으로 연결된다.

최근 탐라시대 전기의 물질문화에 대한 검토[13]가 이루어진 바 있지만 취락과 계층구조를 비롯한 탐라의 구체적인 고고학적 특징을 제대로 읽어내지 못하고 있다. 즉 송국리문화의 변천과정에서 비롯된 주거형태와 토기양식에 대한 개략적인 고찰에 그치고 사회구조와 물질문화의 변천양상을 명쾌하게 설명하는데 부족하다. 탐라정치체의 성격을 규명하기 위해서는 동시기의 취락과 대표적인 토기 양식을 함께 살펴 구체적인 사

---

11 김경주, 2012, 「용담동 철기부장묘와 그 피장자의 성격」, 『인류학 고고학 논총』, 410쪽, 영남대학교 문화인류학과 40주년 기념논총 발간 위원회.

12 한지선, 2003, 「토기를 통해서 본 백제 고대국가 형성과정 연구」, 26쪽, 중앙대학교 석사학위논문.

13 박경민, 2017, 「탐라전기의 물질문화」, 『제주도, 탐라의 형성과 발전』, 제25회 호남고고학회 정기학술대회 발표요지, 호남고고학회.

회구조에 대한 분석이 우선적으로 이루어져야 한다. 더불어 선진적인 외래(外來)유물과 위신재(威信財), 그리고 독립적이고 우월성을 갖춘 유구를 분석하여 대외교류의 양상과 함께 상위계층의 위계성을 파악해야 한다.

주지하는 바와 같이 탐라시대 전기의 대표적인 토기양식은 크게 외도동식토기와 곽지리식토기로 대별된다. 후술하겠지만 타날문토기와의 동반 출토 양상을 보면 전자가 선행하는 형식으로 추정되지만 양식적 변이가 크지 않기 때문에 구체적으로 정립하기가 생각처럼 쉽지 않다. 이처럼 탐라시대 전기에 출현하는 새로운 토기는 생산체제의 변화를 시사하며 무문토기와는 다른 기술체계적 발전과 대량생산 체제로의 전환은 결국 취락내 상위계층의 존재를 의미하는 것이다.[14]

본고에서는 탐라시대 전기의 문화를 밝혀내기 위해 동시기 취락구조를 고찰하고 토기양식의 형성과 변천양상을 함께 살펴보고자 한다. 더 나아가 탐라의 영역내에서 출토되는 외래계 교환 토기에 대한 분석을 통해 탐라 전기의 대외교류 양상도 추적해보기로 하겠다. 탐라시대의 문헌자료가 매우 영성하기 때문에 고고자료를 검토하고 당시의 사회구조를 해석하는 것은 매우 유의미하고 중요한 연구과제이다. 따라서 탐라시대 전기 취락사회의 성격과 대외관계를 파악하므로서 동시기 한반도 남부에 위치한 다양한 정치체와의 교류양상을 규명할 수 있는 기초 자료를 확보할 수 있다.

---

14 김경주, 2018a, 앞의 글.

Ⅱ. 거점취락의 출현과 성장

1. 거점취락의 출현

탐라시대 전기의 취락은 대부분 제주 서북부지역에 집중되고 있으며 특히 외도동취락이 대표적이라 할 수 있다. 물론 중심취락이 집중된 곳을 제외한 지역에서도 동시기 취락이 다수 조성되었지만 거점취락으로 규정할만한 고고학적 자료를 확보하지 못하고 있다. 전기 취락의 표지적인 주거지의 평면형태는 원형계가 압도적이며 아직까지 방형계 주거형태는 조사된 바 없다. 구체적으로 주거구조를 살펴보면 중앙부 양단에 중심주혈을 설치하거나 초석을 배치한 형태, 복잡한 내부구조를 갖춘 형태, 그리고 주거지 중앙의 구(溝)와 연결되는 벽구(壁溝)를 설치한 형태, 무시설식 등 매우 다양하게 확인되고 있다. 특히 중앙부 양단에 초석을 배치하고 방사상으로 토적시설(土積施設)을 조성한 특수목적의 소위 외도동식주거지가 출현하는 점이 주목된다.

주지하다시피 청동기시대 후기 이래 송국리형주거지 일색이던 서북부에서 서남부지역으로 파급된 후 지역화된 형태로 변화된다. 이와 같은 양상은 기원전 1세기대 이후 주거지 내부 구조가 급격한 변천과정을 거치는데 대체로 내부 중앙부의 양단 주혈배치를 기본으로 하는 전형적인 송국리형주거 형태에서 벗어난 비전형적인 형식이 축조되기 시작한다.[15] 예를들면 주거지 내부 타원형구덩이가 불규칙적으로 변하면서 양단 주

15 김경주, 2018b, 「제주지역 점토대토기문화의 정착과 변천과정」, 『한국 청동기학보』, 133쪽, 한국청동기학회.

주거구조	주거형태	유적명
특수목적 주거지	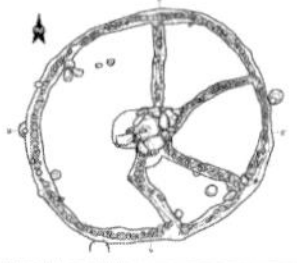	외도동
	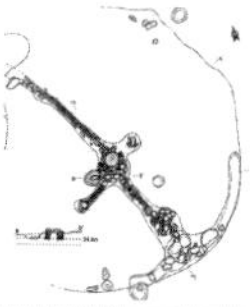	외도동
일반 주거지	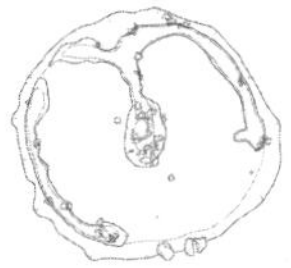	용담동
		외도동

[그림 1] 탐라 전기의 주거지

혈배치가 일정치 않고 비대칭적으로 조성되기 시작한다. 이로 보건대 제주지역의 전형적인 송국리문화는 서남부지역에서 비롯된 지역색을 갖춘 주거형태의 변천과정에서 소멸되었다고 해도 틀림이 없다.

주거지의 평면형태는 3세기대 접어들면 원형계가 지속되지만 기존의 주혈배치는 대부분 상면(床面)에 막바로 위치하거나 초반(礎盤)을 배치하여 그 위에 얹는 형태로 발전한다. 이와 같이 주거지 내부의 기둥배치가 수혈식 → 지상식으로의 전환은 상부 가구배치의 변화를 초래하였고 주거구조와 생활환경의 개선이 동시에 진행되었음을 의미한다.

외도동식주거지는 내부구조가 매우 다양하고 복잡한 형태로 출현한다. 이 밖에도 평면형태는 동일하지만 내부 시설이 전혀 배치되지 않거나 중심주혈의 배치가 비대칭적이고 불규칙적인 형태가 다수 확인된다. 그렇다면 동시기 주거형태는 여러가지 형태로 축조되기도 하지만 크게 복잡한 주거구조와 비교적 단순한 형태가 공존하는 셈이다. 이러한 주거형태의 다양성은 결국 취락내 계층구조의 형성과 함께 위계성을 갖춘 취락임을 나타낸다.

수혈주거지의 평면형태 변화는 시간성과 공간성을 반영한다고 알려져 있다. 이를테면 경남 서부지역의 경우 4세기 4/4분기까지는 방형계가 확인되지 않고 원형계가 대부분[16]이며 5세기 1/4분기에 방형계가 등장하지만 5세기 2/4분기까지도 원형계가 여전히 점유율이 매우 높게 확인되고 있다. 경남 동부지역이 3~4세기대부터 방형계 주거지 일색인 것과는 비교되는 지역색을 보여주고 있다.[17] 반면에 전남 동부권의 주거지 평면형태는 대체로 섬진강유역과 동부해안권(여수·순천·광양)에서 원형계가 우세하게 드러난다. 특히 동부해안권에서는 5세기 1/4분기까지 원형계 주거지가 지속되고 있다.[18]

최근 주거형식과 정치체의 영역을 연계하여 해석하는 견해가 있어 주목된다. 예컨대 낙동강 동안지역은 원형과 방형계의 평면형태 변화가 진행되면서 방형계로 정착되는 반면에 서안지역은 원형계의 비율이 계속해서 일정하게 유지되고 있다. 이러한 전개양상은 동안지역이 사로국의

---

16 권귀향, 2012, 「낙동강 이서지역 삼국시대 주거지의 전개양상」, 88쪽, 부산대학교 석사학위논문.

17 위양근, 2016, 「경남지역 가야시대 주거지에 대한 연究」, 72쪽, 경상대학교 석사학위논문.

18 한윤선, 2010, 「전남 동부지역 1~4세기 주거지 연구」, 87쪽, 순천대학교 석사학위논문.

소국병합으로 인해 평면형태의 변화가 이루어지고 반대로 서안지역은 6가야 연맹체이기 때문에 평면형태가 지속된 것으로 해석되고 있어 주목된다.[19]

이와 같은 변화양상은 문헌기사에 등장하는 동성왕 20년(498)의 무진주 친정설과 관련하여 고고자료를 통해서도 확인된다. 동성왕이 탐라(탐모라)를 정벌하기 위해 무진주에 진출했던 광주지역에는 3~4세기대 마한계 취락이 비교적 적고 대부분 5세기 이후 백제계 취락이 조성된다. 백제계 취락의 분포는 5세기 후반 동성왕의 무진주 친정 이후 직접 지배영역으로 재편되었음을 의미하는 자료이다.[20]

앞서 살펴본 바와 같이 주거지의 평면형태는 정치체의 영역과 밀접하게 관계되고 있다. 그러나 지리적으로 변방지역까지는 적극적으로 파급되지 않는 것으로 보인다. 왜냐하면 전남 동부지역의 원형계 평면구조는 이전부터 유지된 것일 뿐 가야지역의 영향이 아니라는 해석이 그것이다. 게다가 마한계의 4주식주거지와 가야토기의 유입은 상호 교류과정의 결과로 이해되고 있다. 이러한 연유에는 이곳이 마한의 변방으로서 백제의 영역화가 가장 늦게 이루어졌기 때문으로 인식하는 것에서 비롯된다.[21]

기원전 2세기대까지 제주 서남부지역권(화순·예래·강정)에서는 송국리형주거지의 지역화를 공유한 동일한 취락이 병렬적으로 조성되고 있

---

19 한기민, 2012,「영남지역 수혈식 건물지 연구」, 81~82쪽, 동아대학교 석사학위논문.

20 김승옥, 2014,「취락으로 본 전남지역 마한 사회의 구조와 성격」,『백제학보』 제11호, 64쪽, 백제학회.

21 박미라, 2010,「전남 동부지역 가야계토기 출토 주거지의 성격」,『문화사학』 제33호, 81~82쪽, 한국문화사학회.

다. 하지만 기원전 1세기 이후 주거형태의 변화가 급속하게 진행되기 시작하며 3세기대 외도동식주거지와 같은 특수목적의 주거지가 출현하는 것으로 추정된다. 탐라시대 전기에는 특수목적의 주거지와 일반적인 주거형태가 동시에 축조되고 이러한 차별성은 곧 위계화 혹은 계층화를 논의할 수 있는 근거가 되고 있다. 왜냐하면 일반적인 주거형태에 비해 특수목적의 주거지는 축조과정에서 기술적인 노동력의 동원과 재화(財貨)가 요구되기 때문이다. 따라서 단순한 주거지가 보편적인 주거형태라고 본다면 특수목적 주거지는 상위계층에 해당하는 외도동취락내 수장층의 주거공간일 가능성이 제기된다. 이처럼 많은 경제적 부담과 노동력을 필요로 하는 외도동식주거지는 군집을 형성하지 않고 입지적 우월성이 드러나는 선택된 일정 공간에 단독적으로 배치된다. 게다가 특수주거지의 주변에는 정교하게 축조한 석조우물과 대규모 저장시설이 집중되고 있다.

한편 탐라 전기의 대표적인 외도동식주거지를 송국리형주거지의 연장으로 이해하는 견해[22]가 있으나 지나친 논리적 비약에 다름이 아니다. 왜냐하면 원형주거지는 가구배치상 중심 기둥 배치 구조가 필수적이며 앞에서도 논의하였듯이 지상화되어 양단 초석을 얹는 형태로 변화되었다는 것은 이미 성행기의 송국리형주거지와 차별화되었음을 의미한다. 예컨대 원삼국시대 이후 출현하는 경남 서부지역의 원형주거지 역시 구심구조를 갖는 형태[23]를 취하고 있지만 대부분 기둥배치가 지상화되고 있다.[24] 게다가 외도동취락에서 확인되는 주거지는 타원형구덩이와 내부

22 이종철, 2017, 앞의 글.

23 김나영, 2007, 「영남지역 삼한시대 주거지의 변천과 지역성」, 부산대학교 석사학위논문; 조태희, 2013, 「경남지역 삼한·삼국시대 취락연구」, 동아대학교 석사학위논문.

시설이 전혀 없는 무시설식 주거지가 다수를 차지하는 것도 참고할 필요가 있다. 또한 주거구조의 형식학적 차이를 지역색으로만 논의하는 예[25]가 있지만 시간성을 간과한 해석에 지나지 않는다. 외도동식주거지는 거점취락이 서북부권역으로 이동한 이후 축조된 것으로 시간성을 반영하는 주거형식에 해당하기 때문이다.

탐라 전기의 거점취락이 출현하기 이전 시기 취락구조는 서남부지역에 위치한 화순리취락이 대표적이다. 화순리취락은 광장을 중심으로 각각 주거, 생산, 제의, 분묘 공간으로 구분된다. 이와 같은 취락구조가 이전 단계에는 뚜렷하게 확인되지 않기 때문에 화순리유적의 성행기에는 일정한 분업화된 취락경관이 조성되었다고 할 수 있다. 특히 이전에 볼 수 없었던 복합적인 분묘의 단독적 축조는 상위계층의 출현을 의미하고 있다. 이로 보건대 화순리취락은 분업화가 이루어지고 위계화가 진행되는 단계에 해당하는 취락임을 파악할 수 있다. 추정컨대 서남부권역의 화순리취락은 대외교류 과정에서 상위계층이 형성되고 위계화가 진행되는 중심취락으로 성장하게 된다.

탐라시대 전기에는 대규모 거점취락이 제주 서북부지역에 집중적으로 축조되고 있다. 이처럼 거점취락의 이동은 철기시대 이래 급증한 대외교류와 연관성이 있는 것으로 여겨진다. 위만조선의 멸망과 한군현의 설치로 한(漢)의 선진문물이 남부지역으로 확산되는데 낙랑을 통해 발달된 철기와 선진문물이 도입되면서 이전 보다 대외교역이 매우 활발하게 이루어지기 때문이다. 그리고 변진한 지역은 목곽묘 축조단계인 2세기 중

24 기둥을 배치했던 주혈의 지상화는 결국 내부 가구배치의 변화를 의미하며 동시에 공간구조의 변화를 시사한다고 볼 수 있다.

25 박경민, 2017, 77~78쪽, 앞의 글.

반부터 철광산이 개발되고 본격적인 철생산이 시작된다.[26] 이로 인해 변진한 지역과 철을 매개로 한 교섭과정에서 수장층이 출현하게 되고 한반도 서남부 지역 마한세력과의 원활한 교역체계를 개척하기 위해 해상 교통로상에 거점취락이 새롭게 조성된다. 논의를 참고하면 3세기 전후 새로운 주거형식과 전업생산 체제의 외도동식토기 출현, 철기부장묘의 축조, 계획된 거점취락의 조성, 대규모 토목공사의 시행은 동시기 탐라의 영역에서 급격한 문화변동이 진행되었다는 것을 의미한다.[27] 이와 같은 사회구조의 변화와 상위계층의 등장은 탐라시대의 획기를 구분짓는 고고학적 자료에 해당한다.

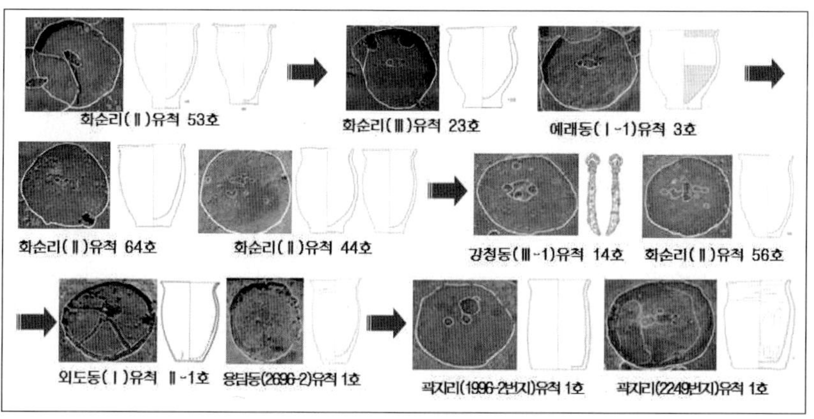

[그림 2] 철기~탐라시대 전기의 주거지 변천도

26 손명조, 2012, 『한국 고대 철기문화 연구』, 진인진.

27 김경주, 2017, 앞의 글.

[그림 2]에서 철기시대 이후 주거형태와 토기의 변천양상을 살펴보면 화순리(Ⅱ)유적 44호주거지 단계부터 주거지 내부의 타원형구덩이와 중심주혈이 불규칙적으로 변화되고 있을 뿐만 아니라 축약저부 토기가 감소하기 시작한다. 결과적으로 전형적인 송국리형주거지에서 파생된 주거구조는 빠르게 재지화 과정을 거치고 있다. 동반되는 토기 역시 저부 축약흔이 잔존하는 화순리식토기와 함께 축약흔이 소멸하면서 장동화되는 형태의 토기가 함께 확인되고 있다. 더 나아가 화순리(Ⅱ)유적 56호주거지 단계에는 중앙수혈의 양단에 초석과 주혈이 각각 배치된 형태가 출현한다. 이는 양단 주혈이 지상화되는 과정에 해당하며 동시기에는 저부축약 현상이 소멸된 토기들이 주체가 되고 있다. 따라서 화순리(Ⅱ)유적 56호주거지 단계부터는 외도동문화로 전환되는 과도기에 해당한다고 볼 수 있다.

강정동(Ⅲ-1)유적 14호주거지에서는 환두소도가 출토된 바 있다. 환두소도는 낙랑토성에서 확인[28]되며 특히 낙랑고분에서는 철장검과 동반 부장되는 사례가 많은 점으로 미루어 보면 낙랑군 설치와 함께 서북한 지역에 본격적으로 도입된다는 것을 알 수 있다.[29] 그러나 한군현의 축출 이후에는 한반도에 더 이상 유입되지 않기 때문에 중국 또는 한군현과 관련된 계층의 소유물로 파악하기도 한다.[30] 영남지방에서는 대형 목곽묘가 조영되면서 부장이 시작되며 대도의 출토량이 증가하는 3세기 후반

28 정인성, 2006, 「낙랑 토성의 철기와 제작」, 『낙랑문화 연구』, 148쪽, 동북아역사재단.

29 이나경, 2013, 「중부지역 출토 낙랑계토기 연구」, 46쪽, 서울대학교 석사학위논문.

30 노태호, 2014, 「원삼국~백제한성기 중서부지역 철도자의 변천과 성격 연구」, 67쪽, 용인대학교 석사학위논문.

에는 감소하기 시작한다.[31]

환두소도는 한군현 설치 후 유입되고 있고 영남지방의 사례를 참고하면 성행기는 1~3세기경으로 추정된다. 이러한 사실을 감안하면 강정동(Ⅲ-1)유적 14호주거지는 동시기의 주거지에 해당하며 서남부권역에서 지역화된 송국리형 주거지는 1~2세기경 크게 변화과정을 거쳐 탐라 전기에 접어들면 외도동식주거지가 등장한다는 사실을 유추해 낼 수 있다.

주지하다시피 서남부지역으로 파급된 송국리문화는 기원전 1세기 이후 급격한 변화 과정을 통해 재지화되고 1~2세기경 과도기를 지나 외도동식주거지로 전환되고 있다. 더욱 구체적으로 살펴보면 변화 단계에 동반되는 토기는 대체로 저부축약 현상이 소멸된 형태가 증가하는 점을 감안한다면 2세기 이후에 해당할 것으로 추정된다. 강원지역에서 경질무문토기의 저부 축약현상이 소멸하는 것은 춘천 근화동유적 B구역 3호주거지 출토 외반구연옹을 참고하면 2세기 전반경으로 해석되기 때문이다.[32] 게다가 경질무문토기의 변천양상을 보면 타날문토기가 동반되는 2세기 중후반~3세기 전반경에는 구연부가 짧은 외반(10도 내외) → 긴 외반(30도 이상)으로 변화되고 저부 축약흔이 축소된다.[33]

요컨대 3세기대 제주지역의 일상토기는 저부축약 현상이 소멸하고 판목압흔(板木壓痕) 성형수법을 활용한 외도동식토기로 전환되고 있다. 이처럼 동시기 새로운 토기의 출현과 함께 이전 보다 한층 발전된 특수목

---

31 임영희, 2011, 「영남지역 원삼국기 철검·환두도의 지역별 전개과정」, 56쪽, 영남대학교 석사학위논문.

32 심재연, 2011, 「영동·영서지역의 철기시대문화 연구」, 122쪽, 한림대학교 박사학위논문.

33 한지선, 2003, 24~28쪽, 앞의 글.

적 주거지의 등장은 위계화된 사회구조로의 변화를 시사한다.

2. 거점취락의 성장

앞서 살펴본 바와 같이 탐라시대 이전의 취락은 대부분 서남부권에 위치한다. 그리고 1~2세기대 주거형태는 지상식 주혈배치 구조로 급격한 변화가 진행되고 있다. 게다가 2세기 중후반대 이후에는 신기종의 토기가 출현하면서 서북부권(용담동, 외도동, 하귀리, 곽지리)으로 취락의 중심이 빠르게 이동하게 된다. 물론 서남부권역에도 동시기 취락이 존재하지만 이전 단계의 거점취락은 축소되고 소규모 취락으로 전락하게 된다.

예래동유적의 구획구로 둘러싸인 굴립주[34]는 일반인의 출입을 제한하고 수변제의(水邊祭儀)와 관련된 곳으로서 신성시되던 건물임을 미루어 알 수 있다. 이와 함께 석축은 방어의 개념이면서도 경계, 구획, 위계 등을 상징하는 고고학적 시설물이다. 특히 대규모 노동력이 투입되는 방어시설과 취락 구성원 전체가 참여하는 제의 공간은 취락 단위에서 관리, 운영하였을 가능성이 높다.[35]

주거군의 변화와 배치는 취락내 위계를 반영하며 각 주거군에서 위계가 높은 주거는 광장과 인접하거나 취락내 중심에 위치한다. 즉 상위취

34 구획구로 둘러진 소위 주구부건물지는 완주 용흥리, 담양 태목리, 광주 산정동, 연기 나성리유적에서 확인된 바 있다. 나성리유적 보고자는 제사 혹은 제철과 관련된 건물지로 추정하고 있다(이홍종외, 2015, 「유구의 기능과 성격」, 『연기 나성리유적』, 150쪽, 한국고고환경연구소).

35 송만영, 2014, 「청동기시대 취락 구조의 변화」, 『숭실사학』 제33집, 26쪽, 숭실대학교 사학과.

락은 저장, 매장, 수공업 생산, 의례공간이 조성되며 이에 반해 중위취락에서는 저장, 대규모 매장공간이 관찰된다. 이외에 주거공간만 확인되거나 저장공간이나 소규모 매장공간이 축조되는 경우는 일반취락으로 구분된다. 거점취락과 일반취락의 구분은 위계화된 취락의 중심권역에 읍락이 조성되고 정치체가 등장하기 때문이다.[36] 이러한 맥락으로 보건대 대외교역의 중심취락과 달리 일반취락은 생산과 저장 위주의 주변취락으로 해석된다. 현재까지 제주지역의 일반취락은 주거지가 확인된 예가 매우 적고 주로 저장혈을 중심으로 조성되기 때문이다.

취락이 기능별 입지의 유사성은 성립단계부터 입지선정을 우선시했다는 것을 의미한다.[37] 그렇다면 외도동과 용담동 일대 거점취락의 조성은 탐라정치체의 중심지이며 대외교류의 거점과 밀접한 관련성이 높다는 것을 시사한다. 이처럼 대외교역과 정치체의 중심에 형성된 취락은 위계화된 상위취락으로 해석된다. [그림 3]에서 보는 바와 같이 탐라 전기에 조성된 서북부권역의 거점취락은 복수의 취락이 연계하여 상호 네트워크를 형성하고 있다.

영남지방의 경우 3세기 후반 무렵 취락의 입지가 변화되고 대형취락이 등장하며 4세기대 이후에는 급증하는 현상이 나타나고 있다.[38] 이러한 동인에는 철제농기구의 발달과 보편화로 농업생산력과 기술력이 비약적으로 증가하였기 때문이다.[39] 즉 4세기 이후 영남권역은 철기 대량

36 송만영, 2014, 앞의 글.

37 공봉석, 2015, 「신라·가야 취락의 분화와 전개」, 『영남고고학』 73, 36쪽, 영남고고학회.

38 공봉석, 2015, 37쪽, 앞의 글.

39 이현혜, 1991, 「삼국시대의 농업기술과 사회발전」, 『한국상고사학보』 8호, 한

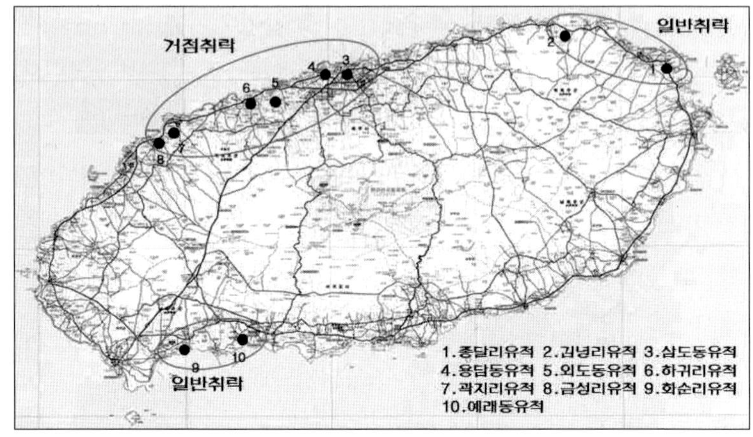

[그림 3] 탐라시대 전기의 거점취락 분포도

생산체제로 전환되고 농경을 비롯한 산업 전반에 걸친 기술혁신과 전업화된 생산체제는 정치체의 권력에 의해 성립되었다.[40] 영남권역 취락의 전개양상을 참고하면 외도동단계의 계획된 취락과 전업화된 토기생산체제로의 전환은 결국 탐라정치체의 상위계층 즉 수장층이 주도하고 있었다는 것을 의미한다.

취락내 수자원의 관리체계는 중앙집권적 정치조직과 관련된 것이라고 알려져 있다.[41] 예컨대 외도동과 하귀리취락에서 확인되는 다양한 우물과 집수정(集水井) 그리고 구의 조성은 수자원과 연계된 유구에 해당하며 취락내 상위계층의 통제를 받고 있었다는 것을 반증한다. 특히 외도동유적의 우물축조 양상을 보면 하단의 목조결구부(木造結構部)를 제작

국상고사학회.

40 공봉석, 2015, 39~40쪽, 앞의 글.

41 제레드 다이아몬드/김진준 역, 2014, 『총, 균, 쇠』, 31쪽, 문학사상사.

하고 그 상부에 석조구조물을 조성하는 방식으로 축조된 사례가 많다. 이와 동일한 형태는 백제 도성(都城)인 풍납토성내에서도 확인된 바 있는데 대략 4세기 후반경으로 파악되고 있다.[42]

백제 왕실에서도 우물을 신성시 여겨 왕도(王都)의 우물이라는 문헌기록이 남겨질 정도로 매우 중요시했음을 추정케 한다. 특히 풍납토성 206호 우물 출토품을 살펴보면 광구장경호, 단경병, 횡병, 유공광구소호 등 주로 고분 부장품인 기종이 대부분이다. 풍납토성내 정교한 우물의 축조와 부장용 토기 매납행위는 왕실의 상위계층에 의해 이루어지고 있다.[43] 이와 같은 의례과정을 보면 우물의 축조는 일상적인 행위로 볼 수 없고 취락내 상위계층의 생활공간으로 해석될 수 있다. 그렇다면 외도동취락내 석조우물의 축조는 수장층과 관련된 특수시설로서 위계성을 보여주는 고고학적 증거이다. 더불어 이러한 석조우물이 다수 축조되었다는 것은 매우 이례적이며 당시 취락내 우물축조 기술자 집단이 존재했음을 시사한다.

42 김도훈, 2009, 「풍납토성 백제 우물지에 관한 연구 시론」, 『백산학보』 제84호, 백산학회; 황보 경, 2015, 「한강유역 고대 우물에 대한 시론적 연구」, 『신라사학보』 33, 신라사학회.

43 이한솔, 2014, 「한성백제기 우물제사에 대한 고찰」, 인하대학교 석사학위논문.

[그림 4] 경계 석축유구(금성리)

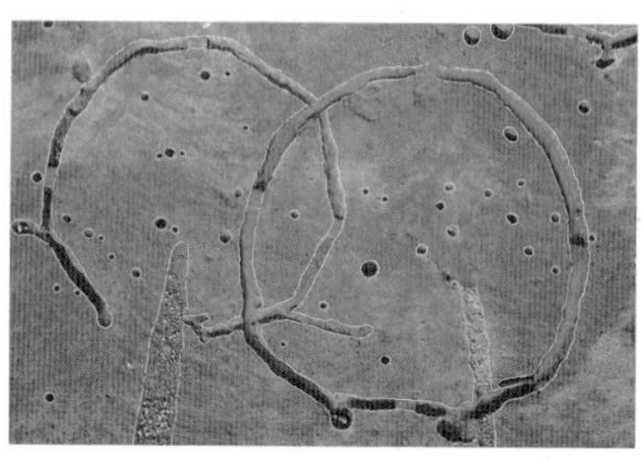

[그림 5] 대형 건축물(하귀리)

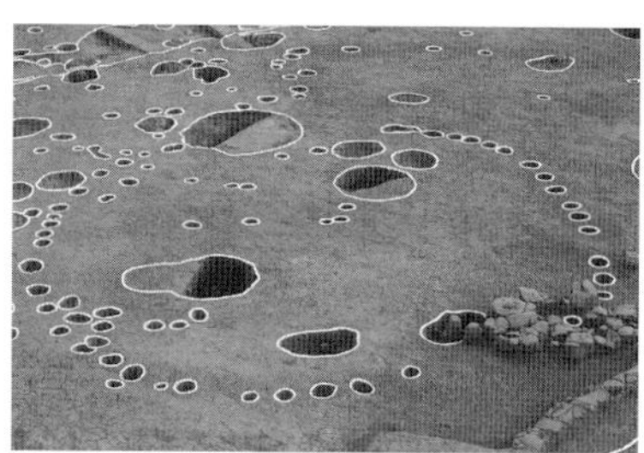

[그림 6] 공공 건축물(하귀리)

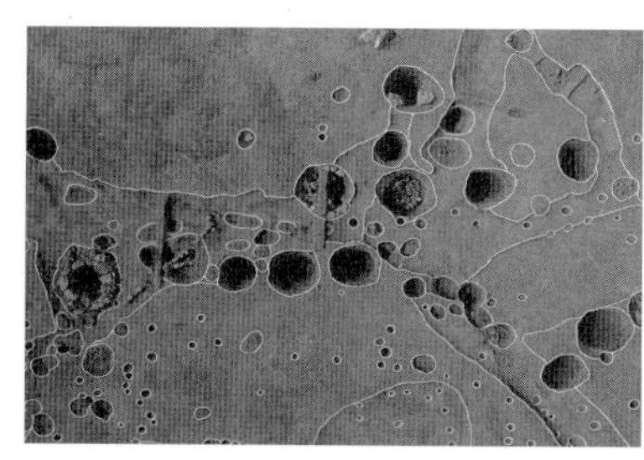

[그림 7] 생산과 저장시설(하귀리)

[그림 8] 대형 석조우물(하귀리)

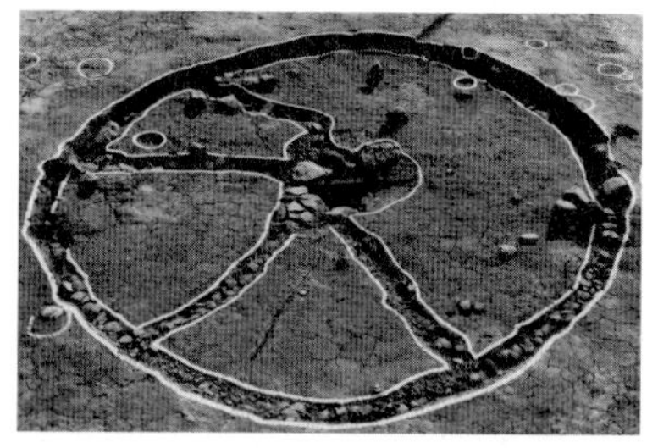

[그림 9] 외도동식주거지(외도동)

※ 발굴조사보고서는 지면관계상 생략함

[그림 출처]

[그림 4] 제주대학교박물관, 2006, 『애월~신창간 국도 12호선 확포장공사 구간내 문화재 발굴조사 보고서(곽지리·금성리)』.

[그림 5]~[그림 8] 호남문화재연구원, 2010, 『제주 하귀1리유적』.

[그림 9] 제주문화예술재단, 2005, 『제주 외도동유적』.

고고자료를 바탕으로 탐라 전기의 사회구조를 살펴보면 석축과 석조우물을 축조했던 토목기술자 집단이 존재하고 있으며 표준화된 외도동식토기를 전문적으로 생산하던 장인집단도 확인된다. 게다가 특수목적의 외도동식주거지와 대형 공공시설의 축조도 이루어진다. 이처럼 탐라 전기의 외도동취락은 위계화된 취락으로 구분할 수 있으며 지배계층의 개인 유력묘인 적석목관묘가 특정 구역에 단독으로 조영되는 것은 바로 수장층의 존재를 상징한다.

고고학적으로 프레스티지(Prestige)는 소비자의 자기표현 욕구를 충족하기 위한 배타적 권리를 의미하며 정보와 재화를 원활하게 교환하기 위해 위신재를 활용한다. 이러한 위신재는 희소성으로 인해 신분상징이나 위세강조에 적합하고 체제를 결속시키거나 통제하는데도 이용된다.[44] 더 나아가서 수장층의 상장의례는 지배층의 권력과 위세를 합리화하기 위한 공공적인 행사에 해당한다.[45]

탐라정치체의 등장은 제주 서남부와 동북부지역의 이질적 집단을 단일 경제단위로 통합하는 과정이라고 할 수 있다. 게다가 거점취락내 계층구조의 위계화는 적석목관묘의 축조와 위신재인 철제 의기류를 다량 부장하는 상장의례의 중요성을 함의하고 있다.

상위계층의 특수목적 주거지 조성, 방어를 목적으로 하는 석축과 다양한 저장시설, 석조우물의 축조, 취락내 구획열 설치, 대규모 건축물의 조성은 위계성을 갖춘 취락을 상징하며 상위계층의 특수공간 조성과 함께 중심구역의 분리는 계층구조의 진전을 내포하고 있다.

---

44 이성준, 2014, 「한성기 백제 지역사회의 상호작용 연구」, 86~90쪽, 충남대학교 박사학위논문.

45 브라이언 페이건외/이청규 옮김, 2015, 『고대 문명의 이해』, 152쪽, 사회평론.

국읍(國邑)은 원래 일반 읍락과 별반 차이가 없었으나 국읍으로 성장하면서 토성(土城)과 같은 차별화된 시설물을 축조하게 된다.[46] 외도동 취락의 경우 취락의 중심부를 보호하기 위한 경계석축이 조성되어 있는데 중심구역을 방어하고 그 경계를 구분짓기 위한 목적으로 축조한 석축 유구는 일반 읍락과는 구분되는 고고학적 증거임에 틀림이 없다.

외도동취락의 특수목적 주거지, 하귀리유적의 대형 건축물과 공동 창고군, 금성리와 외도동취락의 석축시설은 대규모 토목공사를 수행하기 위한 노동력 동원이 요구된다. 이처럼 취락내 전문집단과 전체 구성원이 동원되는 토목사업의 진행은 상위계층의 존재를 시사하는 것이다. 이러한 맥락으로 살펴보면 탐라시대 전기의 거점취락은 취락 구성원을 통제하고 대규모 토목공사를 시행할 수 있는 위계체계가 갖추어진 국읍으로 성장하였음을 반증한다.[47]

요컨대 탐라시대 전기의 거점취락은 방어용 석축, 저장용 공동 창고군, 대형 공공 건물지, 상위계층의 특수목적 주거지, 의례행위와 관련된 석조우물, 토기 생산의 전문화와 통제, 대외교역의 중심 취락, 상위취락간 네트워크 형성 등 복합사회의 특징을 보여주고 있다. 탐라시대 전기의 취락은 복수의 취락으로 구성된 거점취락을 중심으로 대내적 교통로를 확보하고 대외교역을 추진하기 위한 위계화된 취락으로 성장하게 된다. 더 구체적으로 정의하면 취락내에는 토목기술자인 공인집단과 전업적인 토기제작을 위한 장인집단, 수공업 생산집단, 대외교역의 수행집단 등으로 이루어진 분업화된 사회조직을 구성하고 있다. 이와 함께 분업화

---

46 권오영, 1996, 「삼한의 「국」에 대한 연구」, 113쪽, 서울대학교 박사학위논문.

47 권오영, 1996, 앞의 글.

된 취락과 구성원들을 통제하기 위한 상위계층의 존재도 상정된다.

앞서 살펴본 바와 같이 탐라시대 전기의 취락사회는 이전 단계의 분업화된 취락경관에서 더 나아가 대외교역의 확대로 인해 국읍으로 거론되는 거점취락이 형성되고 있다. 그리고 취락내 전문화된 기술집단의 존재와 상위계층의 출현은 위계화된 복합사회의 일면을 보여주고 있을 뿐만 아니라 이는 바로 탐라정치체의 상정을 입증해주기도 한다.

Ⅲ. 토기양식의 변천

1. 토기양식의 형성

주지하는 바와 같이 탐라시대 전기의 대표적인 토기양식은 외도동식토기와 곽지리식토기가 표지적이다. 때문에 여기서는 두 토기에 대한 특징을 검토하고 토기 양식의 형성과 전개과정을 살펴보기로 한다.

먼저 곽지리식토기는 무문토기를 계승한 삼양동식토기와 외도동식토기를 포함한 개념으로 인식되고 있다.[48] 하지만 최근 연구성과를 반영하면 적갈색경질토기[49]의 하위형식으로서 삼양동식 → 외도동식 → 곽지리

48 이청규, 1995, 앞의 책.

49 적갈색경질토기는 경질무문토기 혹은 중도식토기와 맥락적으로 상통하는 용어이다. 하지만 삼국시대 이후의 토기를 모두 포함하는 개념으로는 후자의 두 용어가 적절치 못하다. 따라서 적갈색경질토기는 탐라시대 전기(외도동식토기/곽지리식토기)와 후기(고내리식토기)를 포괄하는 개념으로 사용한다(김경주, 2001, 「제주도 적갈색경질토기 연구」, 『한국상고사학보』 제35호, 60쪽, 한국상

식토기로의 계기적 발전과정을 거치는 것으로 이해되고 있다.[50] 여기서는 각 하위형식의 특징에 대해 살펴보고 곽지리식토기에 대한 새로운 정립을 시도하고자 한다.

적갈색경질토기는 무문토기 제작수법을 계승하면서 타날문토기의 성형수법이 일부 채택[51]된 토기를 가리킨다. 따라서 무문토기에서 확인되지 않는 여러 가지 특징들이 관찰된다. 우선 외반구연호를 보면 최대경의 위치가 구연부에 위치하거나 동최대경과 비슷한 형태로 변화된다. 그리고 구연부의 외반정도가 강하게 변하면서 저부의 접합부는 판목압흔 정면수법이 적용되고 축약흔도 소멸한다. 즉 회전축을 이용한 제작방식[52]이 적용되었다는 것을 의미한다. 회전에 의한 판목압흔 성형은 타날문토기의 성형수법을 도입한 것으로 토기생산체제의 획기적인 발전을 시사한다. 이처럼 적갈색경질토기의 제작은 무문토기와는 다른 기술적 생산체계로 변화되었다는 것을 파악할 수 있다.

한편 철기시대 화순리단계의 토기 기종을 살펴보면 외반구연호, 파수

고사학회).

50 김경주, 2007, 「삼양동식토기의 시원에 대한 고찰 - 외반구연토기를 중심으로」, 『석심정영화교수 정년퇴임기념 천마고고학논총』, 202쪽, 천마고고학회.

51 경질무문토기의 타날문토기 모방 현상을 보면 ①단순외반구연에서 30° 이상의 외반구연화 ②동부의 팽창화 ③굽저부와 말각평저 및 원저식의 저부형태 ④격자타날문의 시문 ⑤저부 축약부의 목리조정 및 정지깍끼 정면수법의 증가 등으로 요약된다(한지선, 2003, 26~27쪽, 앞의 글).

52 군곡리패총 출토 경질찰문토기 단계(2세기 전반 이후)에는 물레성형이 발달되어 토기 기형의 대칭과 규격화가 진행된다(강귀형, 2016, 「군곡리 토기제작기술의 검토」, 『해남 군곡리패총의 재조명』, 53쪽, 해남 군곡리패총 발굴 30주년 기념 학술대회, 목포대학교박물관).

부토기, 반형토기, 고배형토기, 개, 천발 등이 확인된다. 외도동식토기는 양이부호, 봉상절두형파수부토기가 새롭게 출현하며 곽지리식토기는 파배와 원통형토기[53] 등 현지 모방토기가 일부 추가될 뿐 대동소이하다. 파배는 백제와 가야지역에서 제작되고 있는데 중심연대는 대체로 5세기 전반~후반경으로 편년되고 있다.[54] 동반 출토된 원통형토기는 가야지역의 기대 혹은 영산강유역의 분주토기[55]를 재현한 것으로 추정되나 잔존 상태가 불량하여 구체적으로 검토하기가 어렵다.

적갈색경질토기의 기종에서 외반구연호는 구연부가 외반된 형태의 토기를 모두 곽지리식토기의 범주에 포함시키고 있다.[56] 하지만 필자는 최대경이 구연부에 위치하고 크게 외반되며 동체 최상위에서 강하에 내경하는 형식만을 곽지리식토기로 한정하여 분석한 바 있다. 그리고 구경과 동최대경이 비슷하고 전체적으로 장동화된 토기를 외도동식토기로 분류하였다.[57]

곽지패총 5지구 출토 외반구연호는 최대경이 구연부에 위치하는 형식

---

53 서현주는 곽지패총 5지구 출토 원통형토기를 호형분주토기로 분류하고 4세기대 늦은시기로 파악하고 있다(서현주, 2018, 「마한소국의 대외교류와 탐라」, 『탐라의 대외교류』, 29쪽, 2018년 국립제주박물관 특별전〈탐라〉연계 공동학술대회 자료집, 국립제주박물관).

54 하승철, 2001, 「가야서남부지역 출토 도질토기에 대한 일고찰」, 경상대학교 석사학위논문; 김규운, 2010, 「5~6세기 소가야양식 토기 설정」, 『한국고고학보』 76, 한국고고학회.

55 임영진, 2003, 「한국 분주토기의 기원과 변천」, 『호남고고학보』 17집, 호남고고학회.

56 이청규, 1995, 앞의 책.

57 김경주, 2007, 202쪽, 앞의 글.

과 동최대경이 비슷한 형태가 동반 출토되고 있다. 앞서 논의한 바에 의하면 곽지리식토기는 외도동식토기와 일정기간 병행한다는 사실을 알 수 있다. 곽지리식토기는 외도동식토기가 지속되는 가운데 일부 기종이 추가되는 양상이 드러나기 때문이다. 그렇지만 곽지리식토기 중에 비교적 대형토기는 장동화 현상이 뚜렷하며 동최상위에서 강하게 내경하는 특징이 간취된다. 게다가 곽지리식토기 외반구연호는 대형토기에서 광견화(廣肩化) 및 광구외반화(廣口外反化)가 진행되고 있다. 이러한 토기는 출토양상과 기형을 보면 옹관으로 사용되었을 가능성도 배제할 수 없다.[58] 이점은 3세기 중반 이후 전남지역 옹관의 형태를 보면 알 수 있는데 견부 상단에서 강하게 내경하다가 다시 외경하는 현상이 뚜렷하게 관찰되기 때문이다.[59]

---

58 곽지패총 5지구의 유물 출토 맥락을 보면 대형토기는 횡치된 형태로 확인된다. 또한 일시적인 폐장유구로 추정(강창화, 2012, 「제주고고학 발굴의 시발점이자 선사시대 편년의 기초자료를 제공한 제주 서북부 곽지패총」, 『제주학 산책』, 162쪽, 제주학 연구자 모임)하고 있고 동반되는 파배, 원통형토기, 양이부호 등은 고분에서 주로 출토되는 점을 고려하면 분묘유적일 가능성도 배제할 수 없다. 특히 원통형토기는 분묘 혹은 매장시설에서 출토되며 의례과정의 일환으로 해석되고 있다(신민철, 2015, 「곡교천일대 원삼국시대 원통형토기의 분포와 성격」, 79쪽, 전북대학교 석사학위논문).

59 이영철, 2001, 「영산강유역 옹관고분사회의 구조 연구」, 31쪽, 경북대학교 석사학위논문; 오동선, 2008, 「호남지역 옹관묘의 변천」, 『호남고고학보』 30집, 128쪽, 호남고고학회.

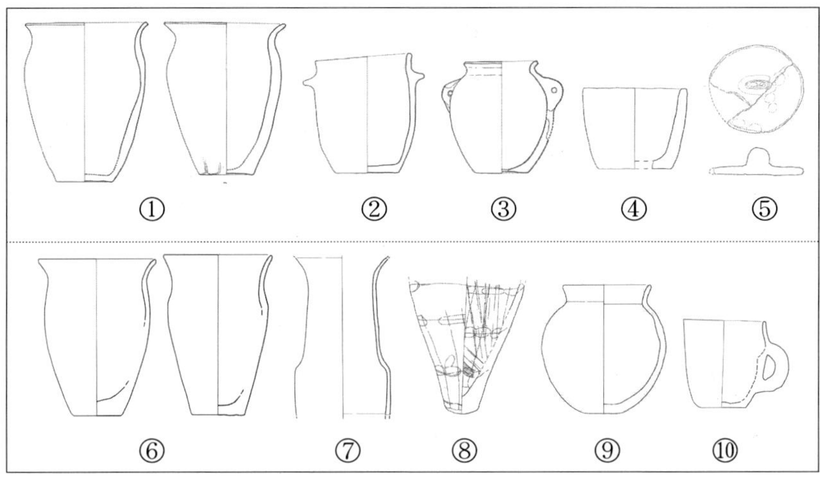

[그림 10] 외도동식토기(①~⑤)와 곽지리식토기(⑥~⑩)의 대표 기종

탐라의 영역에서 5세기대에는 파배와 원저구형단경호, 원통형토기 등 현지 재현토기들이 증가한다. 먼저 파배는 소가야토기의 대표적인 기종 중에 하나로 알려져 있는데 제주지역의 경우 박재품(舶載品)은 아직 출토된 바 없고 곽지패총 5지구에서 모방품(2점)이 확인된다. 백제지역의 경우 청주 신봉동고분군이 집중적으로 조성되는 시기와 궤를 같이 하기 때문에 분묘 조영과 연관성이 높다는 견해가 있다.[60]

곽지패총 출토 파배[61]는 소가야지역과 비교하면 대략 5세기 1/4~2/4분기에 제작된 것으로 판단된다.[62] 동시기에 원통형기대가 동반되는 점을

60 윤대식, 2004, 「청주지역 백제파배의 형식과 용도」, 38쪽, 충북대학교 석사학위 논문.

61 이와 동일한 형태는 가야계주거지에서 출토례가 많다(위양근, 2016, 54~55쪽, 앞의 글).

62 김규운, 2010, 185쪽, 앞의 글.

감안할 때 곽지패총 출토 원통형토기 역시 모방품으로 추정된다. 소가야의 파배는 5세기 전반경 구경이 동최대경 보다 크고 D자형 파수가 부착된다. 그리고 5세기 중반[63] 내지 후반에는 동체부가 직선 → 곡선적[64]으로 변한다.[65] 이를 참고하면 곽지패총 5지구 출토 파배는 동체가 곡선형으로 변화되기 이전으로 원통형토기와 함께 5세기 중반 이전에 모방 제작되었음을 짐작케 한다.

영산강유역은 함평 중랑과 장흥 상방촌에서 4~5세기 중반경 출현하며 외래토기의 영향으로 파악하고 있다.[66] 이 밖에도 청주 신봉동고분군에서 유행하는 파배는 5세기 후반경 등장하며 가야계 파배와 함께 공반된다.[67] 강원지역도 4세기 후반~5세기 중반대 영남지방에서 유입된 것으로 해석되고 있다.[68] 논의를 정리해보면 호남지역과 강원지역 출토 파배는 공통적으로 4~5세기 중반경 영남지역으로부터 유입되었다는 추정이 가능하다.

---

63 김규운, 2009, 「고고자료로 본 5~6세기 소가야의 변천」, 경북대학교 석사학위논문.

64 함안(아라가야)지역 파배의 변화양상도 대동소이하다(이정근, 2006, 「함안지역 고식도질토기의 생산과 유통」, 45~47쪽, 영남대학교 석사학위논문).

65 하승철, 2001, 앞의 글.

66 정현, 2012, 「한반도 중·서남부지역 원삼국~삼국시대 파배 연구」, 68~69쪽, 전북대학교 석사학위논문.

67 김낙중, 2012, 「토기를 통해 본 고대 영산강유역 사회와 백제의 관계」, 『호남고고학보』 42집, 103쪽, 호남고고학회.

68 이성주·강선욱, 2009, 「초당동유적에서 본 강릉지역의 신라화 과정」, 『강릉 초당동유적』, 471~474쪽, 한국문화재조사연구기관협회; 박수영, 2010, 「4~5세기 영동지역의 고고학적 연구 - 주거지와 분묘자료를 중심으로 -」, 58쪽, 영남대학교 석사학위논문.

전술한 바와 같이 외도동식토기와 곽지리식토기는 외반구연호로 대표되는 기종을 공유하면서 일부 기종이 추가되는 양상으로 전개된다. 이러한 전개양상과 달리 기고(器高) 40cm 이상의 대형토기는 외도동식과 곽지리식으로 구분이 가능하다. 구체적으로 살펴보면 삼양동식토기(그림 11-①)는 구연부가 직립하거나 내경하지만 외도동과 곽지리식토기는 외반하는 큰 차이를 보이고 있다. 이와 함께 곽지리식토기는 최대경이 구연부에 위치하며 경부 최상단에서 강하게 내경한 후 다시 길게 밖으로 벌어지는 특징이 간취된다.

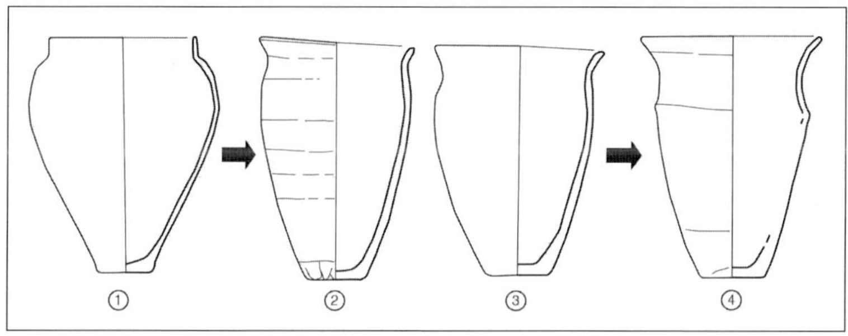

[그림 11] 대형토기의 변천(① 삼양동 ② 외도동 ③ 용담동 ④ 곽지리)

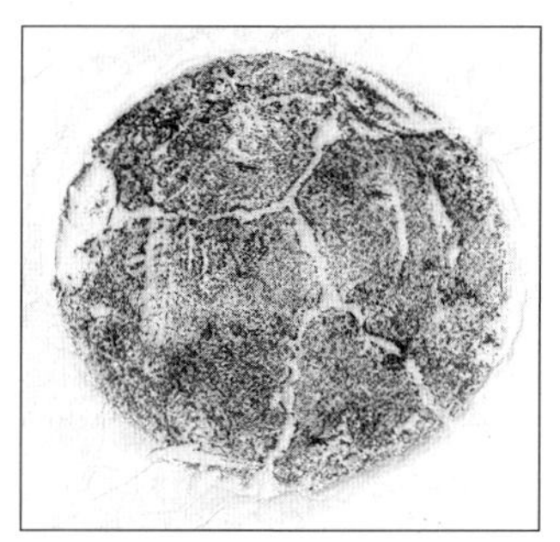

[그림 12] 토기저면의 회전축흔

용담동(2696-2번지)유적 11호 수혈유구 출토 대형토기(기고 46.0cm, 그림 11-③)는 외도동식토기와 함께 연질계 원저편구호, 봉상절두형파수부토기 등이 동반되는 점을 고려하면 외도동단계에 해당한다. 외도동 Ⅱ-2구역 11호 수혈유구 출토 토기(기고 53.5cm, 그림 11-②)와 기형상 유사한 점도 이를 입증해주고 있다. 이에 반해 곽지패총 5지구 출토 대형토기(기고 42.2cm, 그림 11-④)는 경부에서 강하게 내경하면서 크게 외반되는 특징이 추출된다. 이러한 기형과 성형수법의 상이성은 시간성을 반영하는 것으로 판단된다.

곽지리식토기에서는 성형시 점토판을 고정했던 회전축흔이 확인된다. [그림 12]의 토기 바닥면을 보면 제형(梯形)틀에 고정했던 흔적이 잔존하고 있다. 이는 곽지리식토기가 회전대를 활용하여 제작하였음을 의미한다. 이와 같은 회전성형법은 외도동식토기 단계에 이미 도입되었던 것으로 판단된다. 왜냐하면 외도동식토기 단계가 되면 대체로 좌우 대칭적인 토기들이 대다수를 차지하고 있기 때문이다.

한편 가평 대성리유적은 시간의 변화에 따라 중도식토기의 외반각도가 강화되고 동최대경이 상위로 이동하며 굽상저부가 소멸하면서 흔적만 잔존하는 형태로 변화되고 있다.[69] 경질무문토기도 구연부가 짧은 외반 → 긴 외반으로 변화되고 저부 축약흔이 축소된다. 3세기 중반경에는 동최대경이 중위 → 상위로 이동하면서 장동화되고 있는데 동반되는 심발형과 장란형토기를 모방한 것으로 인식하고 있다.[70] 외도동식토기 역시 굽상저부의 소멸, 외반각도의 강화, 동최대경의 이동, 축약저부의 소

69 김일규, 2009, 「단계설정과 편년」, 『가평 대성리유적』, 182~184쪽, 경기문화재연구원.

70 한지선, 2003, 24~28쪽, 앞의 글.

멸 등은 경질무문토기의 변천양상과 궤를 같이 한다.

지금까지 논의로 보건대 3세기를 전후하여 한반도 중부와 남부지역의 경질무문토기는 타날문토기의 영향을 강하게 받는 것으로 이해된다. 앞서 살펴본 바와 같이 강원지역 경질무문토기의 저부 축약현상이 소멸하는 것은 2세기 전반경으로 파악되고 있다.[71] 화순리단계까지도 축약흔이 잔존하는 가운데 일부 소멸하는 토기들이 병행하지만 외도동단계는 축약흔이 관찰되지 않는다. 이와 같이 외도동단계에 축약현상이 완전히 소멸하는 점으로 미루어 보면 3세기 이후로는 회전과 판목압흔 성형수법이 일반화된다는 것을 반증해준다. 이처럼 경질무문토기의 변화과정과 함께 전남 동부지역의 경우 3세기대 경질무문토기 → 타날문토기로 전환되는 점[72]을 감안하면 외도동식토기의 초현은 결국 2세기 후반~3세기 전반경 이루어졌다고 보아도 무리가 없다.

곽지패총 7지구의 조사결과 전형적인 곽지리식토기 포함층에서 동반되는 외래토기는 대부분 경질계 타날문토기가 주체적이다. 이는 경질계 토기의 성행기와 맞물리고 있다는 것을 입증해주고 있다. 호남지역의 경우 4세기 후반 이후에 경질 타날문토기가 크게 성행[73]하는 점을 고려하면 곽지리식토기의 중심연대는 이보다 다소 늦은 5세기대가 안정적이라고 할 수 있다.

앞서 살펴보았듯이 외도동식과 곽지리식토기는 일부 대형토기에서 구

---

71 심재연, 2011, 122쪽, 앞의 글.

72 박미라, 2008, 「전남 동부지역 1~5세기 주거지의 변천양상」, 『호남고고학보』 30집, 57쪽, 호남고고학회; 한윤선, 2010, 56쪽, 앞의 글.

73 이지영, 2008, 「호남지방 3~6세기 토기가마의 변화양상」, 『호남고고학보』 30집, 호남고고학회.

분될 뿐 일반적인 토기에서는 양식적 변이가 크지 않기 때문에 형식학적 분류가 어렵다. 요컨대 곽지리식토기는 외도동식토기와 병행하는 토기로 기종분화가 이루어지는 단계에 해당한다고 볼 수 있다.

토기 양식의 성립은 정치체의 형성과 관계가 있고 분포권은 영역을 보여주며 양식의 통합은 사회통합과 연동된다.[74] 그렇다면 양식적 분포는 정치체의 영역과 교역의 범위를 구분할 수 있는 고고학적 증거에 해당한다. 예컨대 가변성이 높은 화순리식토기에 비해 외도동식토기는 대체로 양식적 통일성이 이루어지고 있을 뿐만 아니라 제작수법에서 획일성이 간취되고 있다. 토기의 양식과 정치체와의 연관성을 고려하면 외도동식토기 단계는 최소한 단일 정치체의 형성과 사회통합을 논의할 수 있을 정도의 사회구조로 전환되었다는 것을 의미한다.

2. 토기 양식의 변천

[표 1] 제주지역 출토 타날문토기의 연/경질도

유적명	연질	경질	합계(%)
곽지리	70(51.5)	66(48.5)	136(100)
외도동	182(64.8)	99(35.2)	281(100)
예래동	23(9.0)	232(91.0)	255(100)
합계	275(40.9)	397(59.1)	672(100)

앞서 논의한 바와 같이 탐라시대 전기의 토기양식은 외도동식토기와 곽지리식토기로 대표된다. 따라서 두 양식의 토기와 동반되는 외래계 유

74 박승규, 2010, 「가야토기 양식 연구」, 215~216쪽, 동의대학교 박사학위논문.

물을 통해 상관관계를 검토하고 곽지리식토기의 전환과정을 살펴보도록 하겠다. 먼저 제주지역에서 출토된 타날문토기의 연/경질도를 분석해보면 [표 1], [그림 13]과 같다.

탐라시대 전기의 유적에서 출토되는 타날문토기를 살펴보면 곽지리와 외도동은 모두 연질토기가 경질계 보다 점유율이 높게 확인된다. 세부적으로는 곽지리보다 외도동유적에서 연질계의 비율이 다소 높다. 이를 감안하면 외도동이 곽지리단계에 선행하는 것으로 추정된다. 그렇다면 곽지리식토기는 외도동식토기와 병행하거나 계기적으로 발전된 형태의 속성을 갖춘 토기에 해당하며 광의의 개념에서는 하나의 카테고리에 넣을 수 있다고 생각된다. 결론적으로 두 양식 토기는 형식학적 구분이 어렵고 기종구성과 제작방식에서도 상이성을 거의 찾아볼 수 없기 때문에 탐라시대 전기를 대표하는 일상토기로 이해하는 것이 바람직하다.

반면 예래동유적에서는 경질계의 비중이 급증하기 때문에 전술한 유적과 시간축의 상대서열이 가능하다. 즉 연질토기의 점유율이 높은 외도동과 곽지리유적의 중심연대가 예래동에 앞선다는 것을 알 수 있다. 절대연대 분석결과에서도 전자가 선행하는 연대관을 보여주고 있어 이를 더욱 뒷받침해주고 있다.

제주지역 타날문토기의 문양 분포[75]를 살펴보면 [표 2], [그림 14]와 같다. 이를 참고하면 외도동과 곽지리는 격자문과 집선문이 높게 확인되고 있다. 반대로 예래동유적에서는 격자문의 비율이 급감하고 있지만 집선문은 오히려 증가하고 있다. 예래동유적(Ⅲ구역)은 AMS 분석결과 δ^2값이

75 타날문토기는 완형의 개체수가 적어 구체적인 기종분석은 어렵지만 문양분석을 통해 유적별 전개양상은 개략적으로 제시할 수 있다.

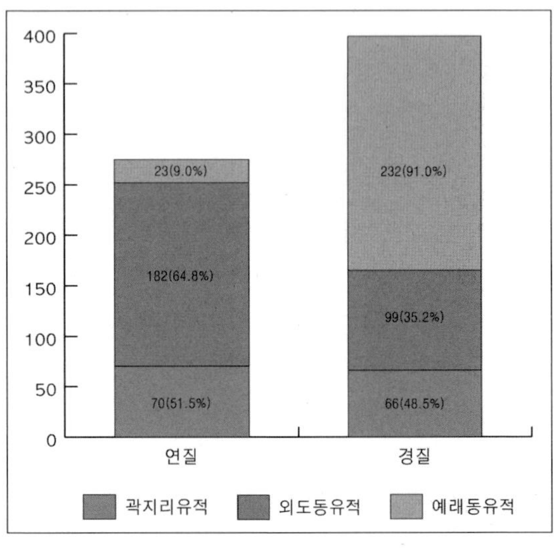

[그림 13] 유적별 타날문토기 연/경질 분포도

대체로 A.D.340~660에 모두 플롯되고 있다. 그리고 동반되는 타날문토기(255점)는 연질 23점(9.0%), 경질 232점(91.0%)으로 경질계가 주류인 점을 고려하면 탐라 전기의 늦은 단계로 구분된다. 또한 문양별로 분류해 보면 집선문 145점(75.1%), 격자문 32점(16.6%), 조족문 6점(3.1%), 집선+조족문 7점(3.6%), 승문 2점(1.0%), 집선+격자문 1점(0.5%)이 확인된다. 격자문의 비율이 축소되는 점도 탐라 전기의 이른 시기 유적과는 대비적이다.

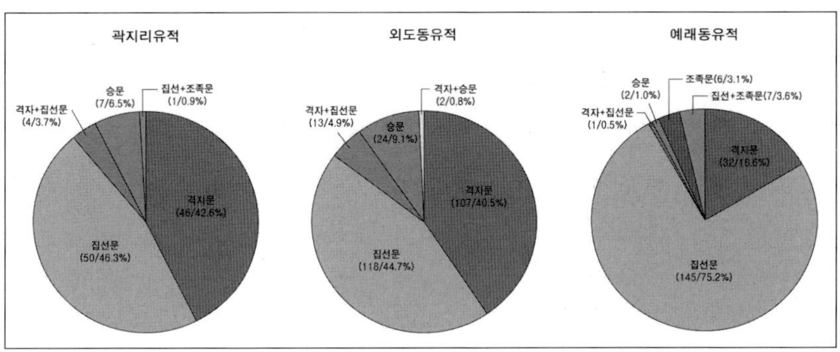

[그림 14] 제주지역 유적별 타날문토기 문양 분류도

[표 2] 제주지역 출토 타날문토기의 문양별 분류

유적명	격자문	집선문	격자+집선문	승문	격자+승문	조족문	집선+조족문	합계(%)
곽지리	46(42.6)	50(46.3)	4(3.7)	7(6.5)	0(0.0)	0(0.0)	1(0.9)	108(100)
외도동	107(40.5)	118(44.7)	13(4.9)	24(9.1)	2(0.8)	0(0.0)	0(0.0)	264(100)
예래동	32(16.6)	145(75.2)	1(0.5)	2(1.0)	0(0.0)	6(3.1)	7(3.6)	193(100)
합계	185(32.7)	313(55.4)	18(3.2)	33(5.8)	2(0.4)	6(1.1)	8(1.4)	565(100)

예래동에서는 수혈유구가 크게 2개의 군집을 형성하며 축조되었는데 출토유물의 조합상을 보면 외반구연옹과 심발형토기, 봉상절두형 파수부토기, 타날문토기 등이 동반되고 있다. 특히 적갈색경질토기 외반구연옹은 구연부의 외반정도가 매우 약화되거나 직립구연에 가깝고 심발형토기 역시 고내리식토기로 전환되는 단계의 과도기적 요소를 갖추고 있다. 게다가 경질계 타날문토기의 점유율이 매우 높고 조족문과 승문이 확인되지만 집선문이 크게 증가하는 특징을 보여주고 있다.

한편 호남지역의 예를 보면 격자문타날 일색이지만 5세기 중반 이후 백제의 영향[76]으로 승문타날이 등장한다.[77] 그리고 4세기 후반 이전까지는 연질계가 압도적이며 무문과 격자문이 주류이고 집선문에 비해 격자문의 비율이 높다. 4세기 후반~5세기 후반에는 경질계토기가 증가하지만 여전히 격자문이 높게 확인된다. 하지만 5세기 말 이후에는 집선문과 승문의 비율이 높게 출토된다.[78]

전북지역은 3세기 전반~4세기 중반까지는 연질계가 우세하지만 4세기 중반 이후부터는 경질계 토기가 현저하게 증가하면서 승문계 문양이 등장한다.[79] 이와 같이 전북지역으로 확산된 승문계 타날문이 영산강유역으로 파급되는 것은 다소 늦은 5세기 중반경에 해당한다. 전남 동부지역은 5세기대 회청색경질토기가 급증[80]하는데 영산강유역에 비해 다소 늦다. 강원지역도 5세기 후반경이 되면 격자타날은 소멸하고 승문과 집선문 타날로 대체된다.[81] 전남동부와 강원지역의 예를 참고하면 제주지역도 경질계 타날문토기의 중심연대는 대략 5세기쯤에 해당하며 승문타날이 확산되는 시기도 5세기 중반 이후로 추정된다.

외도동식토기와 동반 출토되는 타날문토기는 연질계토기의 비율이 높

---

76 5세기 후반 백제의 웅진천도와 함께 중서부 내륙은 승문계가 주를 이루게 된다(성정용, 2002, 「금산지역 삼국시대 토기편년」, 『호남고고학보』 16집, 68쪽, 호남고고학회.

77 박순발, 2001, 「토기상으로 본 호남지역 원삼국시대 편년」, 『호남고고학보』 21집, 96쪽, 호남고고학회.

78 이지영, 2008, 앞의 글.

79 김은정, 2017, 「호남지역의 마한 토기 - 주거지 출토품을 중심으로」, 81~82쪽, 전북대학교 박사학위논문.

80 박미라, 2008, 53쪽, 앞의 글.

81 이창현·신유리, 2010, 「영동지방 삼국시대 주거지 시론」, 『문화사학』 第33호, 51~52쪽, 한국문화사학회; 이성주·강선욱, 2009, 476쪽, 앞의 글.

고 격자문이 우세한 점을 고려하면 중심연대는 4세기 후반 이전으로 판단된다. 이것은 전남지역에서 연질계 소성의 편구원저단경호가 3~4세기 중반까지 성행하며 4세기 중반 이후에는 경질계 타날문토기가 증가하면서 구형원저단경호가 성행하는데서 원인을 찾을 수 있다.[82] 곽지패총의 양상을 살펴보면 경질계토기의 점유율이 외도동에 비해 높게 확인된다. 또한 동반되는 양이부호, 원통형토기, 파배는 대부분 4~5세기에 위치한다. 그러나 승문과 조족문의 비율이 낮은 점으로 미루어 보면 5세기 말 이후로는 영산강유역과의 교류가 축소되는 것으로 해석된다.

요컨대 호남지방의 취락에서 출토된 토기의 변천양상을 살펴보면 대체로 3세기대의 호형토기는 연질계의 편구형이며 주로 집선문과 격자문이 시문된다. 5세기대는 경질화되고 동체가 구형 혹은 장동화되며 승문 타날의 비중이 증가하는 특징이 간취된다.[83] 특히 영산강유역은 5세기 전반~중반경까지 격자계가 잔존하지만 5세기 중반~후반경에는 완전히 소멸하게 된다.[84] 이로 보건대 예래동유적에서 격자문이 급감하는 현상은 영산강유역의 격자계 소멸과 연동되고 있다. 더불어 강원 영동지역과 호남지역에서 공통적으로 5세기 중반경 격자계 → 승문(집선문)계로 전환되는 점을 고려하면 제주지역도 5세기 중반~후반경에는 승문계토기가 파급되었다는 추정이 가능하다.

탐라 전기의 대표적인 토기는 앞서 살펴보았듯이 외도동식토기 전통

82 이은정, 2007, 「전남지역 3~6세기 주거지 연구」, 『호남고고학보』 26집, 46~47쪽, 호남고고학회.

83 이영철, 2002, 「기원후 3~5세기대 호남지방 취락별 편년 검토(Ⅱ)」, 『연구논문집』 제2호, 호남문화재연구원.

84 박순발, 2006, 『백제토기 탐구』, 131~132쪽, 주류성.

[표 3] 연구자별 경질무문토기의 하한

연구자	4세기			5세기	
	전반	중반	후반	전반	후반
강세호	●				
이승재	●				
신연식	●				
성정용	●				
이동희	●				
전동현		●			
정종태		●			
심재연			●		
박수영			●		
차우근			●		
이형주			●		
신종환			●		
박중국				●	
이창희				●	
강선욱				●	
한윤선				●	
이성주					●
하진영					●

이 계속 유지되면서 시간의 변화에 따라 곽지리식토기의 일부 기종이 추가되거나 변화되는 양상으로 전개되고 있다. 하지만 6세기 이후 곽지리식토기는 전형적인 형태에서 벗어난 양식이 등장하는데 동반유물을 검토하여 고내리식토기로 전환되는 과정을 살펴보고자 한다.

최근 중도식토기와 주거지는 북한강과 남한강 상류에서 6세기까지 지속된다는 견해가 있다.[85] 그렇지만 [표 3]에서 보듯이 대다수의 연구자들이 경질무문토기는 4세기 중후반~5세기 전반경 소멸하는 것으로 추정하고 있다. 그리고 이미 동시기에 경질계 타날문토기가 보편화되는 양상을 고려하면 대체로 5세기 중반경에는 모방 혹은 절충형의 양식적 속성을 갖춘 토기가 잔존하더라도 전형적인 중도식토기는 소멸된다고 생각된다. 이와 같이 한반도에서 경질무문토기는 5세기 중반을 전후해서 대부분 사라지거나 급감하는 것으로 추정된다. 곽지리식토기 역시 6세기대 접어들면 과도기적 양상의 토기가 등장하기 시작한다.

[그림 15]는 종말기의 곽지리식 혹은 전환기의 종달리식으로 분류되는 토기이다. 대체로 이러한 토기양식은 백제 말기~통일기 제도기술의 영향으로 추정되며 과도기적인 형식인 소위 종달리식토기로 분류되고 있다.[86] 이처럼 전환기의 곽지리식토기는 구연부의 외반정도가 완만하면서

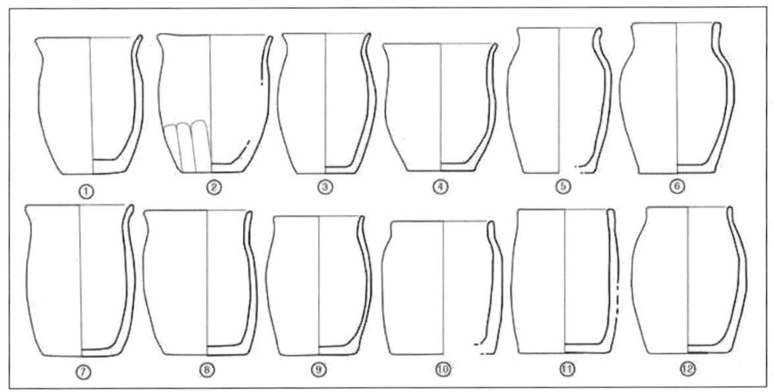

[그림 15] 전환기의 토기(①~③ 곽지리 ④ 예래동 ⑤⑥ 상모리 ⑦ 외도동 ⑧⑨ 화순리 ⑩⑪ 종달리 ⑫ 고내리)

85 지역적으로 소멸시기는 차이가 있을 가능성이 높다(이성주, 2013, 「철기시대 동북아 제 지역사회의 기술혁신과 사회변동」, 『선사와 고대』 제38호, 209쪽, 한국고대학회).

86 박재현, 2014, 「제주도 탐라시대토기 연구 - 종달리패총을 중심으로」, 공주대학교 석사학위논문.

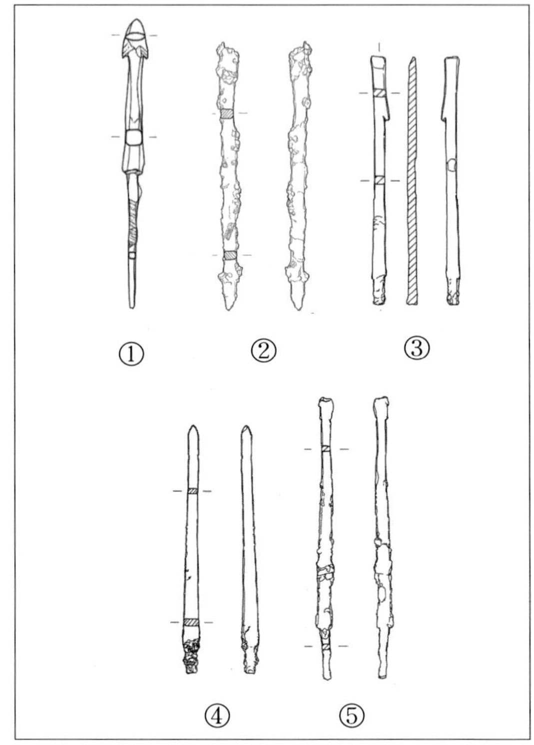

[그림 16] 종달리패총 출토 장신촉

약화되고 구경과 저경이 비슷하게 변화되며 전체적으로는 후행하는 고내리식토기와 친연성을 보여주고 있다.

한편 전환기에 해당하는 종달리패총(2·3지구) 7~8층 출토 유물조합상을 살펴보면 먼저 토기는 소위 종달리식토기가 주류이며 장신화된 유엽역자식(柳葉逆剌式)과 사두형철촉(巳頭形鐵鏃)이 동반 출토되고 있다. 가야지역에서 철촉은 5세기 후반 이후 촉신의 장신화가 본격적으로 진행되어 6세기까지도 지속된다.[87]

특히 종달리패총 7층 출토 철촉은 유엽역자식(C형)으로 장경촉에서만

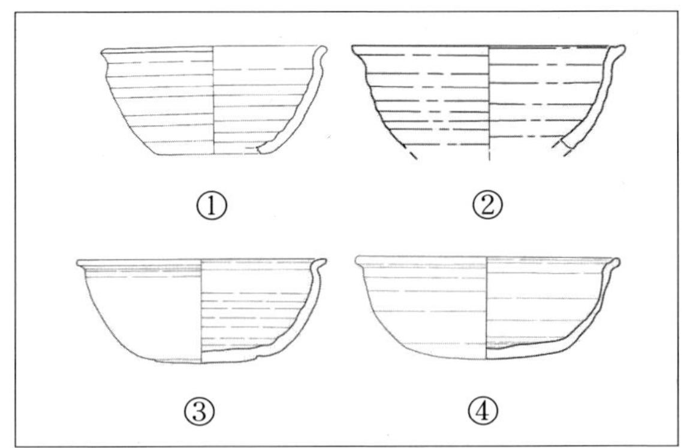

[그림 17] 통일기의 완(① 제주 금성리 ② 제주 종달리 ③ 광양 마로산성 ④ 순천 송산유적)

확인되는 형식이며 5세기 후반~6세기 전반에 유행한다.[88] 또한 예둔리 25호와 복천동 11호분에서 매납된 역자형과 사두형철촉의 장경화 현상은 5세기 3/4분기에 시작하여 7세기 전반까지 출토된다.[89] 영산강유역의 나주 신촌리 9호분 출토 유엽형 장경촉과 함평 신덕 1호분 출토 사두형 장경촉 역시 종달리 출토품과 형태적으로 유사하다. 영산강유역에서는 대체로 5세기 후반~6세기 초반으로 편년[90]되며 유엽형 장경촉은 6세기 후반대까지 부장되고 있다.[91] 가야지역과 영산강유역의 편년을 수용하여

87 이현주, 2005, 「삼한·삼국시대 부산지역 군사체제의 고고학적 연구」, 부산대학교 석사학위논문; 장상갑, 2010, 「후기가야의 군사조직에 대한 연구」, 『영남고고학』 54, 영남고고학회.

88 이현주, 2005, 63~64쪽, 앞의 글.

89 이영주, 2001, 「가야 철촉에 관한 일고찰」, 경성대학교 석사학위논문.

90 이범기, 2002, 「영산강유역 금속유물의 변천 연구 - 고분출토품을 중심으로 -」, 62쪽, 목포대학교 석사학위논문.

91 김낙중, 2010, 「영산강유역 옹관분에 부장된 금속제품의 성격」, 『영산강유역의

종달리패총(7층) 출토 역자형 장경촉의 성행기와 패총의 형성 및 폐기시기를 고려해 보면 6세기 중후반 이후에 해당할 것으로 판단되는 바 종달리식토기의 출현기로 상정된다.

금성리유적 출토 완은 광양 마로산성 출토품과 형태적으로 비슷하다. 이러한 형태는 구연부가 크게 외반되고 통일신라의 대표적 기종인 인화문이 시문된 대부완이 동반되지 않는 점을 고려하면 백제 말기~통일신라 전기에 집중 출토된다.[92] 마로산성이 신라의 통제권에 포함되는 것은 백제가 멸망한 이후이기 때문에 7세기 중반 이후에 해당한다.[93] 또한 순천 송산유적 출토품 역시 7세기 전반~중반으로 편년되고 있다.[94] 두 유적의 중심연대를 고려하면 금성리유적 출토품은 7세기 중반 이후에 해당하는 것으로 판단된다.

앞서 살펴본 바와 같이 종달리식토기의 출현과 곽지리식토기의 종말기는 대략 6세기 중후반 이후에 해당하는 것으로 해석된다. 반면 금성리유적에서 고내리식토기와 완이 동반되는 점을 참고하면 상한연대가 7세기 중후반대까지 소급될 가능성도 배제할 수 없다.

지금까지의 논의를 정리해보면 지역성을 갖춘 시원형의 토기 출현과 표준화 과정 그리고 소멸양상을 통해 정치체의 출현과 성장 및 소멸 프

고분Ⅰ-옹관』, 371쪽, 국립나주문화재연구소.

92 통일신라의 인화문 대부완은 7세기 중후반에 출현한다고 알려져 있다(구자린, 2008, 「통일신라 대부완의 형식분류와 변천-서울·경기지역을 중심으로-」, 51쪽, 한신대학교 석사학위논문).

93 최권호, 2009, 「광양 마로산성에 대한 고고학적 연구」, 62~63쪽, 순천대학교 석사학위논문.

94 정 일외, 2011, 『순천 좌지·송산유적』, 240~242쪽, 전남문화재연구원.

로세스를 재구성해 볼 수 있다. 요컨대 외도동식토기의 출현과 곽지리식토기의 병행기 그리고 곽지리식토기의 퇴화과정에 동반되는 종달리식토기의 등장은 각각 탐라정치체의 등장 → 탐라정치체의 성장 → 탐라정치체의 신속이라는 문헌사적 맥락에 대입하여 살펴볼 수 있다.

Ⅳ. 탐라사회의 대외교류

1. 외래유물의 유입

탐라시대 전기의 대외교류와 관련된 외래유물을 살펴보면 대체로 전남 서부지역의 마한과 경남 서부지역 가야계 토기가 주로 출토된다. 우선 영산강유역의 마한계토기는 심발형토기, 원저단경호(편구형, 구형), 이중구연호, 양이부호, 개배 등이 확인된다. 반면 가야계토기는 장경호, 발형기대, 광구호, 파배가 찾아진다.

제주도에 유입된 마한계토기를 살펴보면 먼저 심발형토기(그림 18-①)가 일도동에서 출토된 바 있다. 호남지역 심발형토기는 6세기대까지 지속되지만 3~5세기대 집중되고 특히 3~4세기대 출토량과 유적이 가장 많다.[95] 일도동 출토품은 기고(14.2cm)와 격자타날 문양을 참고하면 전남지역에서 3세기 중반~4세기 중반경에 성행하는 형식에 해당한다.[96] 이러

95 송공선, 2008,「삼국시대 호남지역 발형토기 고찰」, 97쪽, 전남대학교 석사학위논문.

96 곽명숙, 2014,「전남지역 주거지 출토 심발형토기 연구」,『호남고고학보』47집, 96~97쪽, 호남고고학회.

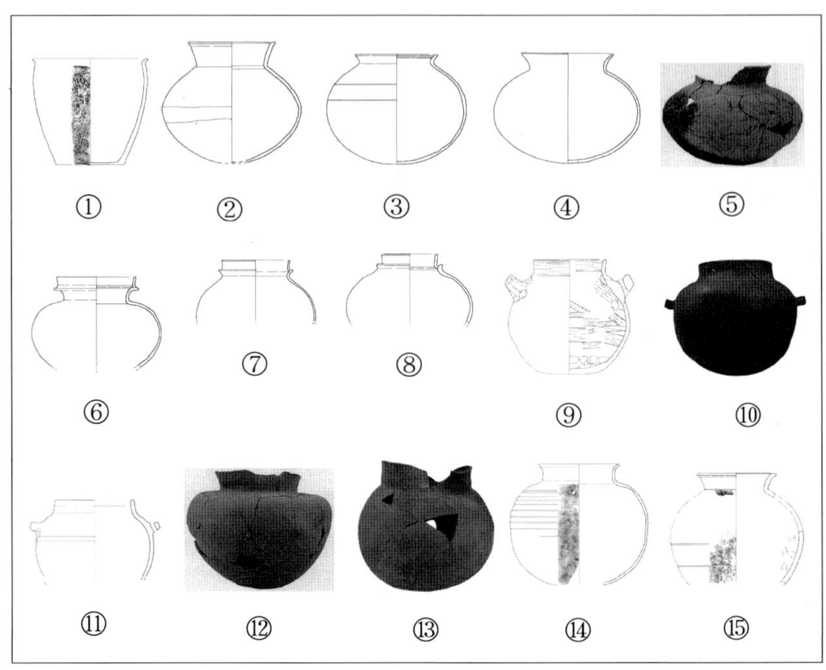

[그림 18] 제주 출토 마한계토기(① 일도동 ②~④⑥~⑧⑬ 외도동 ⑤⑫ 용담동 ⑨ 곽지리 ⑩ 금성리 ⑪⑭⑮ 종달리)

한 편년을 수용하면 일도동 출토 심발형토기는 4세기를 전후하여 유통되었을 가능성이 높다.

편구원저단경호는 대부분 연질소성으로 용담동과 외도동 일대에서 외도동식토기와 동반 출토되고 있다. 편구호는 전남지역에서 3~4세기 중반까지 유행하며 4세기대 이후 구형호로 전환[97]되고 대체로 4세기 중반경에는 일반화되는 것으로 알려져 있다.[98] 외도동식토기가 편구원저단경호

97 김은정, 2017, 앞의 글.

98 한옥민, 2000, 「전남지방 토광묘 연구」, 20쪽, 전북대학교 석사학위논문.

와 동반 출토되는 점을 고려하면 3~4세기대를 중심연대로 상정할 수 있다.

양이부호는 편구형 → 구형으로 전환되고 이부(耳部)의 투공은 수직방향 → 수평방향으로 변해간다.[99] 종달리패총(1819번지) 9층에서 출토된 연질계 양이부호(그림 18-⑪)는 구형동체에 이부가 수직방향으로 투공되어 있다. 구연부는 내경하는 형태로 중심연대는 5세기 초반~말에 위치한다. 동일한 층위에서 곽지리식토기가 병행하는 것을 보면 적절한 편년이라고 생각된다. 금성리 출토 양이부호(그림 18-⑩)는 4세기 초반~말에 경질 양이부호가 등장하는 점[100]을 고려하면 4세기 중후반경 이후로 추정된다.

4세기 후반~5세기 중반경에는 양이부호가 영산강유역에서 감소하고 전남 동부지역에서 주로 확인되는데 이부형태는 수직방향이 감소하면서 수평방향이 증가한다.[101] 종달리와 금성리 출토 양이부호를 살피면 모두 구형의 동체에 이부가 종방향으로 제작되어 있다. 전남 동부지역의 전개양상을 참고하면 5세기 중반 이후로는 내려오지 않을 것으로 판단된다. 곽지패총 5지구 출토 양이부호(그림 18-⑨)는 말각평저에 편구형 동체, 그리고 직립하는 구연부와 이부투공은 수직방향으로 제작되었는데 장흥 지천리 출토품과 유사하다.[102] 이러한 형태의 양이부호는 주로 5세기대 성행하는 형식이지만 동시기는 평저 양이부호가 거의 소멸하면서 원저로 전환[103]되고 있고 연질계인 점을 고려하면 그 이전에 유통된 것으로

99 서현주, 2006, 『영산강 유역 고분 토기 연구』, 64쪽, 학연문화사; 박영재, 2016, 「마한·백제권 양이부호 도입과정」, 65쪽, 전남대학교 석사학위논문.

100 박영재, 2016, 101~102쪽, 앞의 글.

101 이진희, 2010, 「한국 서남부지역 양이부호 연구」, 74쪽, 전북대학교 석사학위논문.

102 최성락외, 2000, 『장흥 지천리유적』, 목포대학교박물관.

103 이진희, 2010, 앞의 글.

추정된다.

외도동 출토 이중구연호(그림 18-⑥⑦⑧)는 외반된 구연부의 하구연 내측에 상구연을 접합하는 형식으로 중서부와 호남지역 전역에서 확인되고 있다. 이중구연호는 영산강유역에서 가장 성행했던 토기로 대략 3~4세기대 집중 분포하고 있으며 4세기 중반 이후 소멸되기 시작하여 6세기대까지 잔존한다.[104] 양이부호와 이중구연호는 전형적인 범마한계토기로 영산강유역을 비롯한 전남지방에서 3~5세기대 유행하는 토기 양식[105]에 해당하는데 외도동식 혹은 곽지리식토기와 동반된다는 것은 양 지역간 교류와 유통과정의 동시기성을 보여주고 있다.

한편 종달리패총(1819번지) 6층에서는 경질 단경호(그림 18-⑭)와 개

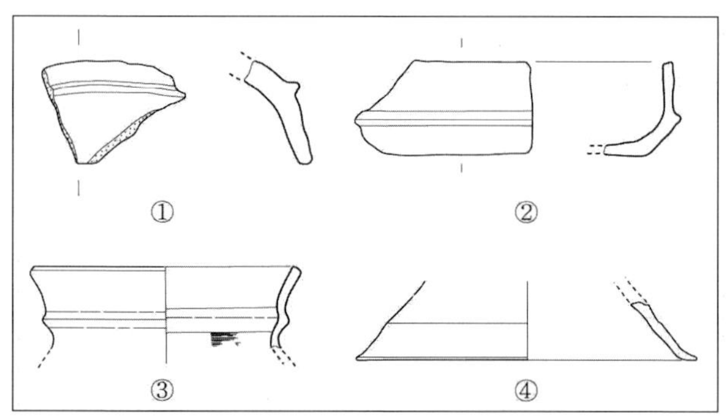

[그림 19] 제주 출토 외래계토기

(① 곽지리 ② 종달리 ③④ 북촌리)

104 왕준상, 2010, 「한국 서남부지역 이중구연호의 변천과 성격」, 『백제문화』 제42집, 196쪽, 공주대학교 백제문화연구소.

105 최영주, 2016, 「고분 부장품을 통해 본 영산강유역 마한세력의 대외교류」, 『문헌과 고고학 자료를 통해 본 마한의 대외교류』, 85쪽, 25회 백제학술대회 발표자료.

배(그림 19-②)가 동반 출토되고 있다. 개배는 확실한 편평면이 존재하고 신부가 비교적 높은편으로 영산강 양식에 해당하며 5세기 후반~6세기 전반에 주로 성행한다.[106] 곽지패총 출토 경질 개(그림 19-①)는 잔존상태로 볼 때 능형태의 턱이 돌출된 형태로 사비기에 집중[107]되고 있지만 영산강유역에서는 5세기 후반에 정형화 된다.[108]

개배와 함께 출토된 단경호는 말각평저에 구연부가 C자상으로 연결되며 동체부는 제형에 가깝게 형성되어 있고 승문이 시문된 것을 보면 영산강유역에서는 5세기 중반 이후에 해당한다.[109] 게다가 같은 층위에서는 장경촉과 곽지리식토기의 퇴화형이 병행하며 승문과 거치문이 출현하는 점을 고려하면 중심연대는 5세기 후반~6세기대로 편년할 수 있다.[110] 이 밖에도 종달리패총(Ⅰ) 2층에서는 곽지리식토기와 함께 단경호(그림 18-⑮)가 동반 출토되었는데 구연단에 Σ형태의 홈이 형성되어 있고 조족문이 시문된 점으로 볼 때 5세기 중후반~6세기 전반경에 해당한다.[111] 동일한 층위에서 승문타날이 출토되고 전형적인 곽지리식토기가 동반되는 점을 감안하면 영산강유역에서 6세기 중반 이후 조족문토기가 소멸하는 양상과 궤를 같이 한다.[112]

---

106 서현주, 2006, 앞의 책; 김낙중, 2012, 앞의 글.

107 土田純子, 2003, 「백제 토기의 편년 연구 - 삼족기·고배·뚜껑을 중심으로」, 144쪽, 충남대학교 석사학위논문.

108 서현주, 2006, 183~184쪽, 앞의 책.

109 강은주, 2009, 「영산강유역 단경호의 변천과 배경」, 『호남고고학보』 31집, 호남고고학회.

110 거치문은 마한의 대옹에 주로 시문되는 문양으로 6세기 중반경 소멸한다(김은정, 2017, 174쪽, 앞의 글).

111 이은정, 2007, 43~47쪽, 앞의 글.

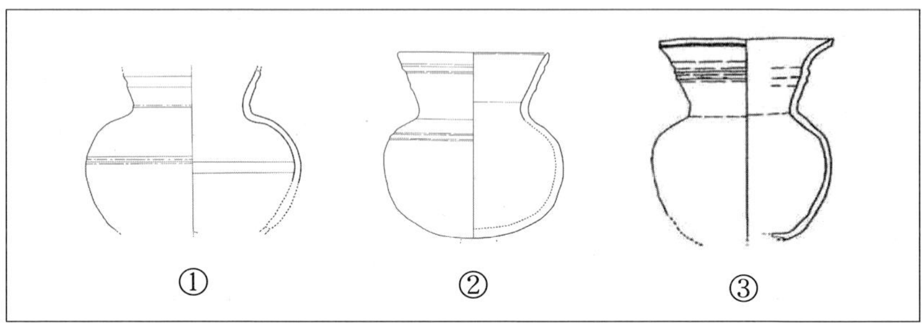

[그림 20] 탐라전기의 남부지역 토기(① 제주 외도동 ② 순천 운평리 ③ 광주 월계동)

한편 가야계 유물은 장경호[113]와 광구호, 발형기대편이 출토되었는데 잔존상태가 불량하여 구체적인 논의가 어렵다. 다만 곽지패총 5지구 출토 파배와 원통형토기는 소가야계 토기를 모티브로 모방한 현지 재현품에 해당하고 외도동유적 출토 광구호 역시 소가야계 토기의 특징적인 기종이기 때문에 철제품과 함께 소가야 유물이 유입되었을 가능성이 높다.

외도동 출토 장경호[114](그림 20-①)는 순천 운평리 2호분 출토품과 형

112 최영주, 2006, 「조족문토기의 변천양상」, 『한국상고사학보』, 제55호, 105쪽, 한국상고사학회.

113 소가야식 토기의 대표적인 기종인 수평구연호는 광구장경호와도 유사한데 5세기 2/4분기~6세기 중엽까지 서부경남 일대에 광범위하게 분포하고 있다(조영제, 2006, 「서부경남 가야제국의 성립에 대한 고고학적 연구」, 120쪽, 부산대학교 박사학위논문). 하지만 수평구연호는 경부에 밀집파상문대가 돌려져 있는 특징을 갖고 있기 때문에 광구호와는 구분해서 살펴야 될 것으로 생각된다.

114 최근 외도동 출토 장경호를 경남 창녕산(비화가야)으로 파악하는 견해가 있어 추후 구체적인 검토가 필요하다(박천수, 2018, 「가야의 대외교류와 탐라」, 『탐라의 대외교류』, 85쪽, 2018년 국립제주박물관 특별전 〈탐라〉 연계 공동 학술대회 자료집).

태적 유사성이 찾아진다. 운평리 출토 장경호는 소가야 양식 토기에 해당하며 5세기 전반 혹은 중반경으로 편년되고 있다.[115] 그러나 영산강유역의 광주 월계동 출토 장경호는 한성 백제토기의 주요 기종으로 파악하고 5세기 후반~6세기 전반으로 추정하기도 한다.[116] 이처럼 전남 서부와 동부지역에서 출토된 백제계와 소가야계 광구장경호는 대체로 5세기 중반~후반경에 성행한다는 점을 감안하면 제주지역도 동시기에 유입되었을 가능성이 높다.

김해·부산지역의 장경호는 4세기 중반 이후 출현하며 5세기 초반~중반에 유행하다 대부장경호가 출현하면서 감소한다.[117] 반대로 서부경남지역은 5세기대[118] 이후 발형기대와 함께 장경호가 출현하면서 고식도질토기 문화는 소멸한다.[119] 백제계 장경호는 주로 분묘의 부장품으로 사용되고 있는데 한성기(350~475년)에 집중되고 웅진과 사비기에는 매납된 사례를 찾기가 어렵다.[120] 반면 신라와 가야의 장경호는 구연부의 형태에 따라 경주지역은 단경호에서 변화하면서 구연부가 직립하고 김해·함안 등 가야지역은 외반되는 특징을 보여주고 있다.[121] 논의를 정리하면

115 이동희외, 2008, 『순천 운평리유적 I』, 130쪽, 순천대학교박물관; 하승철, 2014, 「전남 서남해지역과 가야지역의 교류 양상」, 『전남 서남해지역의 해상교류와 고대문화』, 276쪽, 전남문화재연구소 연구총서 1, 혜안.

116 김낙중, 2012, 107쪽, 앞의 글; 최영주, 2016, 75쪽, 앞의 글.

117 박광춘, 2006, 『새롭게 보는 가야고고학』, 134~138쪽, 학연문화사.

118 소가야 지역 수평구연호(장경호 혹은 광구호)의 출현은 5세기 1/4분기(김규운, 2009, 37쪽, 앞의 글)와 5세기 3/4분기(박승규, 2010, 49쪽, 앞의 글)로 보는 견해가 있다.

119 조영제, 2006, 40~41쪽, 앞의 글.

120 박순발, 2006, 166~167쪽, 앞의 책.

외도동 출토 장경호는 비백제계이면서 구연부의 외반화 현상을 감안하면 가야지역에서 유입되었음을 시사하고 있다.

북촌리유적 Ⅲ~Ⅳ기층에서 출토된 토기편은 소가야계의 광구호 구연부편(그림 19-③)과 발형기대의 대각편(그림 19-④)으로 추정된다. 하지만 잔존상태가 불량하여 정확한 기종분석이 어렵고 개체수가 부족하여 본격적인 논의가 불가능하다. 차후 자료의 누적을 기대해 본다.

2. 대외교류의 양상

탐라는 3세기경 거점취락인 읍락이 형성되고 수장층이 등장하면서 대외교류가 활발하게 이루어진다. 최근 연구성과를 참고하면 탐라시대 전기에는 영산강유역의 마한세력을 거점으로 변진한 및 가야지역과 철을 매개로 한 다양한 교섭활동이 전개되었다.[122] 요컨대 탐라는 주호(州胡)가 개척한 교역로를 계승하여 전남 서남해안 지역의 신미제국(新彌諸國)을 기반으로 한반도 남부지역의 다양한 정치체와 교류가 이루어지고 있다.

사실 기원전후 한 시기에는 제주지역 정치세력이 한반도 남부의 해남 군곡리와 사천 늑도를 연결하는 남해안 해상교역의 네트워크를 유지하고 있었다. 이러한 교역로는 한반도 중부지역을 경유해서 낙랑까지 연결되었던 것으로 추정되지만 아직 고고학적 증거가 부족하다. 제주지역에서 한대(漢代)유물이 출토되는 것으로 볼 때 직접적인 교역과정에서 수입된 것으로 추정할 수도 있으나 단정짓기는 어렵다. 왜냐하면 현재까지

---

121 박광춘, 2016, 「신라·가야 단경호와 장경호의 연구」, 『석당논총』 66집, 172쪽, 동아대학교 석당전통문화연구원.

122 김경주, 2018a, 30~31쪽, 앞의 글.

제주지역 출토 낙랑 혹은 한식토기가 알려진 바 없기 때문이다.[123] 게다가 왜계토기 역시 아직까지 보고된 예가 없기 때문에 제주해협을 대상으로 남해안 일대의 마한 및 변진한 더 나아가서 낙랑과 왜를 아우르는 교역 네트워크를 고고학적으로 복원하는 것은 현재까지 풀어내기 어려운 과제임에 틀림이 없다.

탐라정치체가 형성된 이후 3~5세기까지는 영산강유역의 마한세력과 활발한 교류활동이 진행되었던 것으로 인식되고 있다. 이와 같은 배경에는 영산강유역이 대체로 6세기 전반~중반경에 백제의 직접지배 질서속으로 편입되었다는 고고자료의 연구결과에서 기인한다. 그리고 동시기 탐라에서 출토된 외래계 유물을 살펴보면 영산강유역에서 성행하던 이중구연호와 양이부호를 비롯한 범마한계 토기가 대부분이다.[124] 이로 보건대 탐라시대 전기는 마한과의 지속적인 교섭관계를 유지하면서 남부가야와 철을 매개로한 교역이 유지되던 시기이다.

전남지역의 마한계 토기가 3~5세기까지 탐라와의 교류과정에서 끊임없이 교환되는 점으로 미루어 동시기까지 영산강유역의 마한세력과 교섭활동을 지속하고 있었음을 파악할 수 있다. 이 외에도 소가야계토기는 5세기대를 중심으로 탐라에 유입되고 있다. 그렇지만 백제계 유물의 조합상은 아직까지 뚜렷하게 확인되지 않기 때문에 교류관계를 논의하기가 쉽지 않다. 이러한 맥락을 고려하면 탐라는 6세기 전반까지 전남 서남부지역에 존재했던 마한세력을 거점으로 5세기대에는 소가야와의 교섭을 진행하였던 것으로 해석할 수 있다.

---

123 김경주, 2013, 「고고유물을 통해 본 탐라의 대외교역 - 한식유물을 중심으로」, 『탐라사의 재해석』, 제주발전연구원.

124 김경주, 2017, 앞의 글.

전남 동부지역과 경남 서부지역은 고고자료를 통해 보면 양 지역간 연관성이 매우 높다.[125] 이와 같이 두 지역 고고자료의 상사성을 참고하면 탐라의 수장층이 전남 동부지역을 경유하여 남부가야와의 교섭을 추진하였을 것으로 추정된다. 이러한 교섭과정은 전남 서남부(탐모라/하침라) → 전남 동남부(임나4현) → 경남 서남부(소가야)로 연결되는 교역로 개설이 추진되었을 개연성이 높다.

한편 영산강유역에서 출토되는 소가야 토기는 대부분 5세기대에 집중되고 있다. 이에 반해 전남 동부권은 4세기부터 경남 서부지역과 구별하기 어려운 동일한 토기가 파급되는 점을 고려하면 친연성이 매우 높다고 할 수 있다. 또한 중소형의 고분은 소가야식 토기의 비율이 높고 수장층 고분에서는 대가야계 유물이 집중되는 것을 보면 경제적 교섭과 수장층간 교섭대상이 상이했던 것으로 인식되고 있다.[126] 이러한 맥락을 참고하면 선진문물의 도입과 철의 안정적인 확보를 위해 탐라의 수장층은 한반도 남부지역 제소국과의 교섭과정에서 경제적 실리추구와 정치적 상황을 고려하여 다양한 형태로 이루어졌다고 할 수 있다. 예컨대 경제적 측면에서는 영산강유역을 포함한 서남부지역을 통해서 진행되었다면 정치적 측면에서의 교섭은 서부경남지역의 가야세력과 더 활발하게 진행되었다고 할 수 있다. 왜냐하면 철의 수입은 긴밀한 정치적 유대관계가 형성되어야 하므로 남부가야와의 지속적인 교섭과 결연체계가 전제되어야만 쌍방간 교류가 가능하기 때문이다.

4세기대까지는 변진한의 철기문화를 계승한 김해세력이 철생산과 유

125 하승철, 2011, 「외래계문물을 통해 본 고성 소가야의 대외교류」, 『가야의 포구와 해상활동』, 189쪽, 인제대학교 가야문화연구소.

126 하승철, 2015, 「소가야의 고고학적 연구」, 33쪽, 경상대학교 박사학위논문.

통권을 장악하고 있었다. 하지만 5세기에 접어들면 기존 철생산지인 낙동강 하구, 남강 일대의 함안권역, 황강중심의 옥전세력인 대가야권역 등 크게 3개의 생산 유통권이 구획된다.[127] 탐라는 이러한 정치적 변화에 대응하여 철생산과 유통의 중심지가 전환되는 것을 인지하고 남해안의 소가야와 연계된 함안(아라가야)권역과의 교섭활동에 매진하였을 가능성이 높다. 가야의 철생산과 유통망의 재편에 따른 지리적 위치를 감안하면 남강 일대의 함안권역이 유리하기 때문이다. 더불어 제주지역에서 출토되는 소가야계 토기도 이를 입증해주고 있다. 소가야는 아라가야와 인접해 있을 뿐만 아니라 소가야 양식이 성립되기 이전인 5세기 2/4분기까지는 두 지역이 동일한 토기문화를 공유하고 있었다는 점[128]도 이를 뒷받침해주고 있다.

5세기 중후반대 섬진강유역과 동남부권은 가야연맹체 권역에 들어가지만 고흥·보성을 포함하는 서남부권은 백제의 영향권에 포함된다. 전남동부지역은 4세기 후반부터 가야문화가 유입되고 5세기 후반~6세기 초반까지 남해안 권역은 가야의 영향권속으로 흡수되고 있다.[129] 이러한 정치적 영역 변화는 탐라가 가야권역과의 교섭을 위해서 전남 서부지역의 마한연맹체를 거점으로 동부권역을 통해 남부가야와 연결되는 교역루트를 개설하여 철을 포함한 선진문물을 도입하였다고 볼 수 있다.

요컨대 5~6세기 초반까지 탐라는 지속적인 철수입을 위해 서남부 마

---

127 손명조, 2012, 117쪽, 앞의 책.

128 박승규, 2010, 196쪽, 앞의 글.

129 이동희, 2011, 「삼국시대 전남동부지역의 문화상과 교류」, 『삼국시대 남해안 지역의 문화상과 교류』, 제35회 한국고고학전국대회 발표요지, 128쪽, 한국고고학회.

한연맹체를 거점으로 남해안권역을 포함하는 전남 동부권의 제소국을 경유하여 남부 가야연맹체와 교섭을 진행하였던 것으로 추정된다. 이러한 배경은 동시기 제주에서 출토되는 고고자료를 검토해 보면 대체로 토기는 영산강 유역의 범마한계토기가 주류이며 반대로 철은 동남권의 남부 가야지역에서 수입하였을 가능성이 높기 때문이다. 게다가 소가야계 토기가 소량이지만 확인되는 점도 이와 같은 교역과정에서 교환된 박재품으로 여겨진다.

금속기와 같은 이국적인 재료는 중앙의 통제가 어느 정도 가능한 장거리 교역을 통해 수입되기 때문에 비교적 높은 공동체 수준의 거점취락간 교역을 통해 유입[130]된다고 알려져 있다. 그렇다면 탐라시대 전기의

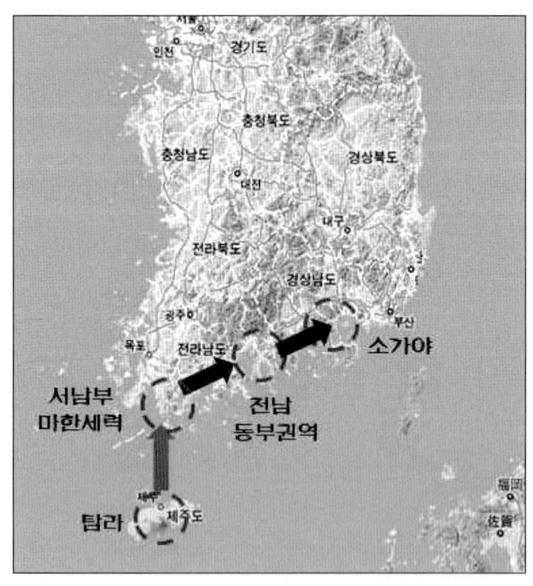

[그림 21] 5세기 후반~6세기 초반의 교역로(案)

130 브라이언 페이건외/이청규 옮김, 2015, 246쪽, 앞의 책.

타날문토기와 고급 철기류, 옥제품 등은 탐라에서 생산되지 않기 때문에 상위계층의 대외교역을 통해 수입되었다는 것을 입증해주고 있다. 이러한 대외교류는 탐라의 수장층이 한반도 남해안 일대의 제소국 및 정치세력과 교섭을 통해 교역로를 개설함과 동시에 지속적인 선진문물의 도입 루트가 구축되었을 개연성이 높다.

6세기 중반경에 이르면 영산강유역은 백제의 직접지배 질서속으로 완전히 편제되고 섬진강유역의 전남 동부권역도 영역화되고 있다. 이로 인해 이전까지 전남 서남부 → 전남 동남부 → 경남 서남부로 연결되는 제주해협권의 고대 탐라의 교역루트는 6세기 중반 이후 완전히 해체된다. 백제의 전남권 전역에 대한 영역화와 직접지배는 탐라의 다원적인 대외교류와 활동이 더 이상 유지되지 못하는 결과를 초래하였고 자치권이 보장된 신속과정을 거쳐 간접지배 권역에 포함된다.[131]

주지하는 바와 같이 탐라는 3세기대 거점취락을 조성하고 단일 정치체의 수장층이 등장하면서 활발한 대외교류 활동을 통해 철을 비롯한 다양한 선진문물이 유입되었다. 특히 3~4세기대 탐라는 영산강유역의 마한세력을 거점으로 동남부지역의 변진한 또는 남부 가야세력과도 교류관계를 유지하였다. 5~6세기 초반까지도 이러한 교역체계가 지속되면서 탐라는 다원적 외교활동과 교섭과정을 통해 안정적인 철을 확보하는 한편 선진문물과 정보를 공유하는데 전력하였다. 하지만 탐라는 6세기 중반경 백제에 신속되면서 외교권이 위임된 반자치적인 국(國)체제를 유지하였지만 대외교섭과 교류의 창구는 백제를 통해 일원화된다.

131 김경주, 2018a, 앞의 글.

Ⅴ. 맺음말

탐라는 3세기 전후 제주 서북부지역에 거점취락을 조성하였고 한반도 남부지역 제소국과의 대외교류를 통해 성장한 수장층이 등장한다. 거점취락은 방어용 석축, 저장용 공동 창고군, 대형 공공 건물지, 상위계층의 특수목적 주거지, 제의와 관련된 석조우물, 토기 생산의 전문화와 통제, 대외교역의 중심 취락, 상위취락간 네트워크 형성 등 복합사회의 특징을 보여주고 있다. 그리고 복수의 상위취락과 연계된 거점취락을 중심으로 대내적 교통로를 확보하고 대외교역을 위한 위계화된 취락사회로 성장한다.

한편 취락내에는 대규모 토목공사를 담당했던 공인집단과 표준화된 토기제작의 전문 장인집단, 수공업 생산집단, 대외교역의 수행집단 등으로 이루어진 분업화된 사회조직을 구성하고 있으며 더불어 이를 통제하기 위한 상위계층의 존재도 상정된다. 이처럼 탐라시대 전기의 취락사회는 전문화된 기술집단과 수장층이 존재하는 위계화된 복합사회에 해당하며 이는 바로 탐라정치체의 등장을 시사한다.

탐라시대 전기의 대표적인 토기 양식은 외도동식토기와 곽지리식토기가 표지적인데 양 토기는 대형토기에서 형식학적으로 구분될 뿐 양식적 가변성이 크지 않다. 결과적으로 외도동식토기가 지속되는 가운데 곽지리식토기의 일부에서 기종분화가 이루어지기 때문에 동일한 계통의 토기로 해석된다. 또한 동반되는 외래계토기는 대체로 영산강유역의 범마한계 토기가 주류이며 백제계 토기 양식은 쉽게 찾아보기가 힘들다. 반면 5세기대 이후에는 소가야계 토기가 동반되는 점을 고려하면 동시기 교섭이 진행되었다는 것을 파악할 수 있다.

탐라시대 전기의 취락사회는 영산강유역이 백제에 영역화되는 6세기 중반 이전까지 전남 서남부권역의 마한세력을 거점으로 전남 동부지역을 경유하여 남부가야와의 활발한 대외교류가 진행되었다. 탐라의 영역에서 3~5세기대의 중심연대를 갖는 외래토기는 대부분 범마한계토기이며 소가야계토기가 일부 동반되는 점은 앞서 살펴본 교역체계를 입증해주고 있다. 이러한 고고자료를 참고하면 탐라는 안정적인 철수입과 선진문물을 도입하고 다양한 정보를 공유하기 위해 한반도 남부지역의 제소국과 교섭을 갖고 다원적인 외교활동을 지속했던 것으로 추정된다.

참고문헌

강귀형, 2016, 「군곡리 토기제작기술의 검토」, 『해남 군곡리패총의 재조명』, 해남 군곡리패총 발굴 30주년 기념 학술대회, 목포대학교박물관.

강선욱, 2010, 「강릉지역 신라화 과정 연구」, 강릉원주대학교 석사학위논문.

강세호, 2007, 「영서지역 철기문화 연구 - 주거유적을 중심으로 -」, 한림대학교 석사학위논문.

강은주, 2009, 「영산강유역 단경호의 변천과 배경」, 『호남고고학보』 31집, 호남고고학회.

강창화, 2005, 「고대 탐라의 실체와 물자의 교류」, 『동아시아 역사상과 우리문화의 형성』, 한국학중앙연구원 동북아고대사연구소.

______, 2010, 「고대 탐라의 대외 물자교류」, 『제주학과 만남』, 제주학연구자모임.

______, 2012, 「제주고고학 발굴의 시발점이자 선사시대 편년의 기초자료를 제공한 제주 서북부 곽지패총」, 『제주학 산책』, 제주학연구자모임.

공봉석, 2015, 「신라·가야 취락의 분화와 전개」, 『영남고고학』 73, 영남고고학회.

곽명숙, 2014, 「전남지역 주거지 출토 심발형토기 연구」, 『호남고고학보』 47집, 호남고고학회.

구자린, 2008, 「통일신라 대부완의 형식분류와 변천 - 서울·경기지역을 중심으로 -」, 한신대학교 석사학위논문.

권귀향, 2012, 「낙동강 이서지역 삼국시대 주거지의 전개양상」, 부산대학교 석사학위논문.

권오영, 1996, 「삼한의 「국」에 대한 연구」, 서울대학교 박사학위논문.

김규운, 2009, 「고고자료로 본 5~6세기 소가야의 변천」, 경북대학교 석사학위논문.

______, 2010, 「5~6세기 소가야양식 토기 설정」, 『한국고고학보』 76, 한국고고학회.

김경주, 2001, 「제주도 적갈색경질토기 연구」, 『한국상고사학보』 제35호, 한국상고사학회.

______, 2005, 「탐라성립기 취락의 형성과 변천」, 『호남고고학보』 22집, 호남고고학회.

______, 2007, 「삼양동식토기의 시원에 대한 고찰 - 외반구연토기를 중심으로」, 『석심정영화교수 정년퇴임기념 천마고고학논총』, 천마고고학회.

______, 2009, 「고고학으로 본 고대 탐라」, 『섬, 흙, 기억의 고리』, 국립제주박물관.

______, 2012, 「용담동 철기부장묘와 그 피장자의 성격」, 『인류학 고고학 논총』, 영남대학교 문화인류학과 40주년 기념논총.

______, 2013, 「고고유물을 통해 본 탐라의 대외교역 - 한식유물을 중심으로」, 『탐라사의 재해석』, 제주발전연구원.

______, 2017, 「탐라의 대외교류와 활동 - 문헌 사료와 고고학 자료의 활용」, 『제주도, 탐라의 형성과 발전』, 제25회 호남고고학회 정기학술대회 발표요지, 호남고고학회.

______, 2018a, 「문헌과 고고자료로 본 탐라의 대외교류」, 『호남고고학보』 58, 호남고고학회.

______, 2018b, 「제주지역 점토대토기문화의 정착과 변천과정」, 『한국청동기학보』 제22호, 한국청동기학회.

김나영, 2007, 「영남지역 삼한시대 주거지의 변천과 지역성」, 부산대학교 석사학위논문.

김낙중, 2010, 「영산강유역 옹관분에 부장된 금속제품의 성격」, 『영산강유역의 고분 Ⅰ-옹관』, 국립나주문화재연구소.

______, 2012, 「토기를 통해 본 고대 영산강유역 사회와 백제의 관계」, 『호남고고학보』 42집, 호남고고학회.

김도훈, 2009, 「풍납토성 백제 우물지에 관한 연구 시론」, 『백산학보』 제84호, 백산학회.

김승옥, 2014, 「취락으로 본 전남지역 마한 사회의 구조와 성격」, 『백제학보』 제11호, 백제학회.

김은정, 2017, 「호남지역의 마한 토기 - 주거지 출토품을 중심으로」, 전북대학교 박사학위논문.

김일규, 2009, 「단계설정과 편년」, 『가평 대성리유적』, 경기문화재연구원.

노태호, 2014, 「원삼국~백제한성기 중서부지역 철도자의 변천과 성격 연구」, 용인대학교 석사학위논문.

박경민, 2017, 「탐라전기의 물질문화」, 『제주도, 탐라의 형성과 발전』, 제25회 호남고고학회 정기학술대회 발표요지, 호남고고학회.

박광춘, 2006, 『새롭게 보는 가야고고학』, 학연문화사.

______, 2016, 「신라·가야 단경호와 장경호의 연구」, 『석당논총』 66집, 동아대학교 석당전통문화연구원.

박미라, 2008, 「전남 동부지역 1~5세기 주거지의 변천양상」, 『호남고고학보』 30집, 호남고고학회.

______, 2010, 「전남 동부지역 가야계토기 출토 주거지의 성격」, 『문화사학』 제33호, 한국문화사학회.

박수영, 2010, 「4~5세기 영동지역의 고고학적 연구 - 주거지와 분묘자료를 중심으로 -」, 영남대학교 석사학위논문.

박순발, 2001, 「토기상으로 본 호남지역 원삼국시대 편년」, 『호남고고학보』 21집, 호남고고학회.

______, 2006, 『백제토기 탐구』, 주류성.

박승규, 2010, 「가야토기 양식 연구」, 동의대학교 박사학위논문.

박영재, 2016, 「마한·백제권 양이부호 도입과정」, 전남대학교 석사학위논문.

박재현, 2014, 「제주도 탐라시대토기 연구 - 종달리패총을 중심으로」, 공주대학교 석사학위논문.

박중국, 2010, 「呂자형 주거지를 통해 본 중도문화의 지역성」, 한신대학교 석사학위논문.

박천수, 2018, 「가야의 대외교류와 탐라」, 『탐라의 대외교류』, 2018년 국립제주박물관 특별전 〈탐라〉 연계 공동학술대회 자료집

브라이언 페이건외/이청규 옮김, 2015, 『고대 문명의 이해』, 사회평론, 영남문화재연구원 학술총서11.

서현주, 2006, 『영산강 유역 고분 토기 연구』, 학연문화사.

______, 2018, 「마한소국의 대외교류와 탐라」, 『탐라의 대외교류』, 2018년 국립

제주박물관 특별전〈탐라〉연계 공동학술대회 자료집, 국립제주박물관
성정용, 2002, 「금산지역 삼국시대 토기편년 - 백제와 가야세력 사이의 내륙교통로에 대한 이해를 위하여 -」, 『호남고고학보』 16집, 호남고고학회.
손명조, 2012, 『한국 고대 철기문화 연구』, 진인진.
송공선, 2008, 「삼국시대 호남지역 발형토기 고찰」, 전남대학교 석사학위논문.
송만영, 2014, 「청동기시대 취락 구조의 변화」, 『숭실사학』 제33집, 숭실대학교 사학과.
신민철, 2015, 「곡교천일대 원삼국시대 원통형토기의 분포와 성격」, 전북대학교 석사학위논문.
신연식, 2003, 「3~5세기 호서지방 주거지 연구」, 숭실대학교 석사학위논문.
신종환, 1997, 「충북지방 삼한·삼국토기의 변천」, 『고고학지』 8집, 한국고고미술연구소.
심재연, 2011, 「영동·영서지역의 철기시대문화 연구」, 한림대학교 박사학위논문.
오동선, 2008, 「호남지역 옹관묘의 변천」, 『호남고고학보』 30집, 호남고고학회.
왕준상, 2010, 「한국 서남부지역 이중구연호의 변천과 성격」, 『백제문화』 제42집, 공주대학교백제문화연구소.
위양근, 2016, 「경남지역 가야시대 주거지에 대한 연구」, 경상대학교 석사학위논문.
윤대식, 2004, 「청주지역 백제파배의 형식과 용도」, 충북대학교 석사학위논문.
이나경, 2013, 「중부지역 출토 낙랑계토기 연구」, 서울대학교 석사학위논문.
이동희, 2005, 「전남동부지역 복합사회 형성과정의 고고학적 연구」, 성균관대학교 박사학위논문.
이동희 외, 2008, 『순천 운평리유적 I』, 순천대학교박물관.
이동희, 2011, 「삼국시대 전남동부지역의 문화상과 교류」, 『삼국시대 남해안지역의 문화상과 교류』, 제35회 한국고고학전국대회 발표요지, 한국고고학회.
이범기, 2002, 「영산강유역 금속유물의 변천 연구 - 고분출토품을 중심으로 -」, 목포대학교 석사학위논문.
이성주, 2011, 「한성백제형성기 토기유물군의 변천과 생산체계의 변동 - 실용토기 생산의 전문화에 대한 검토」, 『한국상고사학보』 제71호, 한국상고사

학회.

______, 2013, 「철기시대 동북아 제 지역사회의 기술혁신과 사회변동」, 『선사와 고대』 제38호, 한국고대학회.

이성주·강선욱, 2009, 「초당동유적에서 본 강릉지역의 신라화 과정」, 『강릉 초당동유적』, 한국문화재조사연구기관협회.

이성준, 2014, 「한성기 백제 지역사회의 상호작용 연구」, 충남대학교 박사학위논문.

이승재, 2006, 「중부지방 원삼국시대 중도식 무문토기 연구」, 숭실대학교 석사학위논문.

이영주, 2001, 「가야 철족에 관한 일고찰」, 경성대학교 석사학위논문.

이영철, 2001, 「영산강유역 옹관고분사회의 구조 연구」, 경북대학교 석사학위논문, 2001.

______, 2002, 「기원후 3~5세기대 호남지방 취락별 편년 검토(Ⅱ)」, 『연구논문집』 제2호, 호남문화재연구원.

이은정, 2007, 「전남지역 3~6세기 주거지 연구」, 『호남고고학보』 26집, 호남고고학회.

이정근, 2006, 「함안지역 고식도질토기의 생산과 유통」, 영남대학교 석사학위논문.

이종철, 2017, 「제주도 송국리형취락의 특징과 시기 구분」, 『한국청동기학보』 제21호, 한국청동기학회.

이지영, 2008, 「호남지방 3~6세기 토기가마의 변화양상」, 『호남고고학보』 30집, 호남고고학회.

이진희, 2010, 「한국 서남부지역 양이부호 연구」, 전북대학교 석사학위논문.

이창현·신유리, 2010, 「영동지방 삼국시대 주거지 시론」, 『문화사학』 제33호, 한국문화사학회.

이창희, 2016, 「탄소14연대를 이용한 중도식토기의 연대」, 『한국기독교박물관지』 제12호, 숭실대학교 기독교박물관.

이청규, 1995, 『제주도 고고학연구』, 학연문화사.

이한솔, 2014, 「한성백제기 우물제사에 대한 고찰」, 인하대학교 석사학위논문.

이현주, 2005, 「삼한·삼국시대 부산지역 군사체제의 고고학적 연구」, 부산대학교 석사학위논문.

이현혜, 1991, 「삼국시대의 농업기술과 사회발전 - 4~5세기 신라사회를 중심으로」, 『한국상고사학보』 8호, 한국상고사학회.

이형주, 2000, 「한국 고대 부뚜막시설 연구」, 충남대학교 석사학위논문.

이홍종 외, 2015, 「유구의 기능과 성격」, 『연기 나성리유적』, 한국고고환경연구소.

임영진, 2003, 「한국 분주토기의 기원과 변천」, 『호남고고학보』 17집, 호남고고학회.

임영희, 2011, 「영남지역 원삼국기 철검·환두도의 지역별 전개과정」, 영남대학교 석사학위논문.

장상갑, 2010, 「후기가야의 군사조직에 대한 연구」, 『영남고고학』 54, 영남고고학회.

전동현, 2010, 「한성백제기 취사용기의 형성과 변천」, 숭실대학교 석사학위논문.

정 일 외, 2011, 『순천 좌지·송산유적』, 전남문화재연구원.

정 현, 2012, 「한반도 중·서남부지역 원삼국~삼국시대 파배 연구」, 전북대학교 석사학위논문.

정인성, 2006, 「낙랑 토성의 철기와 제작」, 『낙랑문화 연구』, 북방연구총서 20집, 동북아역사재단.

정종태, 2003, 「호서지역 장란형토기의 변천양상」, 『호서고고학』 제9집, 호서고고학회.

제레드 다이아몬드/김진준 역, 2014, 『총, 균, 쇠』, 문학사상사.

조영제, 2006, 「서부경남 가야제국의 성립에 대한 고고학적 연구」, 부산대학교 박사학위논문.

조태희, 2013, 「경남지역 삼한·삼국시대 취락연구」, 동아대학교 석사학위논문.

차우근, 2007, 「북한강 유역과 남한강 유역의 철기시대 취락 연구」, 한림대학교 석사학위논문.

최권호, 2009, 「마로산성에 대한 고고학적 연구」, 순천대학교 석사학위논문.

최성락, 1993, 『한국 원삼국문화의 연구』, 학연문화사.

최성락 외, 2000, 『장흥 지천리유적』, 목포대학교박물관.

최영주, 2006, 「조족문토기의 변천양상」, 『한국상고사학보』 제55호, 한국상고사학회.

______, 2016, 「고분 부장품을 통해 본 영산강유역 마한세력의 대외교류」, 『문헌과 고고학 자료를 통해 본 마한의 대외교류』, 25회 백제학술대회 발표자료.

土田純子, 2003, 「백제 토기의 편년 연구 - 삼족기·고배·뚜껑을 중심으로」, 충남대학교 석사학위논문.

하승철, 2001, 「가야서남부지역 출토 도질토기에 대한 일고찰」, 경상대학교 석사학위논문.

______, 2011, 「외래계문물을 통해 본 고성 소가야의 대외교류」, 『가야의 포구와 해상활동』, 인제대학교 가야문화연구소.

______, 2014, 「전남 서남해지역과 가야지역의 교류 양상」, 『전남 서남해지역의 해상교류와 고대문화』, 전남문화재연구소 연구총서 1, 혜안.

______, 2015, 「소가야의 고고학적 연구」, 경상대학교 박사학위논문.

하진영, 2015, 「호남지역 경질무문토기의 편년과 성격」, 전북대학교 석사학위논문.

한기민, 2012, 「영남지역 수혈식 건물지 연구 - B.C. 3세기~A.D. 3세기를 중심으로」, 동아대학교 석사학위논문.

한옥민, 2000, 「전남지방 토광묘 연구」, 전북대학교 석사학위논문.

한윤선, 2010, 「전남 동부지역 1~4세기 주거지 연구」, 순천대학교 석사학위논문.

한지선, 2003, 「토기를 통해서 본 백제 고대국가 형성과정 연구」, 중앙대학교 석사학위논문.

황보경, 2015, 「한강유역 고대 우물에 대한 시론적 연구 - 서울·경기지역을 중심으로」, 『신라사학보』 33, 신라사학회.

史書에 남겨진 古代 耽羅國 운위 실체의 재검토*

장 창 은

제주대학교 사학과 조교수

* 이 논문은 「古代 耽羅國 연구의 쟁점과 이해방향」, 『탐라문화』 57(2018.2)를 단행본의 체제에 어울리도록 제목을 바꾸고 수정·보완한 것이다.

Ⅰ. 머리말

한국 고대의 시기 제주도에는 '탐라'로 불렸던 독립 왕조가 있었다. 탐라국의 역사는 독자적인 역사서가 남아 있지 않은 까닭에 지배구조와 체제 등 구체적인 역사적 실상을 살피기 어렵다. 다행스러운 것은 탐라국이 일찍부터 한반도 및 중국·일본의 국가들과 교류를 추구한 결과 교역 상대국의 역사서에 그 존재가 단편적으로나마 남아 있다는 점이다. 그런데 탐라국으로 추정되는 국가에 대한 칭호가 史書마다 다르게 나와 있어 다소 혼란스럽다. 『三國志』 東夷傳에는 다른 자료와는 이질적인 '州胡'로 표기되어 있고, 『三國史記』 百濟本紀와 『日本書紀』에는 일반적으로 알려져 있는 '耽羅(耽羅)'로 기록되어 있다. 『三國遺事』에는 '乇羅(托羅)'[1]로 남아 있다. 이와 달리 중국 사서인 『隋書』와 『北史』 東夷列傳 百濟傳에는 각각 '躭牟羅國'과 '耽牟羅國'으로 표기되어 있다.[2] 한편 『新唐書』

---

1 『三國遺事』 卷1, 紀異2, 馬韓에는 '乇羅'로, 같은 책 卷3, 塔像4, 黃龍寺九層塔에는 '托羅'로 되어 있다. 『高麗史』와 『高麗史節要』에도 제주를 지칭하는 것으로 '耽羅' 이외에 '乇羅'가 간혹 남아 있다(『高麗史』 卷13, 世家13, 睿宗 8년 6월조 ; 『高麗史節要』 卷4, 靖宗 9년 12월조).

2 『隋書』 卷81, 列傳46, 東夷 百濟(中華書局 點校本 1819쪽[이하는 쪽수만 표기함]). 『北史』 卷94, 列傳82, 百濟(3121쪽). 『三國史記』 卷26, 百濟本紀4, 東城王 20년(498)에도 "耽羅 卽耽牟羅"라고 하였다. 한편 『北史』 卷94, 列傳82, 倭國(3137쪽)에는 수나라의 裵世淸이 왜에 사신으로 갈 때 耽羅國을 보면서 간 것으로 되어 있다. 편찬시기로 보면 '耽羅'에 대한 최초의 기록이다.

劉仁軌傳에는 '儋羅'로, 『高麗圖經』에도 같은 이표기인 '聃羅'가 제주를 지칭하는 것으로 되어 있다.[3] 그리고 『魏書』 列傳 高句麗傳에 나오는 '涉羅'[4]도 탐라로 이해하는 경우가 다수이다.[5]

이렇듯 고대 탐라국에 대한 호칭은 '주호'에서부터 '탐라'·'탁라'·'담라'·'섭라', 그리고 '탐모라'까지 다양한 표기로 사서에 남아 있다. 일반적으로 이들 모두를 동일 대상인 탐라국에 대한 다른 표기로 인정하는 경향이 강하다. 그러나 기존 연구를 검토해 보면, 논란의 여지가 없는 것은 아니다. 먼저 『삼국사기』 백제본기 문주왕 2년(476)과 동성왕 20년(498)에 백제와 공납 관계를 맺은 耽羅를 제주가 아닌 전남 강진·해남의 독자적인 세력으로 주장한 연구가 발표된 후[6] 이를 수용하는 연구성과도 쌓이고 있다. 아직까지 다수가 백제본기의 耽羅를 제주로 이해하고 있지만, 백제본기의 탐라를 제주도로 볼 수 없다는 소수설의 문제의식도 경청할 만한 대목이 있다. 『魏書』 고구려전에 나오는 '涉羅'도 신라로 파악한 견해가 있었음에도 불구하고 그 타당성 여부가 면밀하게 검토되지 못했다. 탐라국 관련 문헌자료가 적다는 미명하에 엄정한 사료비판 없이 만들어진 고대 탐라국의 역사상은 자칫 사상누각이 될 수 있다. 이와 같

---

3 『新唐書』 卷108, 列傳33, 劉仁軌(4084쪽). 『宣和奉使高麗圖經』 卷3, 城邑 封境.

4 『魏書』 卷100, 列傳88, 高句麗(2216쪽). 같은 내용이 『三國史記』 卷19, 高句麗本紀7, 文咨明王 13년(504)조에도 실려 있다.

5 『三國志』와 『後漢書』에 나오는 '亶洲(澶洲)'를 제주도로 비정하는 주장도 있다. '단주'가 徐福(徐市)이 머문 곳으로 나온 데서 도출된 것인데, 이에 대해서는 추후 검토하고자 한다.

6 李根雨, 「熊津時代 百濟의 南方境域에 대하여」, 『百濟研究』 29, 충남대학교 백제연구소, 1997 및 「탐라국 역사 소고」, 『釜大史學』 30, 부산대학교 사학회, 2006.

은 문제의식을 가지고 본 논문에서 다루고자 하는 바는 다음과 같다.

Ⅱ장에서는『三國志』동이전에 나오는 '州胡'의 실체와 자료에 함의된 역사적 의미를 살펴보고자 한다. 주호와 그 교역대상이었던 '韓中'의 실체에 대한 기존 연구성과를 검토한 후, 관련 고고자료의 분석을 통해 탐라국과 한반도 국가의 교역범위 및 양상을 분석할 것이다. Ⅲ장에서는『三國史記』백제본기의 '耽羅'가 통설대로 제주도를 지칭하는 것인 지 집중적으로 검토하고자 한다. 연구 결과에 따라 탐라와 백제의 관계가 시작된 시점을 재인식할 수도 있는 중요한 사안이다. Ⅳ장에서는『魏書』열전 고구려전에 남아 있는 '涉羅'의 실체를 검토하고자 한다. '섭라'가 제주도라면 고대 탐라국이 일찍부터 고구려와 교류했다는 중요한 증거가 되며, '섭라'가 신라라면 전혀 다른 각도에서 활용할 자료가 되는 셈이다. 관련 연구성과를 망라해서 면밀하게 검토한 후 합리적인 이해방향을 모색해보고자 한다. 이 논문은 고대 탐라국의 실체와 국제적 위상을 살피는 데 있어 기초적인 작업으로서의 의미가 있다. 그 의도에 부합하는 나침반 역할을 하는 성과가 됐으면 하는 소박한 바람을 갖는다.

Ⅱ.『三國志』東夷傳의 '州胡'

『三國志』東夷傳의 韓傳 말미에 다음과 같은 기록이 전한다.

1. 또 州胡가 馬韓의 서쪽 바다 가운데의 큰 섬에 있다. 그 사람들은 대체로 키가 작고 언어는 韓과 같지 않다. [그들은 : 필자 주, 이하 생략] 모두 鮮卑[族]처럼 머리를 깎았다. 옷은 오직 가죽으로 해 입고 소와 돼지 기르기를 좋아한다. 그들의 옷은 위만 있고 아래는 없기 때문에

거의 나체와 같다. 배를 타고 왕래하며 韓에서 [물건을] 사고판다.[7]

사료 1은 고대 탐라국이 역사서에 처음 기록된 것으로 주목받았다. '州'에 '고을'·'마을'·'섬'의 뜻이 있으므로, 州胡는 '오랑캐 마을·고을' 내지 '섬 오랑캐' 정도로 해석이 가능하다.[8] 문면으로 보았을 때 제주도 내 국가의 자칭이기보다는, 중국 측에 의한 타칭일 것이다.[9] 주호에 담긴 부정적 의미 때문에 이를 國名이나 地名으로 보지 않고, 특정한 인종에 대한 칭호로 보는 견해도 있다. 곧 주호가 제주도 원주민사회 전체에 대한 칭호가 아니라, 지역 내의 외부 포로집단 내지 표류민 집단에 대한 특수 칭호를 기록한 사람이 원주민사회와 혼동하여 사용했다는 것이다.[10] 다만 『後漢書』 동이열전 한전에서 '州胡國'으로 기록했고, 3세기 이전 제주도에 존재했던 세력의 명칭이 다른 문헌기록에 남아 있지 않으므로 편의

---

7 『三國志』 卷30, 魏書30, 烏丸鮮卑東夷傳30, 韓(852쪽) "又有州胡 在馬韓之西海中大島上 其人差短小 言語不與韓同 皆髡頭如鮮卑 但衣韋 好養牛及豬 其衣有上無下 略如裸勢 乘船往來, 市買韓中." 『後漢書』 卷85, 東夷列傳75, 韓(2820쪽)에도 "馬韓之西 海島上有州胡國 其人短小 髡頭 衣韋衣 有上無下 好養牛豕 乘船往來 貨市韓中"이라고 하여 같은 내용이 축약된 채 실려 있다.

8 권오영은 '섬 오랑캐'로(권오영, 「고대 제주와 동아시아」, 『유적과 유물을 통해서 본 제주의 역사와 문화』, 국립제주박물관 편, 서경문화사, 2009, 79쪽), 전경수는 '섬에 사는 야만족'으로 해석했다(전경수, 「先州胡에서 耽羅國까지」, 『탐라·제주의 문화인류학』, 민속원, 2010, 69쪽).

9 신용하는 『三國志』와 『後漢書』에 나오는 '亶洲(澶洲)'를 당시 탐라국의 호칭으로 보고, 중국이 이를 폄하하려는 의도에서 州胡로 부른 것으로 보았다(愼鏞廈, 「耽羅國 명칭의 起源에 관한 한 연구」, 『韓國學報』 107, 一志社, 2002, 93~95쪽). 그러나 단주가 제주도인지는 확실하지 않다.

10 李丙燾, 「州胡考」, 『韓國古代史硏究』(수정판), 博英社, 1976, 297~299쪽.

상 '주호국 시기'로 부를 수밖에 없는 형편이다.[11]

주호국의 위치에 대해 일찍이 山東과 요동반도 사이의 廟島列島로 본 주장이 제기되었다.[12] 하지만 고조선의 위치를 요동지방으로 설정하는 과정에서 도출되었을 뿐만 아니라, 주호 위치의 기준점이 되는 馬韓까지도 압록강 계선으로 비정한 것이어서 따르기 어렵다. 현 단계에서 주호국이 곧 지금의 제주도에 있었을 것으로 추정하는 데 이의를 제기한 연구자는 없다.[13] 다만 일각에서는 '마한의 서쪽 바다 가운데 큰 섬'이라는 방위가 실제와 맞지 않는 점에 의구심을 제기하기도 한다. 그러나 중국 사서에 남아 있는 우리나라의 방위관련 기록은 부정확한 경우가 많다. 예컨대 『舊唐書』와 『新唐書』 백제전에는 "왕이 사는 곳에 동·서로 두 성이 있다"고 했다.[14] 두 성이 구체적으로 어느 것인지 단정할 수는 없지만, 한성시대의 풍납토성과 몽촌토성이든지 웅진~사비시대의 웅진성과 사비성이든지 동·서가 아닌 남·북으로 왕성이 배치되어 있다. 또한 『隋書』와 『北史』의 백제전에는 탐라의 크기에 대해 "남·북으로 천여 리이

---

11 3세기 이후 州胡國에서 耽羅國으로의 변화 시기는 Ⅲ장의 연구 결과에 따라 설정이 가능할 것이다.

12 리지린, 『고조선 연구』, 과학원출판사, 1963 : 열사람, 1989, 286~287쪽.

13 주호를 제주로 비정한 대표적인 연구성과는 다음과 같다.
이병도, 앞의 논문, 1976, 297~299쪽 ; 李淸圭, 『濟州島 考古學 硏究』, 학연문화사, 1995, 318쪽 ; 진영일, 「三國志·三國史記의 州胡·耽羅國 연구」, 『인문학연구』 6, 제주대 인문학연구소, 2000 : 「주호와 탐라국」, 『고대중세 제주역사 탐색』, 보고사, 2008, 44~46쪽 ; 高昌錫, 『耽羅國時代史』, 서귀포문화원, 2007, 29~31쪽 ; 권오영, 앞의 논문, 2009, 81쪽 ; 전경수, 앞의 책, 2010, 74쪽.

14 『舊唐書』 卷199上, 列傳149上 東夷 百濟(5329쪽) "其王所居有東西兩城" ; 『新唐書』 卷220, 列傳145, 東夷 百濟(6198쪽) "王居東西二城."

고 동·서로 수백 리이다"라고 해서 방향이 반대로 기록되어 있다.[15] 한국과 중국 간의 황해 직항로가 개통되지 않았을 가능성이 큰 3세기 이전의 상황에서 중국인이 제주도의 위치를 정확하게 인식하는 것이 쉽지 않았을 듯하다. 따라서 중국적 관점에서 기록한 방위가 실제 상황과 맞지 않는다고 해서 사료 전체의 가치를 폄하할 필요는 없다.

주호가 제주로 비정될 수 있는 중요한 논거 중의 하나는 그들이 韓과 교역했다는 점이다. 그런데 일부 연구자들은 이를 '中韓'으로 판독해 그 실체를 찾는 근거로 삼기도 한다. 예컨대 3세기 『三國志』에서 지칭하는 中韓은 弁韓이고, 5세기대 范曄이 『後漢書』에서 고쳐 쓴 '韓中'은 三韓 전체를 의미한다는 주장이다.[16] 『후한서』 동이열전의 사료적 가치가 『삼국지』 동이전보다 못하다는 학계의 통설에 기반해 『삼국지』 동이전대로 '中韓'으로 본 후, 그 실체를 3세기 후반 영산강 유역 일대에서 마한 연맹을 주도했던 新彌國과 주변 소국으로 비정하기도 했다.[17] 또한 '中韓'을 중국과 삼한의 합칭으로 보고 주호가 중국 및 한반도와 해상교류를 전개한 것으로 이해한 연구도 있다.[18] 그러나 『삼국지』의 모든 판본이

---

15 『隋書』 卷81, 列傳46, 東夷 百濟(1820쪽) "其南海行三月 有𨈭牟羅國 南北千餘里 東西數百里." ; 『北史』 卷94, 列傳82, 百濟(3122쪽) "其南海行三月 有耽牟羅國 南北千餘里 東西數百里."

16 全京秀, 「上古耽羅社會의 基本構造와 運動方向」, 『濟州島研究』 4, 1987, 34~37쪽 ; 전경수, 「先州胡에서 耽羅國까지」, 『탐라·제주의 문화인류학』, 민속원, 2010, 70~72쪽.

17 진영일, 「三國志·三國史記의 州胡·耽羅國 연구」, 『인문학연구』 6, 제주대 인문학연구소, 2000 : 「주호와 탐라국」, 『고대중세 제주역사탐색』, 보고사, 2008, 47~53쪽.

18 강봉룡, 「한국고대의 해로와 제주 해양교류사」, 『해양문화의 보고 제주바다』

'中韓'으로 되어 있는 것이 아님에 유의해야 한다. '市買韓中'을 '市買中韓'으로 표기한 『삼국지』의 판본은 明代 毛氏의 '汲古閣本'이다.[19] 이와 달리 中華書局 點校本에는 '市買韓中'으로 되어 있다. 곧 '韓中'과 '中韓'은 판본상의 차이일 가능성이 크므로 면밀한 논증 없이 자의적인 의미를 부여하는 데 신중할 필요가 있다. 여기에서는 『후한서』의 '貨市韓中'까지 고려하여 주호국이 '韓中'과 교역한 것으로 보고 '韓'의 실체를 찾는 것으로 하겠다.

주호국이 교역한 韓은 三韓 중에서 우선 제주도와의 시인도와 항해거리상 가장 가까운 전남 해안지역에 위치한 馬韓으로 보는 것이 자연스럽다.[20] 다만 그것이 주호국 교류의 범위를 마한으로 국한하는 것은 아니다. 주호국 교류의 범위를 살피기 위해서는 고고자료를 주목해야 한다. 다행히 주호국의 대외교류 양상과 범위를 시사해줄 만한 단서가 있다.

1928년 제주시 건입동 산지항 축조 공사 때 五銖錢 4점, 貨泉 11점, 大泉五十 2점, 貨布 1점 등 18점의 중국 화폐가 출토되었다.[21] 제주시 애월읍 금성리의 주거지와 구좌읍 종달리 패총에서도 각각 화천 2점과 1점이 출토되었다.[22] 또한 제주도 민속자연사박물관 소장의 오수전 11점, 화

(국립제주박물관 편), 서경문화사, 2017, 92쪽.

19 國史編纂委員會, 『中國正史朝鮮傳』 譯註1, 1987, 195쪽.

20 李清圭, 『濟州島 考古學 研究』, 학연문화사, 1995, 318~319쪽, 334쪽. 글자의 판독은 中韓으로 했지만 주호와의 교역 대상국으로서 신미국을 중심으로 마한을 주목한 진영일의 연구도 의미가 있다.

21 梅原末治·藤田亮策, 「濟州島山地港出土の一括遺物」, 『朝鮮古文化綜鑑』 Ⅰ, 德養社, 1947, 57~59쪽(金京七, 『湖南地方의 原三國時代 對外交流』, 학연문화사, 2009, 140쪽에서 재인용).

22 제주사정립추진위원회 외, 『濟州錦城里遺蹟』, 2001 ; 申大坤 외, 『濟州終達里

천 5점, 대천오십 5점도 제주도 출토품이 유력하다.[23] 오수전은 前漢 武帝 元狩 5년(B.C. 118) 半兩錢을 파하고 처음 주조한 후, 唐 高祖 武德 4년(621)에 開元通寶를 주조할 때까지 700여 년 이상 사용하였다.[24] 화천은 王莽이 新(A.D. 8~23)을 세운 후 주조한 '王莽錢'이다. 天鳳 元年(14)에 만들어서 後漢 光武帝 16년(A.D. 40)에 왕망전을 폐기할 때까지 사용하였다. 화포도 화천과 같이 주조한 것으로 화천 25배의 가치를 지녔다.[25] 대천오십은 왕망 居攝 2년(A.D. 7)에 주조되어 화포와 화천을 주조할 때까지 사용한 동전이다.[26] 화포와 대천오십은 남한지역에서는 제주도에서만 출토되었다.

왕망전은 사용된 시기가 제한적이기 때문에 주호국이 1세기 대에 중국과 교류했음을 시사해주는 중요한 유물로 평가된다.[27] 특히 제주도 외에도 빈번하게 출토되고 있는 화천의 출토지역을 종합적으로 살펴보면,

---

遺蹟』 Ⅰ, 2006.

23 李淸圭·康昌和, 「제주도 출토 漢代 화폐유물의 한 例」, 『韓國上古史學報』 17, 한국상고사학회, 1994, 581~583쪽.

24 丁福保 編纂, 『歷代古錢圖說』, 齊魯書社, 2006, 100쪽, 136쪽 ; 김경칠, 앞의 책, 2009, 148쪽.

25 『漢書』 卷24下, 食貨志4下(1184쪽) "天鳳元年 復申下金銀龜貝之貨 頗增減其賈直 而罷大小錢 改作<u>**貨布**</u> 長二寸五分 廣一寸 首長八分有奇 廣八分 其圜好徑二分半 足枝長八分 間廣二分 其文右曰貨 左曰布 重二十五銖 直<u>**貨泉**</u>二十五 貨泉徑一寸 重五銖 文右曰貨 左曰泉 枚直一 與貨布二品並行."

26 『漢書』 卷24下, 食貨志4下(1177쪽) "王莽居攝 變漢制 以周錢有子母相權 於是更造大錢 徑寸二分 重十二銖 文曰<u>**大錢五十**</u>." ; 丁福保 編纂, 앞의 책, 2006, 101쪽.

27 다만 매납 시기는 화폐의 전세기간을 고려해야 하므로 공반 출토 유물과의 비교·검토가 필요하다.

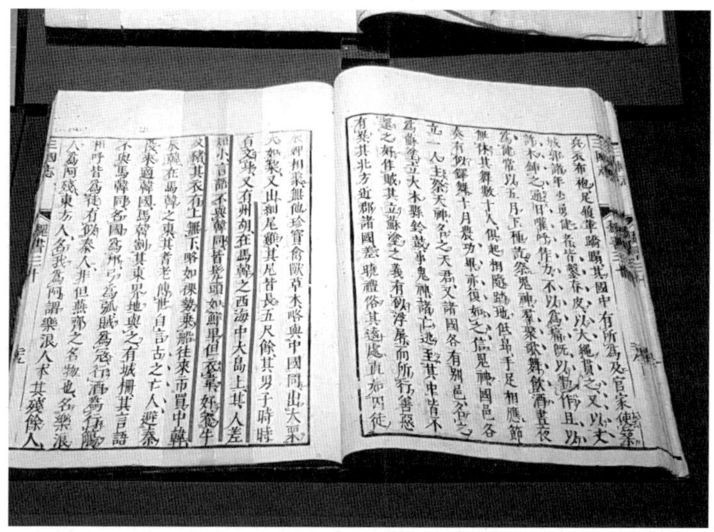

兵衣布袍足履革蹻蹋其國中有所爲及官家使築
城郭諸年少勇健者皆鑿脊皮以大繩貫之又以丈
許木鍤之通日嚾呼作力不以爲痛旣以勸作且以
爲健常以五月下種訖祭鬼神羣聚歌舞飮酒晝夜
無休其舞數十人俱起相隨踏地低昂手足相應節
奏有似鐸舞十月農功畢亦復如之信鬼神國邑各
立一人主祭天神名之天君又諸國各有別邑名之
爲蘇塗立大木縣鈴鼓事鬼神諸亡逃至其中皆不
還之好作賊其立蘇塗之義有似浮屠而所行善惡
有異其北方近郡諸國差曉禮俗其遠處直如囚徒

奴婢相聚無他珍寶禽獸草木略與中國同出大栗
大如梨又出細尾雞其尾皆長五尺餘其男子時時
有文身又有州胡在馬韓之西海中大島上其人差
短小言語不與韓同皆髡頭如鮮卑但衣韋好養牛
及豬其衣有上無下略如裸勢乘船往來市買中韓
辰韓在馬韓之東其耆老傳世自言古之亡人避秦
役來適韓國馬韓割其東界地與之有城柵其言語
不與馬韓同名國爲邦弓爲弧賊爲寇行酒爲行觴
相呼皆爲徒有似秦人非但燕齊之名物也名樂浪
人爲阿殘東方人名我爲阿謂樂浪人本其殘餘人

三國志 魏書三十

『삼국지』 동이전의 州胡 관련 기록

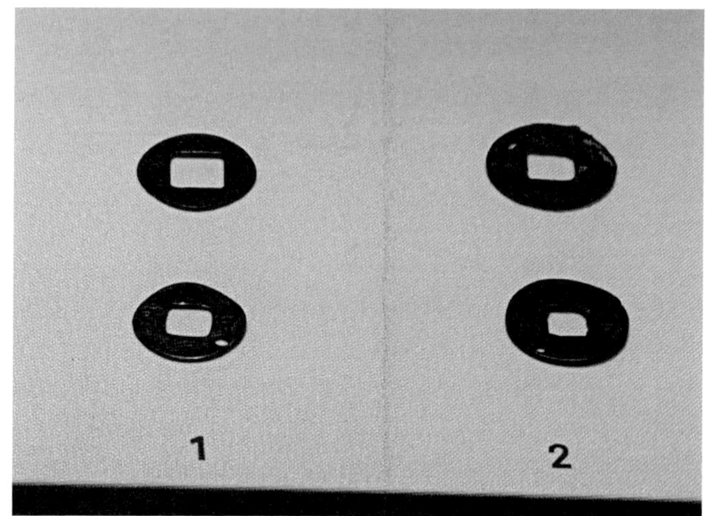

제주시 종달리(1)와 금성리(2)에서 출토된 화전(국립제주박물관)

동아시아의 교역경로와 주호국의 교역범위를 추정할 수 있는 단서가 될 수 있다. 한반도에서 출토된 화천의 출토 양상을 살펴보면, 평양 남정리 116호분에서 2점, 나주 복암리 랑동 유적에서 2점, 해남 군곡리 패총에서 1점, 김해 회현리 패총에서 1점이 출토되었다.[28] 그리고 최근에는 광주광역시 복룡동 유적의 1호 토광묘에서 화천 50여 점이 꾸러미 형태로 출토되었다.[29] 이들 지역은 모두 서남해의 해안이나 영산강 유역의 수운이 닿는 물길 교통로의 요충지에 해당한다. 화천 이외에 중국 漢代 화폐의 한반도 출토 양상을 살펴보면[30] 이러한 특징은 더욱 선명하게 드러난다. 이는 곧 화폐의 교역이 해상교통로를 통해서 이루어졌을 가능성이 큼을 시사한다.

중국 화폐의 한반도 유입은 본토와의 직접적인 교역보다는 한군현(낙랑군)을 매개로 했을 가능성이 크다. 『삼국지』 동이전에 따르면, 弁辰에서 생산된 철을 韓·濊·倭人들이 모두 와서 사가며, 낙랑과 대방의 두 군현에도 공급한 것으로 되어 있다.[31] 또 王莽의 地皇 연간(A.D. 20~22)에 辰韓의 右渠帥였던 염사치가 낙랑으로 귀순하고자 했을 때 낙랑 芩中에서 큰 배를 타고 진한에 들어가서 염사치와 그 무리를 데려갔다.[32] 昔脫

28 김경칠, 앞의 책, 2009, 153쪽의 표 '남한지역 출토 화천 현황'과 박선미, 『고조선과 동북아의 고대 화폐』, 학연문화사, 2009, 342쪽의 표 '한반도의 중국 화폐 출토 현황'을 종합하였다.

29 문화재청 보도자료 2016년 1월 18일 ; 『계간 한국의 고고학』 31, 주류성출판사, 2016, 6쪽.

30 박선미, 앞의 책, 2009, 341쪽의 지도 '한반도에서 조사된 화폐유적의 위치' 참고.

31 『三國志』 卷30, 魏書30, 烏丸鮮卑東夷傳30, 弁辰(853쪽) "國出鐵 韓·濊·倭皆從取之 諸市買皆用鐵 如中國用錢 又以供給二郡."

32 『三國志』 卷30, 魏書30, 烏丸鮮卑東夷傳30, 韓(851쪽) "至王莽地皇時 廉斯鑡

解가 처음 금관가야에 왔다가 떠날 때 변두리 교외나루에 이르러, 중국으로부터 오는 배가 닿는 물길을 따라가려고 했다는 기록도 전한다.[33] 이를 통해 1세기 초에 이미 낙랑과 진·변한 사이에 바닷길을 통한 교통로가 개통되어 있었음을 알 수 있다. 곧 낙랑에서 서남해안을 거쳐 倭까지 이르는 교역경로를 상정하는 것은[34] 자연스러운 이해이다. 실제로 『삼국지』 동이전 왜전에는 한군현에서 왜국까지 가는 경로를 삼한 영토의 서남해안을 따라 물길을 이용해 狗邪韓國[경남 김해]에 도착한 후, 이곳에서 대마도를 경유해 가는 것으로 자세히 남겨놓았다.[35]

주목할 만한 것은 한군현과 변진한－왜로 이어지는 교역경로 상에 제주도가 포함되어 있지 않다는 점이다. 그럼에도 불구하고 제주도에서 왕망전이 다량으로 출토된 것을 어떻게 해석해야 할까? 그것은 주호국 시기 다른 고고자료의 출토 양상을 통해 단서를 찾을 수 있겠다. 제주시 용담동 무덤유적에서 철제 장검(86cm) 2기와 단검 1기, 그리고 화살촉·도끼·투겁창 등 많은 양의 철제 유물이 출토되었다.[36] 이중에서 특히 주

爲辰韓右渠帥 聞樂浪土地美 人民饒樂 亡欲來降 出其邑落 見田中驅雀男子一人 其語非韓人 問之 男子曰 我等漢人 名戶來 我等輩千五百人伐材木 爲韓所擊得 皆斷髮爲奴 積三年矣 鑡曰 我當降漢樂浪 汝欲去不 戶來曰 可 (辰)鑡因將戶來(來)出詣含資縣 縣言郡 郡卽以鑡爲譯 從芩中乘大船入辰韓 逆取戶來降伴輩尙得千人 其五百人已死.…"

33 『三國遺事』 卷2, 紀異2, 駕洛國記.

34 김경칠, 앞의 책, 2009, 154~155쪽 ; 김경주, 「고고유물을 통해 본 耽羅의 대외교역-漢式 유물을 중심으로-」, 『탐라사의 재해석』, 제주발전연구원, 2013, 153쪽.

35 『三國志』 卷30, 魏書30, 烏丸鮮卑東夷傳30, 倭(854쪽) "倭人在帶方東南大海之中…從[帶方]郡至倭 循海岸水行 歷韓國 乍南乍東 到其北岸狗邪韓國 七千餘裏始度一海 千餘裏至對馬國…."

36 국립제주박물관, 『국립제주박물관』 전시유물도록, 2011, 81~83쪽.

목을 받은 것은 철제 장검이었는데, 그 이유는 손잡이 부분의 양쪽에 소용돌이[고사리] 모양의 장식이 부착되어 있기 때문이었다. 같은 유물이 금강 변에 위치한 세종시 용호리 유적과 포항 옥성리 유적, 김해 양동리 유적 등에서 출토되었다. 용호리 유적 1호 주구묘에서 출토된 쇠칼은[37] 김해 양동리의 것과 흡사해 마한과 변한 수장층 사이 교류의 실체를 상징하는 고고자료로 주목받았다.[38] 고사리 문양의 철제장검이 출토된 영남지역의 무덤은 2~3세기대 목곽묘이다. 그렇다면 용담동 출토 장검도 진·변한 영남지역과의 교역품으로 보는 것이 합리적이다.[39] 또한 삼양동 유적 출토 玉環도 재질[軟玉]과 형태상[편육각형] 낙랑의 것과 동일하므로 그곳에서 전해졌을 가능성이 크다.[40]

이로써 주호국이 낙랑·대방－마한－변·진한－왜의 교역체계에 능동적으로 동참했음을 알 수 있다.[41] 그것은 고고자료의 사례에서처럼 제주도에서 생산되지 않는 철제품과 각종 위신품을 얻기 위한 노력의 결과였을 것이다. 뿐만 아니라 사람의 생존에 꼭 필요한 소금의 조달 문제도

37 李南奭·李賢淑, 『燕岐 龍湖里 遺蹟』, 공주대학교 박물관·충청남도 종합건설사업소, 2008, 12~16쪽.

38 이남석·이현숙, 위의 보고서, 2008, 43쪽 ; 우재병, 「무덤과 祭祀遺蹟을 통해 본 5~6세기 百濟와 倭」, 『韓國史學報』 45, 고려사학회, 2011, 52~54쪽. 우재병은 변한 중심세력이 마한 수장층에 준 위신재로 파악하였다.

39 이청규, 앞의 책, 1995, 192쪽 ; 권오영, 앞의 논문, 2009, 87~88쪽 ; 김경주, 「龍潭洞 鐵器副葬墓와 그 被葬者의 性格」, 『인류학 고고학 논총』(영남대학교 문화인류학과 개설 40주년 기념논총), 학연문화사, 2012, 395~398쪽 ; 김경주, 앞의 논문, 2013, 137~139쪽.

40 국립제주박물관, 『제주의 역사와 문화』, 2005, 35쪽 ; 권오영, 앞의 논문, 2009, 84~85쪽 ; 김경주, 앞의 논문, 2013, 145~147쪽.

41 김경주, 앞의 논문, 2013, 153~156쪽.

용담동 무덤유적 출토 철제 장검과 단검(국립제주박물관)

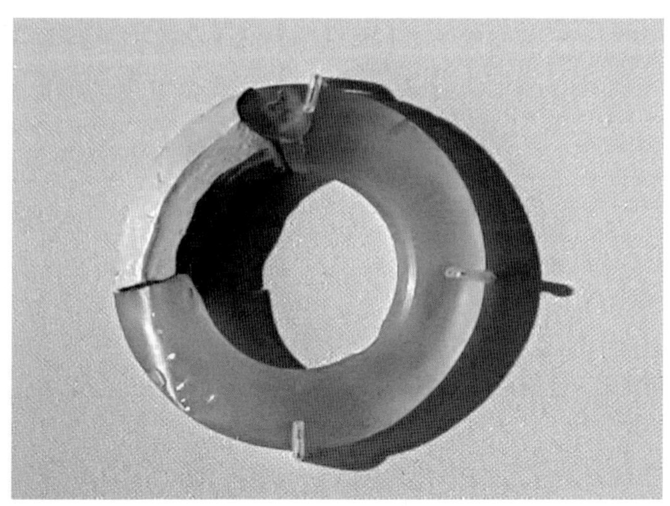

삼양동 유적 출토 옥환(국립제주박물관)

개재되어 있었을 법하다. 冲庵 金淨이 제주도로 유배 온 1520년 8월~1521년 10월까지를 기록한 『濟州風土錄』에 따르면, 제주는 바다로 둘러싸여 있지만 소금이 거의 나지 않아 진도와 해남 등지에서 사들인다고 되어 있다.[42] 18세기 중·후반 제주의 사회상이 담겨 있는 『增補 耽羅誌』에도 제주의 바닷가가 모두 바위라서 염전이 매우 적고, 무쇠가 나지 않아 가마솥을 가진 사람도 많지 않아서 소금이 매우 귀하다고 되어 있다.[43] 소금의 희소성은 고대 주호~탐라국시기에도 마찬가지였을 것이며, 외부로부터 들여와야 하는 중요 수입 품목이었을 것이다.[44]

제주에서 출토된 중국 화폐의 용도는 출토양이 적고 일부에 구멍이 뚫려 있음에 주목한 결과 위신품으로서 사용되었을 가능성이 크다고 보았다.[45] 다만 구멍이 뚫린 화폐는 일부에 불과하다. 최근 광주광역시 복룡동 유적에서 화천꾸러미 50점이 출토된 것과, 여수시 거문도에서 980여 점의 오수전이 출토된 점을 감안할 때 일부 무역 거점항에서는 결제의 수단으로 화폐가 사용되었을 가능성도 충분하다. 제주 산지항의 경우도 전면 발굴과정에서 출토된 것이 아닌 만큼 이러한 측면을 배제할 필요는

42 『冲庵先生集』 卷4, 南土六章章八句 濟州風土錄 "地環巨海而鹽不産 欲煮田鹽如西海則無鹽可耕以取汲 欲煮海鹽如東海則水淡 功百倍而所得絶少 必貿於珍島海南等處."

43 『增補耽羅誌』 第1, 濟州 土產 "鹽: 海濱皆是礁嶼 斥鹵之地甚少 此地又不產水鐵 有釜者無多 故鹽極貴." : 『國譯 增補耽羅誌』, 제주특별자치도·제주문화원, 2016, 162쪽.

44 이청규, 앞의 책, 1995, 307쪽.

45 秦榮一, 「古代耽羅의 交易과 '國' 形成考」, 『濟州島史研究』 3, 제주도사연구회, 1994 : 앞의 책, 2009, 33~35쪽 ; 이청규, 앞의 책, 1995, 197쪽 ; 李釩起, 「考古學 資料를 통해 본 古代 南海岸地方 對外交流 - 貨幣와 卜骨을 중심으로 -」, 『지방사와 지방문화』 9-2, 역사문화학회, 2006, 132~133쪽 ; 김경칠, 「南韓地域 출토 漢代 金屬貨幣와 그 성격」, 『湖南考古學報』 27, 호남고고학회, 2007 : 앞의 책, 2009, 157~158쪽.

사천 늑도 유적 출토 제주 삼양동식 토기,
높이 105.4cm(국립제주박물관 탐라 특별전)

없을 것이다.[46]

제주도산 토기가 나주시 수문 패총, 해남 군곡리 유적, 사천 늑도에서 출토되었다.[47] 결국 이러한 고고자료의 출토양상을 종합적으로 고려할

46 진영일이 위신재로서 화폐의 기능을 강조하면서도, 제주도의 유력자가 산지항을 기점으로 주변 국가들과 거래하기 위한 국제무역 결제용으로 사용했을 것이라 본 것은 의미가 있다(진영일, 앞의 책, 2009, 30쪽).

47 崔盛洛, 『海南 郡谷里貝塚』 Ⅲ, 목포대학교 박물관, 1989, 42~43쪽 ; 이청규, 앞의 책, 1995, 297쪽 ; 李淸圭, 「韓中交流에 대한 考古學的 접근」, 『韓國古代史硏究』 32, 한국고대사학회, 2003, 119쪽 ; 이재현, 「원삼국시대 남해안 해상교류시스템 - 늑도유적의 발굴성과와 연구과제를 중심으로 -」, 『大丘史學』 91, 대구사학회, 2008, 5쪽 ; 김경주, 앞의 논문, 2013, 151쪽 ; 『국제무역항 늑도와 하루노쓰지』(사천 늑도유적 발굴 30주년 기념 특별전), 국립진주박물관, 2016, 93쪽.

때, 주호국의 교역범위는 거리상 가장 가까운 전남지역의 마한을 중심으로 진·변한 지역을 망라했음을 알 수 있다. 그리고 그것은 주호국의 필요에 따른 자발적이면서 적극적인 교역활동의 결과였음을 상기해야 할 것이다.

Ⅲ. 『三國史記』 百濟本紀의 '耽羅'

제주의 고대국가가 耽羅國으로서 한반도의 국가들과 관계를 맺는 것은 『삼국사기』 백제본기가 최초의 기록이다.

> 2-① 여름 4월에 耽羅國이 토산물을 바치니 왕이 기뻐하여 [탐라국의] 使者를 恩率로 삼았다.[48]
> ② 8월에 왕이 耽羅가 貢賦를 바치지 않자 몸소 정벌하고자 武珍州에 이르렀다. 탐라가 이를 듣고 사신을 보내 죄를 빌었으므로 그만두었다(耽羅는 곧 耽牟羅이다.).[49]
> ③ 2년 12월. 남쪽 바다 중의 耽羅人이 처음으로 百濟國과 통교하였다.[50]

사료 2-①~②를 통해서 보면, 耽羅國은 문주왕 2년(476)에 처음 백제와 관계를 맺었다. 기록상으로는 특별한 배경 없이 탐라국이 스스로 백

48 『三國史記』 卷26, 百濟本紀4, 文周王 2년(476).

49 『三國史記』 卷26, 百濟本紀4, 東城王 20년(498).

50 『日本書紀』 卷17, 繼體天皇 2년(508) 12월.

제에게 토산물을 바쳤고, 문주왕이 이를 기쁘게 생각해 탐라 사신에게 백제 16관등 중 3위에 해당하는 恩率을 내려주었다. 문주왕 2년이면 백제가 고구려 장수왕의 급습을 받아 漢城을 함락당하고, 어쩔 수 없이 熊津[충남 공주]으로 천도했던 475년 직후였다. 문주왕으로서는 국가적 위기상황에서 자발적으로 공납을 바치기 위해 온 탐라국의 사절단이 매우 반가웠을 법하다. 때문에 탐라국의 왕도 아닌 사신에게 고위 관등을 주었을 것이다. 다만 476년 탐라국 사절단의 백제 방문은 일회성에 그쳤던 것 같다. 동성왕 20년(498) 탐라가 공물과 조세를 바치지 않자 국왕이 몸소 이를 정벌하고자 나섰던 것이다. 동성왕이 武珍州[광주광역시]에 이르자 탐라가 그 소식을 듣고 사신을 보내 죄를 빌면서 동성왕의 탐라 정벌은 무마되었다. 곧 『삼국사기』 백제본기에 따르면 5세기 후반인 문주왕~동성왕대에 탐라국은 백제에 공납을 바치는 종속관계에 있었음을 알 수 있다.

그러나 『일본서기』(사료 2-③)는 이와 달리 탐라와 백제의 통교가 508년에 처음 이루어진 것으로 되어 있다. 탐라와 백제 관계의 개시 시점을 『삼국사기』보다 30여 년 늦게 잡은 것이다. 그렇다면 서로 상치되어 보이는 『삼국사기』와 『일본서기』의 기록 중 어느 것을 믿어야 할까?

그동안에는 『삼국사기』 백제본기의 기록을 그대로 따르는 경우가 많았다. 먼저 『삼국사기』의 편찬자가 탐라를 제주도로 인식하였다. 동성왕 20년조 기록의 말미에 "耽羅卽耽牟羅"라는 分註를 달았는데, 이는 대상 본문에 대한 분주자의 판단을 보여주는 것이며 대부분의 분주는 『삼국사기』 편찬 당시의 것이다.[51] '耽牟羅'는 『隋書』와 『北史』에서 제주도를 지

51 李康來, 『三國史記 典據論』, 民族社, 1996, 27쪽.

칭하는 것으로 사용된 용례가 있으므로,[52] 이를 알고 있었던 『삼국사기』의 편찬자가 耽羅를 탐모라, 곧 제주도라고 설명한 것 같다. 이러한 인식은 전통시대의 사서에 충실히 계승되었다. 『고려사』 지리지와 『세종실록』 지리지에도 백제본기의 탐라와 백제 간 교섭기록을 각각 耽羅縣과 濟州牧조에 집어넣었다.[53] 『신증동국여지승람』도 마찬가지로 해당 기록을 제주목 건치연혁에 실었다.[54] 안정복의 『東史綱目』에도 백제본기의 탐라국을 제주도로 인식한 것으로 볼 때,[55] 조선시대에 백제본기 탐라국의 실체를 제주도 이외의 대상으로 생각한 경우는 거의 없었던 것으로 판단된다.

오늘날의 경우도 비슷한 양상이다. 『삼국사기』의 주석서는 물론이거니와[56] 많은 연구자들이 백제본기의 탐라를 제주도로 파악하고 있다.[57]

---

52 앞의 각주 2 참조.

53 『高麗史』 卷57, 志卷11, 地理2 耽羅縣 ; 『世宗實錄』 卷151, 地理志 全羅道 濟州牧.

54 『新增東國輿地勝覽』 卷38, 濟州牧 建置沿革.

55 『東史綱目』 第2下, 丙辰 신라 자비왕 19년·고구려 장수왕 64년·백제 문주왕 2년 ; 같은 책 第3上 , 戊寅 신라 소지왕 20년·고구려 문자왕 7년·백제 동성왕 20년.

56 李丙燾 역주, 『三國史記』 하(신장판), 을유문화사, 1983, 70쪽, 73쪽 ; 鄭求福·盧重國·申東河·金泰植·權悳永, 『譯註 三國史記』 3, 韓國精神文化研究院, 1997, 691쪽 ; 개정증보판, 『역주 삼국사기』 3, 한국학중앙연구원, 2012, 734쪽.

57 김영심, 「웅진·사비시기 百濟의 領域」, 『古代 東亞細亞와 百濟』, 서경, 2003, 109~110쪽 ; 이도학, 「한성 함락 이후 고구려와 백제의 관계 - 탐라와의 관계를 중심으로 -」, 『전통문화논총』 3, 한국전통문화학교, 2005 : 『고구려 광개토왕릉비문 연구』, 서경, 2006, 478~479쪽 ; 고창석, 『耽羅國時代史』, 서귀포문화원, 2007, 34쪽 ; 강종원, 『백제 국가권력의 확산과 지방』, 서경문화사, 2012, 51~52쪽 ; 노중국, 『백제의 대외 교섭과 교류』, 지식산업사, 2012, 456~457쪽 ; 노중국, 「백제의 영토 확장에 대한 몇 가지 검토」, 『근초고왕 때 백제영토는 어디

그에 따라 지금의 제주도에 있었던 탐라국이 5세기 후반에 백제와 대외 관계를 맺었다고 보는 것이 통설이 되었다. 이들이 5세기 후반에 탐라와 백제의 관계를 인정하는 기저에는 백제가 그 이전에 전남지역까지 진출해 영역지배했다는 것이 전제되어 있기도 하다. 다만『삼국사기』에는 백제의 전남지역 진출을 시사해주는 기록을 살필 수 없다. 때문에 기왕에 주목한 기록이『日本書紀』神功紀 49년조이다.

그에 따르면, 신공황후가 49년에 백제 장군 木羅斤資 등에게 명령하여 卓淳에 모여 신라를 격파하고 이어서 比自㶱·南加羅·㖨國·安羅·多羅·卓淳·加羅의 7국을 평정하였다. 또 군대를 옮겨 서쪽으로 돌아 古奚津에 이르러 南蠻 忱彌多禮를 무찔러 백제에게 주었다. 이에 백제왕 肖古와 왕자 貴須가 군대를 이끌고 와서 만났고, 이 때 比利·辟中·布彌支·半古의 4읍이 스스로 항복했다.[58] 학계에서는 신공 49년을 2周甲 인하해서 369년(근초고왕 24)으로 보고, 군사 작전의 주체를 백제로 이해하는 것이 일반적이다. 또한 이때 백제가 정벌한 南蠻 忱彌多禮를 전남 강진으로 보는 것이 대세이다.[59] 그에 따라 백제 근초고왕(346~375)이 전남지

까지였나』(백제학연구총서 쟁점백제사2), 한성백제박물관, 2014, 25~26쪽 ; 정재윤,「삼국시대 나주와 영산강 유역 세력의 동향」,『歷史學硏究』62, 호남사학회, 2016, 40~41쪽.

58『日本書紀』卷9, 神功皇后 49년(249) 3월 "春三月 以荒田別鹿我別爲將軍 則與久氐等 共勒兵而度之 至卓淳國 將襲新羅 時或曰 兵衆少之 不可破新羅 更復奉上沙白蓋盧 請增軍士 卽命木羅斤資沙沙奴跪(是二人 不知其姓人也) 但木羅斤資者 百濟將也 領精兵 與沙白蓋盧共遣之 俱集于卓淳 擊新羅而破之 因以平定比自㶱南加羅㖨國安羅多羅卓淳 加羅 七國 仍移兵 西廻至古奚津 屠南蠻忱彌多禮 以賜百濟 於是 其王肖古及王子貴須 亦領軍來會 時比利辟中布彌支半古 四邑."

역까지 진출해 마한 잔여세력을 복속했다는 것이 문헌사학자 사이에 통설로 자리 잡았다.[60] 그랬을 때라야 문주왕대에 탐라[제주도]가 백제와 관계를 맺고, 동성왕이 몸소 영산강 유역의 무진주까지 군사를 이끌고 가는 행위가 자연스럽다는 것이다.

그러나 백제본기의 탐라를 제주도로 볼 수 없다는 주장도 있다. 그 선구적인 연구는 이근우가 발표하였다. 그가 주장한 주요 논거는 다음과 같다.

첫째, 『일본서기』 기록(사료 2-③)의 사료적 가치가 높다는 점이다. 계체 2년의 탐라를 남해 바다 가운데에 있다고 묘사했으므로 지금의 제주도가 분명하고, 또 방위관념에 백제 측의 입장이 반영되어 있으므로 백

---

59 忱彌多禮의 일본훈 'トムタレ'에서 'トム'는 전남 강진군의 옛 이름인 '道武'와 음운이 통하고, 'タレ'는 '드러'·'들'로서 벌판이나 국을 의미한다(노중국, 「문헌기록을 통해 본 영산강 유역 - 4~5세기를 중심으로 -」, 『백제와 영산강』, 학연문화사, 2012, 46쪽). 신공기 49년조의 의미와 관련 지명에 대한 위치 비정은 이병도, 「近肖古王拓境考」, 『韓國古代史研究』(수정판), 博英社, 1976, 512~514쪽을 참고하기 바란다.

60 다만 신공기 49년조를 백제의 전라도 지역 진출로 생각하더라도 369년 이후 백제의 영산강 유역과 전남지방에 대한 영역지배 여부는 문헌사학자와 고고학자, 그리고 연구자 간 논란이 분분하다. 여기에서는 지면상 생략한다. 백제의 영산강 유역 진출시기와 지배형태에 대한 연구사 검토는 다음 연구가 참고된다.
주보돈, 「百濟의 榮山江流域 支配方式과 前方後圓墳 被葬者의 성격」, 『韓國의 前方後圓墳』, 충남대학교 출판부, 2000, 56~60쪽 ; 임영진, 「3~5세기 영산강 유역권 마한세력의 성장 배경과 한계」, 『백제와 영산강』, 학연문화사, 2012, 110~116쪽 ; 최성락, 「영산강유역 고대사회와 백제에 의한 통합과정」, 『지방사와 지방문화』 20-1, 2017, 14~17쪽 및 『영산강유역 고대사회의 형성과정 연구』, 주류성, 2018, 401~404쪽.

제계 사료인 「백제본기」의 내용일 가능성이 크다고 보았다. 또 임나지배 등 『일본서기』의 편찬 의도와 무관한 데도 굳이 기록되었으므로 사료적 가치가 높다는 지적이다.[61] 따라서 탐라와 백제가 508년에 처음 통교했다는 기록을 쉽게 부정해서는 안 된다는 결론에 다다른다.

둘째, 동성왕이 정벌하려 했던 耽羅가 제주도라면 무진주[광주]에 도착한 백제 군사가 제주도에 직접적인 위협이 되지 못했을 것임에도 불구하고 탐라가 스스로 와서 죄를 빌었다는 내용이 어색하다는 것이다. 동성왕이 애초에 제주도를 정벌하고자 했다면 육로로써 무진주를 경유하기보다는 제주로 배를 띄울 수 있는 목포나 강진·해남에 가는 것이 합리적이라는 생각이다.[62]

셋째, 『일본서기』 신공기 49년조의 기록을 근초고왕대로 치환해서 백제가 4세기 중·후반에 전남지역을 영유했다는 입론에 신중해야 함을 지적하였다.[63] 이러한 문제의식을 가지고 문주왕~동성왕대에 백제와 관계

---

61 李根雨, 「熊津時代 百濟의 南方境域에 대하여」, 『百濟硏究』 29, 충남대학교 백제연구소, 1997, 51~52쪽 및 「탐라국 역사 소고」, 『釜大史學』 30, 부산대학교 사학회, 2006, 450쪽. 백제본기와의 상충되는 면 때문에 이 기록의 사료적 가치를 그대로 인정하지는 않지만, 이 기록이 백제계통이었다는 데에는 『일본서기』 역주서에서도 인식을 같이 하고 있다(김현구·박현숙·우재병·이재석, 『일본서기 한국관계기사 연구(Ⅱ)』, 일지사, 2003, 40~41쪽 ; 연민수 외, 『譯註 日本書紀』 2, 동북아역사재단, 2013, 271~272쪽).

62 이근우, 앞의 논문, 1997, 52쪽 및 앞의 논문, 2006, 453~454쪽.

63 이근우, 앞의 논문, 2006, 448~451쪽. 신공기의 가야 7국 평정과 근초고왕대 남방 진출을 5세기 중엽~6세기 초반의 사실로 보는 견해가 많다(이영식, 「百濟의 加耶進出過程」, 『韓國古代史論叢』 7, 한국고대사회연구소 편, 1995 : 『가야제국사연구』, 생각과종이, 2016, 805~824쪽 ; 연민수, 「일본서기 神功紀의 사료비판」, 『고대한일관계사』, 혜안, 1998, 40~56쪽 ; 김기섭, 『백제와 근초고왕』,

를 맺은 耽羅(耽牟羅)는 신공기 49년조에서 백제가 南蠻으로 인식하면서 도륙했던 忱彌多禮를 계승한 강진·해남지역 세력에 대한 호칭으로 파악하였다. 결국 백제가 영산강 유역과 전남지역에 진출한 시기를 『삼국사기』를 존중해 동성왕대로 보고, 해남·강진과 교류했던 탐라[제주도]가 508년에 백제와 처음으로 통교했다는 결론을 이끌어냈다.[64]

이근우의 연구 이후 그의 문제제기에 공감하는 연구성과가 적지 않게 발표되었다.[65] 특히 문안식은 일련의 연구를 통해 탐라(탐모라)의 구체적인 위치로 해남군 북일면 일대를 주목하였다. 이곳에 있는 신월리토성 등 성곽 유적과 신월리·방산리 등의 고분유적에 주목한 결과였다.[66] 또한 5세기 말 이후 백제와 조공외교 관계를 맺고 복속되었다는 문헌기록과 달리 제주도에서 백제계 위세품이 거의 없는 실정을 고려해 백제와 탐라의 관계에 회의적이거나 큰 의미를 두지 않는 주장도 있다. 탐라가

학연문화사, 2000, 160~171쪽).

64 이근우, 앞의 논문, 1997, 52~53쪽 및 앞의 논문, 2006, 451~454쪽.

65 김병남, 「百濟 東城王代 대외 진출과 영역의 확대」, 『韓國思想과 文化』 22, 한국사상문화학회, 2003, 238~241쪽 ; 문안식, 『백제의 흥망과 전쟁』, 혜안, 2006, 299~300쪽 ; 강봉룡, 「금강·영산강유역의 세력동향과 백제의 경영」, 『熊津都邑期의 百濟』(백제문화사대계 연구총서4), 충청남도 역사문화연구원, 2007, 266~268쪽 및 『바닷길로 찾아가는 한국 고대사』, 경인문화사, 2016, 86~88쪽 ; 朱甫暾, 「5~6세기 錦江上流 지역의 정치세력과 그 향방」, 『大丘史學』 106, 대구사학회, 2012, 185~186쪽.

66 文安植, 「百濟의 西南海 島嶼地域 進出과 海上交通路 掌握」, 『百濟研究』 55, 충남대 백제연구소, 2012, 284~285쪽 ; 문안식, 「고대 강진과 그 주변지역 토착세력의 활동과 추이」, 『歷史學研究』 52, 호남사학회, 2013, 145~149쪽 ; 문안식, 「백제의 전남지역 마한 제국 편입과정」, 『百濟學報』 11, 백제학회, 2014, 124~126쪽.

7세기 말 신라와 조공관계를 맺은 이후 곽지리 패총유적, 삼양동 제사유적, 종달리 패총유적 등에서 신라양식의 인화문 회색도기가 출토되는 양상과 대조적이라는 것이다.[67]

그런데 문주왕과 동성왕대 백제와 관계를 맺은 탐라를 제주도 이외의 지역으로 파악하는 데 가장 문제가 되는 부분은 『일본서기』처럼 제주도임이 분명한 耽羅와 한자 표기가 일치한다는 데 있다. 이 때문인지 일부 연구자들은 『삼국사기』의 분주 耽牟羅가 耽羅[강진·해남]의 원래 호칭이었던 것으로 생각하였다.[68] 하지만 이미 살펴본 바와 같이 '탐모라'는 『수서』와 『북사』에서 제주도를 지칭하는 호칭이었고, 『삼국사기』의 편찬자가 당시 문주왕~동성왕대 탐라의 실체를 제주도로 설명하기 위한 분주였다. 곧 '탐모라'를 고대 강진과 해남의 고유 지명으로 이해하는 것은 곤란하다. 그렇다면 많은 연구자들이 문주왕~동성왕대의 耽羅로 비정하는 강진지역과 '耽羅'와의 관련성은 없는 것일까?

'康津'이라는 이름은 조선 태종(1400~1418) 때에 道康縣과 耽津縣을 합치면서 한 글자씩을 따서 생긴 명칭이다. 이때 중심 治所는 耽津에 두었다.[69] 道康縣은 고려시대부터 사용된 지명으로 백제시대에는 道武郡이었고, 신라 경덕왕 이후 陽武郡으로 불렸다.[70] 지금의 강진군 병영면으로 비정된다.[71] 耽津縣은 백제시대의 冬音縣이었는데, 신라 경덕왕 이후

67 이청규, 「탐라·우산국의 발전과 대외교류」, 『해상활동의 고고학적 기원과 전개』, 경인문화사, 2016, 306~307쪽, 312~313쪽.

68 이근우와 문안식이 대표적이다.

69 『新增東國輿地勝覽』 卷37, 康津縣 建置沿革.

70 『三國史記』 卷36, 地理3, 武州 陽武郡 ; 『新增東國輿地勝覽』 卷37, 康津縣 建置沿革.

耽津縣으로 불려 조선 태종 때까지 사용하였다.[72] 지금의 강진군 강진읍으로 비정된다.[73] 여기서 주목해야 하는 지명이 바로 '耽津'이다.

『고려사』 및 『세종실록』 지리지와 『신증동국여지승람』의 제주목조에는 '제주가 耽羅로 불린 이유가 신라시대에 耽津[강진]에 닿아서 신라 조정에 조회했기 때문'이라고 설명하였다.[74] 그러나 이것은 후대에 덧붙여진 것이다.[75] 왜냐하면 『삼국사기』 백제본기의 耽羅 호칭을 유보하더라도, 이미 『일본서기』에 508년 이전에 '耽羅'가 제주도를 지칭하는 것으로 기록되어 있기 때문이다. 그러나 『신증동국여지승람』 강진현 산천조에는 '九十浦가 있는데 耽羅의 사자가 신라에 조공할 때에 배를 여기에 머물렀기 때문에 이름을 耽津이라 했다'는 주목할 만한 기록이 남아 있다.[76] 곧 耽津 때문에 耽羅라는 호칭이 생긴 것이 아니라, 耽羅와 교역했기 때문에 나루터의 이름이 신라시대에 耽津이 되었고, 이후 강진의 중심지로서 강진을 대표하는 지명이 된 것이다. 『삼국사기』에 따르면, 耽羅는 문무왕 2년(662)에 신라와 처음 관계를 맺고 조공관계를 맺었다.[77]

---

71 鄭求福·盧重國·申東河·金泰植·權悳永, 『譯註 三國史記』 4, 1997, 344쪽.

72 『三國史記』 卷36, 地理3, 武州 陽武郡 ; 『新增東國輿地勝覽』 卷37, 康津縣 建置沿革.

73 鄭求福·盧重國·申東河·金泰植·權悳永, 『譯註 三國史記』 4, 1997, 345쪽.

74 『高麗史』 卷57, 志卷11, 地理2 耽羅縣 ; 『世宗實錄』 卷151, 地理志 全羅道 濟州牧 ; 『新增東國輿地勝覽』 卷38, 濟州牧 建置沿革.

75 일찍이 韓鎭書에 의해 이러한 측면이 지적되었다(『海東繹史』 卷16, 世紀16, 諸小國 耽羅).

76 『新增東國輿地勝覽』 卷37, 康津縣 山川 "九十浦 在縣南六里 源月出山南流與縣西之水合爲九十浦 **耽羅星子朝新羅時泊舟于此 固名曰耽津.**"

77 『三國史記』 卷6, 新羅本紀6, 文武王 上 2년(662).

그렇다면 7세기 중반 이후 탐라가 바다를 건너 도착했던 강진지역이 '耽津'으로 불리다가 경덕왕대 이후 정식 지명으로 사용되었음을 알 수 있다. '탐라와 교역했던 나루'에서 붙여진 강진의 옛 이름 '耽津'은 곧 '탐(라)나루'이다. 그렇다면 통일신라시대부터 사용했던 耽津['탐(라)나루']과 耽羅[제주도] 지명을 동시에 사용하는 과정에서 혼동했을 가능성도 배제할 수 없다.

문주왕~동성왕대 백제와 조공관계를 맺은 탐라가 제주도인지 강진지역인지는 논란의 여지가 남아 있다. 다만 면밀한 논증 없이 세워진 통설[탐라=제주]에 대한 재검토는 필요하다. 논리적으로 문주왕~동성왕대 백제본기의 耽羅를 강진지역으로 비정하는 주장에도 경청할 만한 대목이 있다. 사료 2-①~②의 문면을 음미해 보면, 이러한 측면의 설득력이 배가 됨을 알 수 있다.

사료 2-①에서는 구체적인 계기 없이 耽羅國이 토산물을 바치니 문주왕이 기뻐하여 탐라국의 使者에게 恩率을 내려주었다고 했다. 그런데 사료 2-②에서 동성왕이 탐라를 정벌하기 위해 무진주까지 나아간 까닭은 탐라국이 애초에 약속했던 貢賦를 바치지 않았기 때문이었다. 이것은 문주왕 2년(476)에 탐라국이 백제에게 토산물을 바친 것이 자발적인 형태를 띠고는 있지만 능동적이라기보다는 어쩔 수 없는 사정 때문임을 알 수 있다. 그것은 아마도 그 직전 해인 475년에 백제가 고구려의 침략을 받아 수도를 웅진으로 천도했기 때문일 것이다.[78] 말하자면 백제의 웅진 천도에 따라 탐라의 방위에 위기의식이 고조되었고, 사전정지작업 차원

78 『三國史記』 卷25, 百濟本紀3, 蓋鹵王 21년(475) ; 같은 책, 卷26, 百濟本紀4, 文周王 즉위년(475).

에서 곧바로 토산물을 바치고 조공을 약속했던 것이다. 이후 백제가 고구려의 남진 방어에 주력하면서 탐라와의 관계가 느슨해지자 탐라가 조공을 소홀히 하면서 동성왕의 親征을 초래한 것으로 생각된다. 이때 탐라의 위치에 어울리는 곳은 제주도보다는 전남의 강진지역이지 않을까 싶다.

Ⅳ. 『魏書』 列傳 高句麗의 '涉羅'

『魏書』 열전 고구려전에는 6세기 초반 고구려를 둘러싼 국제관계에 흥미로운 변화가 있었음을 시사해주는 자료가 전한다. 여기에서 '涉羅'라는 국가명이 언급되는데, 이를 제주도와 관련짓는 연구가 많다. 해당 기록을 살피면 다음과 같다.

3. 正始 연간[504~507]에 世宗[北魏 宣武帝]이 東堂에서 그[고구려] 사신 芮悉弗을 만났다. 실불이 나아가 말했다. "고[구]려는 [북위에] 하늘과 같은 정성으로 여러 대에 걸쳐 충성하여 토산물 朝貢을 빠뜨리지 않았습니다. 다만 黃金은 夫餘에서 나고, **珂는 涉羅에서 나는 것인데,** 지금 부여는 勿吉에게 쫓기는 바가 되었고, 涉羅는 백제에게 병합되었습니다. 國王인 臣 雲[文咨明王]은 끊어진 의리를 잇는 것을 생각하여 [夫餘와 涉羅 사람들을] 모두 우리나라로 옮겨 살게 했습니다. 두 가지 물건을 王府에 올리지 못하는 것은 진실로 두 도적 때문입니다."[79]

79 『魏書』 卷100, 列傳88, 高句麗(2216쪽) "正始中 世宗於東堂引見其使芮悉弗 悉弗進曰 高麗係誠天極 累葉純誠 地產土毛 無愆王貢 但黃金出自夫餘 珂則涉

사료 3에서는 504년에 고구려 문자명왕(491~519)이 北魏 宣武帝에게 사신을 보내 그동안 조공했던 조공품 중에서 황금과 珂를 더 이상 바칠 수 없는 사정을 말했다. 그 이유는 곧 황금은 夫餘에서 나고, 珂는 涉羅에서 나는 것인데, 부여는 勿吉에게 쫓기는 바가 되었고, 섭라가 백제에게 병합되었기 때문이라는 것이다. 여기에서 문제가 되는 것이 바로 '涉羅'의 실체이다.

조선후기의 학자 한진서는 『海東繹史』에서 '섭라'를 제주로 비정하였다. 그 논리로 "後魏書에서는 涉羅라고 칭하였고, 隋書에서는 耼牟羅라 칭했다. 唐書에서는 儋羅라 칭하고, 또 耽浮羅 · 乇羅라 칭했는데, 이는 모두 하나이다. 우리나라의 방언에 島를 '섬(剡)'이라 하고, 國을 '나라(羅羅)'라 하는데, 耽·涉·儋 세 음은 모두 섬(剡)과 서로 음이 비슷하다. 대개 섬나라를 이른 것이다."를 내세웠다.[80] 요컨대 음운상 '섭라'가 '섬나라'와 유사하므로 '탐라'·'담라'와 같이 제주도로 볼 수 있다는 것이다.

이후 '涉羅'를 제주도로 비정하는 연구가 지속적으로 발표되었다. 일찍이 장도빈[81]·이홍직[82]·고창석[83]·이청규[84]가 섭라를 제주도로 파악하였

<u>**羅所產**</u> 今夫餘爲勿吉所逐 涉羅爲百濟所幷 國王臣雲惟繼絶之義 悉遷于境內 二品所以不登王府 實兩賊是爲." 같은 기록이 『三國史記』 卷19, 高句麗本紀7, 文咨明王 13년(504)조에도 실려 있다. 다만 『魏書』의 "國王臣雲惟繼絶之義 悉遷于境內"이 『삼국사기』에는 빠져 있다.

80 『海東繹史』 卷16, 世紀16, 諸小國 耽羅 "耽羅 : 鎭書謹案 耽羅海島國也 後魏書稱涉羅 隋書稱耼牟羅 唐書稱儋羅 又稱耽浮羅乇羅皆一也 東國方音 島爲之剡 國爲之羅羅 耽涉儋三音 並與剡相類 蓋云島國也."

81 張道斌, 『朝鮮史』 52, 동아일보 1932년 9월 6일 : 『韓國의 魂』, 경학사, 1998, 329~330쪽.

82 李弘稙, 「日本書紀所載 高句麗關係記事考」, 『東方學志』 1·3, 1954·1957 : 『韓

다. 다만 별다른 논증이 뒷받침된 것은 아니었다. 섭라를 제주도로 이해하는 데 논리를 보강한 연구자는 진영일과 이도학이었다. 이들이 주목한 것은 섭라에서 생산해 고구려에 공납했던 '珂'였다.

진영일은 모로하시 데쓰지(諸橋轍次)의 『大漢和辭典』에서 珂의 용례를 추출하였다.[85] 그 결과 ① 옥의 이름, ② 소라 종류로서 바다에서 나며 큰 것을 珂라 하며 검고 노란 색깔을 띤다. 그 뼈는 희며 말을 장식한다(螺屬也 生海中 大者爲珂 黃黑色也 其骨白 可以飾馬), ③ 조개로 만든 말 재갈의 장식, ④ 재갈(馬勒), ⑤ 흰 마노(白瑪瑙)의 용례 중에서 ②~④를 주목하였다. 곧 소라나 전복 종류로서 말재갈을 장식하는 데 쓰였던 珂의 생산지는 제주도일 수밖에 없다는 논리이다. 또한 당나라의 5품 이상 관리들이 말 재갈 장식으로 사용하였던 玉珂를 방증자료로 삼았다.[86] 진영일의 연구는 '涉羅'를 제주도로 비정하는 데 있어 구체적인 논증이 가해진 첫 시도였다는 점에서 연구사적 의미가 크다.

이도학도 珂를 말 재갈 장식에 사용하는 패류로 보았다.[87] 이후 『大東

國古代史의 研究』, 신구문화사, 1971, 138쪽.

83 高昌錫, 『耽羅國時代史』, 서귀포문화원, 2007, 35~36쪽. 관련 내용의 최초 편찬은 1987년에 이루어졌다.

84 李淸圭, 『濟州島 考古學 研究』, 학연문화사, 1995, 321~323쪽.

85 諸橋轍次, 『大漢和辭典』 7, 大修館書店, 1979, 900쪽.

86 秦榮一, 「古代耽羅의 交易과 '國' 形成考」, 『濟州島史研究』 3, 제주도사연구회, 1994 : 『고대중세 제주역사탐색』, 보고사, 2008, 99~103쪽. 이밖에 涉羅가 신라일 경우 백제에 병합되는 내용이 당시 양국의 상황과 맞지 않는 점, 탐라의 어원에 대한 어학적 측면이 고려되었다.

87 이도학, 『새로 쓰는 백제사』, 푸른역사, 1997 : (개정판) 『살아 있는 백제사』, 휴머니스트, 2003, 445~446쪽.

韻府群玉』을 통해 珂를 瑪瑙로 보고 마노의 산지가 제주도임을 논증하였다.[88] 진영일과 이도학의 연구 이후에도 涉羅를 제주도로 이해한 연구가 축적되었다.[89] 국립제주박물관과 제주 조랑말박물관에서도 '섭라'를 제주도로 파악하여 전시 설명문으로 사용하고 있다.

『위서』의 섭라를 제주도로 보는 연구자들의 경우 자연스럽게 문주왕~동성왕대의 탐라도 제주로 파악한 후 계기적인 역사 해석을 하였다. 예컨대 이청규는 탐라가 476년 문주왕 때 백제에 조공을 하다가 이후 중단하고 고구려에 조공을 했고, 498년 동성왕의 위협으로 고구려와의 조공을 중단하고 다시 백제로 돌아섰다고 이해하였다.[90] 윤명철은 고구려가

---

88 이도학, 「한성 함락 이후 고구려와 백제의 관계 - 탐라와의 관계를 중심으로 -」 『전통문화논총』 3, 한국전통문화학교, 2005 ; 『고구려 광개토왕릉 비문 연구』, 서경, 2006, 476~479쪽. 『大東韻府群玉』 卷6, 下平聲에 "珂 : 碼碯. 貝大者－[珂]"라고 했고, 『新增東國輿地勝覽』 卷38, 濟州牧 古蹟에 "高齡田 在州東一里 諺傳唐船來敗處 今治田者或掘得瑪瑙等寶物 以爲唐人所遺"라고 하였다. 그 역시 신라가 백제에 병합된 적이 없고, 신라 국호로서 '涉羅'가 사용된 적이 없다는 문제의식을 가지고 있다.

89 朴眞淑, 「百濟 東城王代 對外政策의 變化」, 『百濟硏究』 32, 충남대학교 백제연구소, 2000, 101쪽 ; 김영심, 「웅진·사비시기 百濟의 領域」, 『古代 東亞細亞와 百濟』, 서경, 2003, 110~111쪽 ; 정진술, 『한국해양사』, 해군사관학교, 2009, 143쪽 ; 전경수, 「先州胡에서 耽羅國까지」, 『탐라·제주의 문화인류학』, 민속원, 2010, 79쪽 ; 윤명철, 「해양 교류로 본 탐라사」, 『탐라사의 재해석』, 제주발전연구원, 2013, 287~288쪽 ; 김선숙, 「『梁職貢圖』·『梁書』의 신라 국호 異稱에 대한 검토」, 『국학연구』 32, 국학연구소, 2017, 35~36쪽 ; 박남수, 「탐라국의 동아시아 교섭과 신라」, 『耽羅文化』 58, 2018, 52쪽 각주 43.

90 이청규, 앞의 책, 1995, 321~323쪽. 이청규는 이후 고고학적 차원에서 5세기대 백제와 탐라의 관계를 신중하게 보았지만 당시에는 백제본기 기록에 별다른 의문을 제기하지 않았다.

백제를 압박할 정치적인 목적과 함께 진귀한 남방의 물산을 획득하고자 탐라와 교역을 했었는데, 백제로 인해 그것이 좌절된 것으로 이해하였다. 동성왕이 탐라 정벌을 위해 무진주까지 내려간 것도 탐라에 대한 영향력을 강화하는 동시에 고구려와의 관련성을 완전히 차단하기 위함이라는 논리를 내세웠다.[91] 이와 같이 『위서』 섭라의 실체는 『삼국사기』 백제본기의 耽羅와도 연결되어 있다. 그것을 어떻게 보느냐에 따라 완전히 다른 역사 해석을 해야만 하는 중요한 사안이다.

『위서』의 '涉羅'를 제주도가 아닌 신라로 본 연구도 있었다. 일찍이 조지훈이 珂를 신라산 玉으로 보고 '涉羅'를 신라 국명의 異寫로 조심스럽게 추정하였다.[92] 이용범도 신문 칼럼에서 천마총 출토 금관에 대해 논하면서 涉羅의 珂를 신라의 硬玉으로 언급하였다.[93] 이후 노태돈이 신라를 고구려의 천하관에 속해 있는 조공국으로 설정하면서 '涉羅'를 신라로 파악하였다.[94] 김현숙[95]·주보돈[96]·정재윤[97]이 이를 받아들여 섭라를

---

91 윤명철, 앞의 논문, 2013, 287~299쪽.

92 趙芝薰, 「신라 國號 연구 논고 - 新羅原義攷 -」, 『高大五十周年紀念論文集』, 1955 : 『한국학연구』(조지훈전집8), 나남출판, 1996, 67~68쪽.

93 李龍範, 동아일보 1973년 7월 30일자.

94 盧泰敦, 「5세기 高句麗人의 天下觀」, 『韓國史 市民講座』 3, 一潮閣, 1988 : 『고구려사 연구』, 사계절, 1999, 371~372쪽.

95 김현숙, 「4~6세기경 小白山脈 以東地域의 領域向方」, 『韓國古代史硏究』 26, 한국고대사학회, 2002, 108쪽.

96 朱甫暾, 「新羅國家 形成期 金氏族團의 성장배경」, 『韓國古代史硏究』 26, 2002, 147~148쪽 및 「熊津都邑期 百濟와 新羅의 關係」, 『古代 東亞細亞와 百濟』, 충남대학교 백제연구소 편, 서경, 2003, 208~209쪽.

97 정재윤, 「집권 기반의 확립과 영토 확장」, 『熊津都邑期의 百濟』(백제문화사대계 연구총서4), 충청남도 역사문화연구원, 2007, 184~185쪽.

신라로 이해하였다.

이들은 모두 珂를 (白)瑪瑙로 보았다. 또한 신라가 백제에게 병합되었다는 기록은 과거 고구려의 속민으로 인식되던 신라가 백제와 동맹을 맺어 반고구려 연합전선을 맺고 있는 데 대한 외교적 修辭로 해석하였다. 실제로 梁 元帝 蕭繹이 荊州刺史 재임(526~539) 때 父王 武帝(502~549)의 재위 40주년을 기념하기 위해 그린 「梁職貢圖」에도 신라가 백제에 종속된 나라로 묘사되어 있다.[98] 신라가 독자적으로 南朝 국가에 사신을 파견하기 어려웠던 시절 백제의 주도로 이루어진 외교관계에서 백제가 의도적으로 신라를 낮춤으로써 자신의 외교적 지위를 보장받고자 했던 것이다.[99] 고구려의 경우도 마찬가지로 자국의 외교적 이익을 위해 북위에 과장을 했을 법하다. 그렇게 보면 涉羅[신라]가 백제에 병합되었기 때문에 더 이상 珂를 바칠 수 없다는 문구를 외교적 수사로 본 지적은 수긍할 만한 것이다.

이노우에 아오키(井上直樹)는 고구려와 탐라의 관계에 대한 사료가 없고, 고구려의 남방 진출선이 제주도까지 미쳤다고 보기 어렵다는 기본적인 문제의식을 가졌다. 그리고 434년 신라가 백제에게 예물로 황금과 明珠를 보낸 기록[100]을 주목하였다. 여기서의 명주를 신라에서 생산된 玉

98 「梁職貢圖」(北宋摹本) "百濟…旁小國有 叛波·卓·多羅·前羅·斯羅·止迷·麻連·上已汶·下枕羅等附之." '斯羅'를 신라로 보는 것이 일반적이다.

99 강종훈도 「양직공도」의 이 부분을 傳言과정에서의 의도적 왜곡으로 파악하였다. 곧 신라 사신이 중국어로 의사소통을 할 수 없는 상황에서 백제가 이를 교묘히 이용해 마치 신라마저 백제에 부용된 나라인 것처럼 양나라 지배층에게 과장했다는 것이다(강종훈, 『한국고대사 사료비판론』, 교육과학사, 2017, 109~110쪽).

100 『三國史記』 卷3, 新羅本紀3, 訥祗麻立干 18년(434).

이나 瑪瑙의 종류로 파악한 후 그것이 곧 珂이며, 자연 涉羅도 신라일 가능성이 크다고 주장하였다.[101] 김진한도 이에 공감하였다.[102]

다만 '섭라 = 신라설(이하 신라설로 약칭)' 연구자들의 주장에 일리 있는 대목이 있음에도 불구하고 '섭라 = 제주설(이하 제주설로 약칭)'의 연구자들에 비해 논리가 다소 세밀하지 못한 것이 사실이다. 따라서 학계의 연구경향은 여전히 '제주설'이 좀 더 우위를 점하고 있다고 생각된다. 그렇다면 『위서』의 '섭라'는 과연 제주도일까 신라일까? 필자는 섭라가 신라일 가능성이 크다는 입장을 지지하면서 논지를 보강하고자 한다.

첫째, 고구려와 탐라 관계의 사실성 문제이다. '제주설'에는 504년 이전에 고구려와 탐라[제주도]가 珂를 매개로 하는 조공관계를 맺고 있었음이 전제되어 있다. 물론 탐라와 고구려의 항해능력과 造船術로만 보면 두 나라 간에 교역경로가 개통되어 있었을 가능성마저 부정할 수는 없다. 그러나 현 단계에서 고구려와 탐라의 관계를 입증해 줄 만한 문헌과 고고자료가 남아 있지 않다. 이미 살펴본 바와 같이 주호국 단계부터 탐라의 교역양상은 한반도 국가의 이해가 반영된 것이 아닌 탐라국의 필요에 의해 추구된 능동적 교역이었다. 탐라국이 필요로 했던 철제품 등의 각종 위신품과 소금은 지리적으로 가장 가까운 백제 및 가야와의 교역으로도 충분히 공급받을 수 있었다. 탐라로서는 백제를 건너 뛰어 원거리에 위치한 고구려와 교류할 만한 적극적인 이유를 찾기 어렵다.

또한 『위서』의 기록을 『삼국사기』에 옮겨 적으면서 누락된 부분에 주

101 井上直樹, 「高句麗の對北魏外交と朝鮮半島情勢」, 『朝鮮史研究會論文集』 38, 朝鮮史研究會, 2000, 191~193쪽.

102 金鎭漢, 『高句麗 後期 對外關係史 研究』, 한국학중앙연구원 박사학위논문, 2010, 63쪽.

목할 필요가 있다. 곧 부여가 물길에게 쫓기고, 섭라가 백제에게 병합되자 문자명왕이 부여와 섭라 사람들을 고구려로 옮겨 살게 했다는 부분이다. 『삼국사기』만을 근거로 섭라의 실체를 찾는 연구자들은 이 부분을 소홀하게 생각할 수밖에 없었다. 부여의 경우 『위서』의 내용과 부합할 만한 기록이 『삼국사기』에 남아 있다. 곧 문자명왕 3년(494)에 부여왕과 처자가 나라를 들어 항복해 왔다는 대목이다.[103] 다만 섭라의 경우 신라민이든 제주도민이든 고구려로 사민시켰다는 기록은 남아 있지 않다. 외교적 수사이기는 하지만 부여의 경우를 볼 때 전혀 없는 사실을 꾸며냈다고 하기는 어려울 것이다. 그렇다면 상당한 규모의 사민이나 이주가 있었다고 보아야 하는데, 제주도에서 고구려로 이러한 것이 가능했겠느냐는 의문이 따른다. 신라의 경우 국경선을 맞대고 있고, 전쟁을 통해 두 나라 간에 지속적인 영역의 변화가 있었기 때문에 民의 이주가 빈번하게 발생했을 가능성이 크다. 지리적으로 보았을 때 고구려 입장에서는 부여에 대한 정보는 과장하기가 어려웠을 터이므로 사실에 부합하는 이야기를 했고, 신라와 백제에 대한 정보를 북위가 알기 쉽지 않았음을 감안해 적당히 과장·왜곡했을 수 있다는 생각이 든다.

둘째, 그렇다면 涉羅가 신라 국호인가 하는 문제이다. 『삼국사기』·『삼국유사』와 중국 사서, 금석문에 남아 있는 신라 국호로는 '新羅' 이외에 '斯羅'·'斯盧'·'徐耶伐'·'徐羅伐'·'鷄林' 등이 알려져 있다.[104] 그런데 『晉

103 『三國史記』 卷19, 高句麗本紀7, 文咨明王 3년(494).

104 신라 국호의 역사적 의미에 대해서는 朱甫暾, 「新羅 國號의 確定과 民意識의 成長」, 『九谷 黃鍾東敎授 停年紀念 史學論叢』, 1994 : 『新羅 地方統治體制의 整備過程과 村落』, 신서원, 1998과 채미하, 「신라 국호의 양상과 '계림'」, 『新羅史學報』 37, 신라사학회, 2016을 참고하기 바란다.

書』苻堅傳에는 380년 前秦 내부에서 발생한 苻洛의 모반 사건 때 부락이 병사 지원을 위해 사신을 보낸 주변 국가의 명단에 高句麗·百濟·薛羅가 함께 언급되어 있다.[105] 여기서 薛羅는 문맥상 新羅가 유력하다. 실제로 『資治通鑑』에서는 해당 기사를 서술하면서 '薛羅'를 '新羅'로 고쳐서 표기하였다.[106] 「海印寺 妙吉祥塔誌」에도 설라가 신라를 지칭하는 것으로 사용된 적이 있으므로[107] 중국뿐만 아니라 국내에서도 신라를 설라로 표기한 용례를 찾을 수 있다. 이로써 드문 사례이기는 하지만 신라 국호로서 '薛羅'가 사용되었음을 알 수 있다.

『晉書』의 薛羅에 대해 조선 영조대의 학자 신경준(1712~1781)은 『頤齋遺藁』에서 주목할 만한 해설을 하였다.

> 4. 晉書 苻堅傳에서 新羅를 辥羅라 하였다. 대개 신라는 처음에 徐伐羅라고 칭했는데, 徐伐 두 글자를 합하여 소리내면 辥의 음과 서로 비슷하다. 또한 지금 서울사람들이 內官을 관장하는 御膳者를 辥里라고 하는데, <u>辥의 음이 '셥'으로 '涉'의 소리와 같다.</u> 또한 '徐'와 '伐'의 초성 둘을 합한 것이니 辥과 같은 遺語일 뿐이다.[108]

---

105 『晉書』 卷113, 載記13, 苻堅上(2902쪽) "[苻]洛…分遣使者徵兵於鮮卑烏丸高句麗百濟及<u>**薛羅**</u> 休忍等諸國 並不從."

106 『資治通鑑』 卷104, 晉紀26, 孝武帝 太元 5년(380) 中華書局 點校本(1997), 3293쪽.

107 黃壽永, 「五臺山寺吉祥塔詞·哭緇軍」, 『韓國金石遺文』(제5판), 一志社, 1994, 177쪽.

108 『頤齋遺藁』 卷25, 雜著 華音方言字義解 "晉書苻堅傳 以新羅爲辥羅 蓋新羅初稱徐伐羅 徐伐二合聲 與辥音相近 又今京人呼內官管 御膳者爲辥里 而<u>**辥音셥如涉聲**</u> 亦徐及伐初聲二合 如辥之遺語耳." 辥은 薛의 異體字이다. 『진서』와 『이재유고』의 薛羅는 채미하, 앞의 논문, 3쪽과 6쪽을 통해서 알 수 있었다.

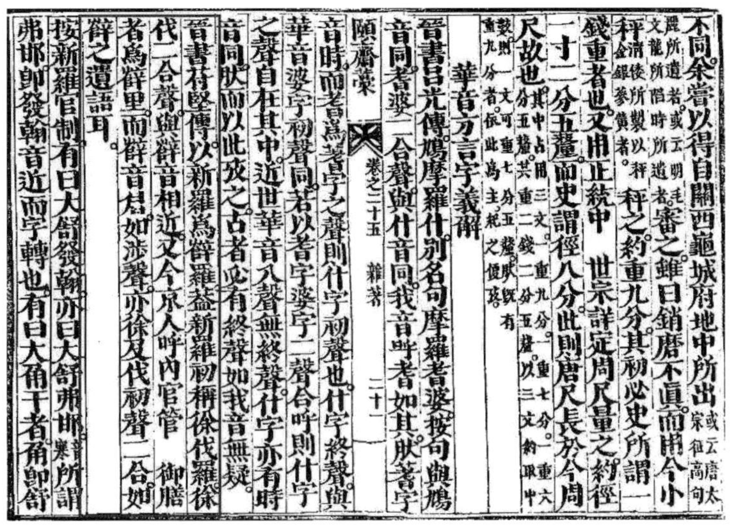
不同余嘗以得自關西龜城府地中所出或云唐太宗征高句
麗所遺者或云明毛文龍所陷時所遺者審之銲曰銷磨不眞而用今小
秤淸倭所製以秤金銀蔘黃者秤之約重九分其初必史所謂一
錢重者也又用正統中 世宗詳定周尺量之約徑
一寸二分五釐而史謂徑八分此則唐尺長於今周
尺故也其中占用三文一重九分一重七分一重六分五釐其重二錢二分五釐以三文約取中數則一文可重七分五釐然有重九分者依此爲主耗之優
華音方言字義解
晉書呂光傳鳩摩羅什別名句摩羅耆婆按句與鳩
音同耆婆二合聲與什音同我音呼耆如其然著字
頤齋藁 卷之二十五 雜著 二十一
音時而耆爲著字之聲則什字初聲也什字終聲與
華音婆字初聲同若以耆字婆字二聲合呼則什字
之聲自在其中近世華音入聲無終聲什字亦有時
音同然而以此攷之古者必有終聲如我音無疑
晉書苻堅傳以新羅爲薛羅蓋新羅初稱徐伐羅徐
伐二合聲與薛音相近又今京人呼內官管 御膳
者爲薛里而薛音若如涉聲亦徐伐初聲二合如
薛之遺語耳
按新羅官制有曰大舒發翰亦曰大舒弗邯音寒所謂
弗邯卽發翰音近而字轉也有曰大角干者角卽舒

『이재유고』의 薛羅 해설 부분(한국고전종합DB)

곧 신경준은 薛羅에서 '薛'의 음이 '涉'과 같다고 한 것이다. 그렇다면 '薛羅'와 '涉羅'가 음운상 같고 그것이 모두 신라를 의미하는 것으로 결론 내릴 수 있다. 신경준의 견해를 절대적이라고 할 수는 없겠지만, 적어도 '涉羅'를 新羅로 파악할 수 있는 하나의 단서로서는 주목할 만하다. 사실 섭라가 제주도를 지칭하는 표기로 사용된 용례는 『魏書』 이외에 없다. 또한 고대 국어 음운의 실상을 잘 모르지만 涉羅는 제주도를 지칭하는 '耽羅'·'乇羅(托羅)'·'儋羅'·'耽牟羅' 등과 상호 간에 음운적 계통성이 떨어지는 것 같은 인상을 받는다.

셋째, 珂의 실체가 무엇인가 하는 문제이다. '제주설'의 연구자는 珂를 소라나 조개 종류로서 말 재갈을 장식하는데 쓰였던 것으로 파악하였다. 珂가 소라와 조개에서 채취한 것이라면 그 생산지로 제주가 유력할 수도 있다. 그러나 어찌 보면 涉羅를 제주도로 생각한 선입관이 珂의 여러 용례 중에서 유독 '소라와 조개로 만든 말 재갈'에 주목하게끔 한 것은 아닌 지 의심스럽다. 珂는 『신증동국여지승람』과 『耽羅志』·『南宦博物』·『輿地圖書』·『증보 탐라지』 등 각종 지리서의 제주도 土産品 목록에도 남아 있지 않다. 사실 『大漢和辭典』에서 제시한 珂의 용례 중 1~2번은 玉 또는 백마노였다. 조개로 만든 말 재갈은 3~5번 째 용례로서 우선순위에서 보면 珂가 옥의 종류로서 마노일 가능성이 더 큼을 알 수 있다.[109] 『대동운부군옥』에서도 조개 중 큰 것을 珂라고 했지만, 그에 앞서 珂가 碼碯[瑪瑙]임을 먼저 기술하였다.[110]

이도학의 경우 珂를 마노로 보고 그 산지가 제주도라는 논리를 내세워 '제주설'을 주장하였다. 하지만 마노는 제주의 토산품이 아니다. 『신증동국여지승람』 제주목 고적조에 남아 있는 高齡田에서도 唐의 배가 여기에 유실되었기 때문에 이곳에서 마노를 얻을 수 있다고 하였다.[111] 설사 마노가 제주에서 채취되었더라도 마노의 생산을 제주도로만 국한할 수는 없을 것이다. 『신증동국여지승람』의 경우만 하더라도 마노가 토산품으로 소개된 지역은 울산과 삼척으로서[112] 신라의 영역 안에 해당하는 지역이다. 고고자료도 금관총에서 마노제 관옥과 다면옥·환옥 등이 출토되었고, 경주 조양동 유적에서도 마노의 출토 사례가 있다.[113]

---

109 諸橋轍次, 『大漢和辭典』 7, 大修館書店, 1979, 900쪽.

110 각주 88의 사료 참고.

111 각주 88의 사료 참고.

112 『新增東國輿地勝覽』 卷22, 蔚山郡 土產 ; 같은 책 卷44, 三陟都護府 土產.

113 濱田耕作·梅原末治, 『慶州金冠塚と其遺蹟』(古蹟調查特別報告3), 朝鮮總督府, 1924~28 : 『慶州 金冠塚 發掘調查報告書』(國譯), 국립경주문화재연구소·경주시, 2011, 76~77쪽, 147쪽 ; 『新羅古墳 情密測量 및 分布調查 硏究報告書』, 국립경주문화재연구소·경주시, 2011, 84~85쪽 ; 이한상, 『황금의 나라

'金科玉條'나 '金枝玉葉' 등의 고사성어에서 알 수 있듯이 고대로부터 중국에서 귀하게 여겨 온 玉은 金과 세트로 상관성 있게 취급되었다. 신라의 금관에 곡옥을 매단 것도 그러한 이유 때문이 아닌가 한다. 434년 신라가 백제에게 '황금과 明珠'를 바친 것[114]도 궤를 같이 하는 것이다. 고대에는 금을 天精으로 옥을 地靈으로 여겨 '精金靈玉'이라고 불렀다고도 한다.[115] 백제의 경우도 「砂宅智積碑」에 따르면, 의자왕 14년(654)에 사택지적이 불교에 귀의해 원찰을 건립할 때 金을 뚫어 보배로운 금당을 세우고 玉을 갈아 보배로운 탑을 세웠다고 한다.[116] 결국 이러한 측면을 종합적으로 고려해 보면, 고구려가 북위에 황금과 더불어 조공을 했던 珂는 마노 내지 크게 보아 옥의 범주에 포함되는 것으로 판단함이 더 자연스럽다.

Ⅴ. 맺음말

고대 탐라국에 대한 호칭은 '州胡'에서부터 '耽羅'·'乇羅(托羅)'·'儋羅'·

신라』, 김영사, 2004, 48쪽.

114 『三國史記』 卷3, 新羅本紀3, 訥祗麻立干 18년(434).

115 김양동, 「고대 한국 曲玉의 기원과 상징에 대한 문화사적 검토」, 『新羅史學報』 25, 2012, 404쪽.

116 권인한·김경호·윤선태 공동편집, 「砂宅智積碑」, 『한국고대문자자료연구』 백제(상) - 지역별 -, 주류성, 2016, 357~358쪽. "甲寅年 正月九日奈祇城 砂宅智積 慷身日之易往慨體月之難還 穿金以建珍堂 鑿玉以立寶塔 巍巍慈容 吐神光以送雲 峩峩悲貇含聖明以."

'涉羅', 그리고 '耽牟羅'까지 다양한 표기로 史書에 남아 있다. 일반적으로 이들 모두를 동일 대상인 탐라국에 대한 이표기로 인정하는 경향이 강하다. 그러나 『삼국사기』 백제본기의 耽羅와 『魏書』 고구려전에 나오는 '涉羅'의 실체는 논란의 여지가 남아 있다.

『三國志』 東夷傳의 韓傳에 나오는 州胡는 '오랑캐 마을' 내지 '섬 오랑캐'로 해석된다. 문면으로 보았을 때 중국 측에 의한 타칭이다. 『後漢書』 東夷列傳에는 州胡國으로 표기되어 있어 탐라국 이전 제주의 고대 국가에 대한 칭호로 사용되고 있다. 주호국이 지금의 제주도에 있었을 것으로 추정하는 데 이의를 제기한 연구자는 없다. 다만 주호가 교역한 韓中의 실체에 대해서는 연구자 사이에 견해 차이가 있었다. 韓의 실체 규명은 주호가 제주로 비정될 수 있는 중요한 논거가 되었다. 제주시 산지항에서 출토된 貨泉 등 王莽錢은 주호국이 1세기 대에 중국과 교류했음을 시사한다. 특히 화천과 중국 화폐의 한반도 출토 양상을 살펴보면, 서남해의 해안이나 영산강 유역의 수운이 미치는 물길 교통로의 요충지임을 알 수 있다.

이와 같은 중국 화폐의 한반도 유입은 본토와의 직접적인 교역보다는 한군현(낙랑군)을 매개로 했을 가능성이 크다. 제주도가 한군현과 진·변한-왜로 이어지는 교역경로 상에 포함되어 있지 않음에도 불구하고, 산지항과 용담동·삼양동 등에서 화폐와 철제 무기류·옥환 등 중국이나 진·변한 계통의 위신품이 출토되는 까닭은 주호국이 이들의 교역체계에 능동적으로 동참했기 때문이다. 주호국의 교역범위는 거리상 가장 가까운 전남지역의 마한을 중심으로 진·변한 지역을 망라하였다. 제주도산 토기가 나주시 수문 패총, 해남 군곡리 유적, 사천 늑도에서 출토된 것은 그 실증적인 고고자료이다.

제주의 고대국가가 耽羅國으로서 한반도의 국가들과 관계를 맺는 것은 『삼국사기』 백제본기가 최초의 기록이다. 이에 따르면, 5세기 후반인 문주왕~동성왕대에 탐라국은 백제에 공납을 바치는 종속관계에 있었다. 이와 달리 『일본서기』에는 탐라와 백제의 통교가 508년에 처음 이루어진 것으로 되어 있다. 기왕에는 백제본기를 그대로 따르는 경우가 많았다. 그리고 그 이면에는 백제가 4세기 후반인 근초고왕대에 전남지역까지 진출해 영역지배 했다는 것이 전제되어 있었다.

통설과 다르게 백제본기의 탐라를 제주도로 보는 데 회의적인 견해도 있다. 『일본서기』의 해당 기록이 백제계 계통이어서 사료 가치가 높다는 점, 동성왕이 정벌하려 했던 耽羅가 제주도라면 무진주[광주]에 도착한 백제 군사에 대해 탐라가 스스로 와서 죄를 빌었다는 내용이 어색하다는 점, 『일본서기』 신공기 49년조의 기록을 근거로 백제가 4세기 중·후반에 전남지역을 영유했다는 입론에 신중해야 한다는 점이 고려되었다. 그 결과 백제본기의 탐라를 전남 강진과 해남지역에 있었던 소국으로 비정하였다. 백제본기 탐라의 실체는 향후 검토할 여지가 남아 있다.

『魏書』 열전 고구려전에 따르면, 504년에 고구려 문자명왕(491~519)이 북위 선무제에게 사신을 보내 그동안 조공했던 황금과 珂를 더 이상 바칠 수 없다고 했다. 그 이유는 황금은 夫餘에서 나고, 珂는 涉羅에서 나는 것인데, 부여는 勿吉에게 쫓기는 바가 되었고, 섭라가 백제에게 병합되었기 때문이라는 것이다. 여기에서 문제가 되는 것이 '涉羅'의 실체이다.

한진서가 『海東繹史』에서 '섭라'를 제주로 비정한 후 많은 연구자들이 이를 계승하였다. 특히 珂를 말 재갈 장식에 사용하는 소라와 전복으로 보거나, 瑪瑙로 보되 그 생산지를 제주도로 이해하였다.

그러나 珂를 (백)마노로 보거나, 涉羅[신라]가 백제에 병합되었기 때문에 더 이상 珂를 바칠 수 없다는 문구도 외교적 수사에 불과한 것으로 파악한 연구도 발표되었다. 아직까지 고구려와 탐라의 관계를 입증해 줄 만한 문헌과 고고자료가 발견되지 않았다. 그리고 『晉書』 부견전에 사용된 신라의 국호 薛羅가 涉羅와 음운상 같다는 신경준의 주장에 근거해 涉羅 = 新羅일 가능성이 마련된 점, 珂의 실체가 말 재갈 장식보다는 옥의 범주에 포함되는 마노가 더 유력하다는 점 등을 종합적으로 고려할 필요가 있다. 결국 '涉羅'는 제주도보다는 신라로 이해하는 것이 온당하다고 생각한다.

참고문헌

1. 사료

『宣和奉使高麗圖經』, 『三國史記』, 『三國遺事』, 『高麗史』, 『高麗史節要』, 『世宗實錄』, 『新增東國輿地勝覽』, 『冲庵先生集』, 『耽羅志』, 『東史綱目』, 『海東繹史』, 『頤齋遺藁』, 『增補耽羅誌』, 『大東韻府群玉』.

『漢書』, 『三國志』, 『後漢書』, 『晉書』, 『魏書』, 『北史』, 『隋書』, 『舊唐書』, 『新唐書』, 『日本書紀』.

2. 논문 및 저서

강봉룡, 「금강·영산강유역의 세력동향과 백제의 경영」, 『熊津都邑期의 百濟』(백제문화사대계 연구총서4), 충청남도역사문화연구원, 2007.

______, 『바닷길로 찾아가는 한국 고대사』, 경인문화사, 2016.

______, 「한국고대의 해로와 제주 해양교류사」, 『해양문화의 보고 제주바다』(국립제주박물관 편), 서경문화사, 2017.

강종원, 『백제 국가권력의 확산과 지방』, 서경문화사, 2012.

강종훈, 『한국고대사 사료비판론』, 교육과학사, 2017.

강창화, 「고대 탐라의 형성과 전개」, 『유적과 유물을 통해서 본 제주의 역사와 문화』(국립제주박물관 편), 2009, 서경문화사.

高昌錫, 『耽羅國時代史』, 서귀포문화원, 2007.

권오영, 「고대 제주와 동아시아」, 『유적과 유물을 통해서 본 제주의 역사와 문화』(국립제주박물관 편), 2009, 서경문화사.

金京七, 「南韓地域 출토 漢代 金屬貨幣와 그 성격」, 『湖南考古學報』 27, 호남고고학회, 2007.

______, 『湖南地方의 原三國時代 對外交流』, 학연문화사, 2009.

金鎭漢, 『高句麗 後期 對外關係史 硏究』, 한국학중앙연구원 박사학위논문, 2010.

金慶柱, 「龍潭洞 鐵器副葬墓와 그 被葬者의 性格」, 『인류학 고고학 논총』(영남대학교 문화인류학과 개설 40주년 기념논총), 학연문화사, 2012.

김경주, 「고고유물을 통해 본 耽羅의 대외교역-漢式 유물을 중심으로-」, 『탐라사의 재해석』, 제주발전연구원, 2013.

______, 「문헌과 고고자료로 본 탐라의 대외교류」, 『호남고고학보』 58, 호남고고학회, 2018.

김병남, 「百濟 東城王代 대외 진출과 영역의 확대」, 『韓國思想과 文化』 22, 한국사상문화학회, 2003.

김선숙, 「『梁職貢圖』·『梁書』의 신라 국호 異稱에 대한 검토」, 『국학연구』 32, 국학연구소, 2017.

김양동, 「고대 한국 曲玉의 기원과 상징에 대한 문화사적 검토」, 『新羅史學報』 25, 신라사학회, 2012.

김영심, 「웅진·사비시기 百濟의 領域」, 『古代 東亞細亞와 百濟』, 서경, 2003.

김현숙, 「4~6세기경 小白山脈 以東地域의 領域向方」, 『韓國古代史硏究』 26, 한국고대사학회, 2002.

노중국, 『백제의 대외 교섭과 교류』, 지식산업사, 2012.

______, 「문헌기록을 통해 본 영산강 유역-4~5세기를 중심으로-」, 『백제와 영산강』, 학연문화사, 2012.

______, 「백제의 영토 확장에 대한 몇 가지 검토」, 『근초고왕 때 백제영토는 어디까지였나』(백제학연구총서 쟁점백제사2), 한성백제박물관, 2014.

盧泰敦, 「5세기 高句麗人의 天下觀」, 『韓國史 市民講座』 3, 一潮閣, 1988 : 『고구려사 연구』, 사계절, 1999.

리지린, 『고조선 연구』, 과학원출판사, 1963 : 열사람, 1989.

문안식, 『백제의 흥망과 전쟁』, 혜안, 2006.

文安植,「百濟의 西南海 島嶼地域 進出과 海上交通路 掌握」,『百濟硏究』55, 충남대 백제연구소, 2012.

문안식,「고대 강진과 그 주변지역 토착세력의 활동과 추이」,『歷史學硏究』52, 호남사학회, 2013.

______,「백제의 전남지역 마한 제국 편입과정」,『百濟學報』11, 백제학회, 2014.

박남수,「탐라국의 동아시아 교섭과 신라」,『耽羅文化』58, 제주대학교 탐라문화연구원, 2018.

박선미,「한반도 출토 漢代 화폐와 그 의미」,『先史와 古代』28, 한국고대학회, 2008.

______,『고조선과 동북아의 고대 화폐』, 학연문화사, 2009.

朴眞淑,「百濟 東城王代 對外政策의 變化」,『百濟硏究』32, 충남대학교 백제연구소, 2000.

愼鏞廈,「耽羅國 명칭의 起源에 관한 한 연구」,『韓國學報』107, 一志社, 2002.

오창명,「'제주(濟州)의 옛 이름 재해석」,『탐라사의 재해석』, 제주발전연구원, 2013.

우재병,「무덤과 祭祀遺蹟을 통해 본 5~6세기 百濟와 倭」,『韓國史學報』45, 고려사학회, 2011.

윤명철,「해양 교류로 본 탐라사」,『탐라사의 재해석』, 제주발전연구원, 2013.

李康來,『三國史記 典據論』, 民族社, 1996.

李根雨,「熊津時代 百濟의 南方境域에 대하여」,『百濟硏究』29, 충남대학교 백제연구소, 1997.

이근우,「탐라국 역사 소고」,『釜大史學』30, 부산대학교 사학회, 2006.

이도학,「한성 함락 이후 고구려와 백제의 관계 - 탐라와의 관계를 중심으로 -」『전통문화논총』3, 한국전통문화학교, 2005 :『고구려 광개토왕릉 비문 연구』, 서경, 2006.

李釩起,「考古學 資料를 통해 본 古代 南海岸地方 對外交流 - 貨幣와 卜骨을 중심으로 -」,『지방사와 지방문화』9-2, 역사문화학회, 2006.

李丙燾, 「州胡考」, 『韓國古代史研究』(수정판), 博英社, 1976.

이재현, 「원삼국시대 남해안 해상교류시스템 - 늑도유적의 발굴성과와 연구과제를 중심으로 -」, 『大丘史學』 91, 대구사학회, 2008.

李淸圭·康昌和, 「제주도 출토 漢代 화폐유물의 한 例」, 『韓國上古史學報』 17, 한국상고사학회, 1994.

李淸圭, 『濟州島 考古學 研究』, 학연문화사, 1995.

______, 「韓中交流에 대한 考古學的 접근」, 『韓國古代史研究』 32, 한국고대사학회, 2003.

이청규, 「탐라·우산국의 발전과 대외교류」, 『해상활동의 고고학적 기원과 전개』, 경인문화사, 2016.

이한상, 『황금의 나라 신라』, 김영사, 2004.

李弘稙, 「日本書紀所載 高句麗關係記事考」, 『東方學志』 1·3, 1954·1957 : 『韓國古代史의 研究』, 신구문화사, 1971.

張道斌, 『朝鮮史』 52, 동아일보 1932년 9월 6일 : 『韓國의 魂』, 경학사, 1998.

全京秀, 「上古耽羅社會의 基本構造와 運動方向」, 『濟州島研究』 4, 1987.

전경수, 「先州胡에서 耽羅國까지」, 『탐라·제주의 문화인류학』, 민속원, 2010.

정재윤, 「집권 기반의 확립과 영토 확장」, 『熊津都邑期의 百濟』(백제문화사대계 연구총서4), 충청남도 역사문화연구원, 2007.

______, 「삼국시대 나주와 영산강 유역 세력의 동향」, 『歷史學研究』 62, 호남사학회, 2016,

정진술, 『한국해양사』, 해군사관학교, 2009.

趙芝薰, 「신라 國號 연구 논고-新羅原義攷-」, 『高大五十周年紀念論文集』, 1955 : 『한국학연구』(조지훈 전집8), 나남출판, 1996.

朱甫暾, 「新羅國家 形成期 金氏族團의 성장배경」, 『韓國古代史研究』 26, 2002.

주보돈, 「5~6세기 중엽 高句麗와 新羅의 관계」, 『北方史論叢』 11, 고구려연구재단, 2006.

______, 「5~6세기 錦江上流 지역의 정치세력과 그 향방」, 『大丘史學』 106, 대구사학회, 2012.

진영일, 「三國志·三國史記의 州胡·耽羅國 연구」, 『인문학연구』 6, 제주대학교 인문학연구소, 2000 : 「주호와 탐라국」, 『고대중세 제주역사탐색』, 보고사, 2008.

______, 「고대 탐라국의 대외관계」, 『耽羅文化』 30, 제주대학교 탐라문화연구소, 2007 : 『고대중세 제주역사탐색』, 보고사, 2008.

최희준, 「탐라국의 대외교섭과 항로」, 『耽羅文化』 58, 2018.

채미하, 「신라 국호의 양상과 '계림'」, 『新羅史學報』 37, 신라사학회, 2016.

井上直樹, 「高句麗の對北魏外交と朝鮮半島情勢」, 『朝鮮史研究會 論文集』 38, 朝鮮史硏究會, 2000.

丁福保 編纂, 『歷代古錢圖說』, 齊魯書社, 2006.

3. 발굴보고서 및 도록, 기타

국립경주문화재연구소·경주시, 『新羅古墳 情密測量 및 分布調查 硏究報告書』, 2011.

국립제주박물관, 『국립제주박물관』 유물도록, 2001.

______________, 『제주의 역사와 문화』, 2005.

______________, 『탐라耽羅』, 2018년 국립제주박물관 기획특별전, 2018.

국립진주박물관, 『국제무역항 늑도와 하루노쓰지』(사천 늑도유적 발굴 30주년 기념 특별전), 2016.

濱田耕作·梅原末治, 『慶州金冠塚と其遺蹟』(古蹟調查特別報告3), 朝鮮總督府, 1924~28 : 『慶州 金冠塚 發掘調查報告書』(國譯), 국립경주문화재연구소·경주시, 2011.

李南奭·李賢淑, 『燕岐 龍湖里 遺蹟』, 공주대학교 박물관·충청남도종합건설사업소, 2008.

諸橋轍次, 『大漢和辭典』 7, 大修館書店, 1979.

崔盛洛, 『海南 郡谷里貝塚』 Ⅲ, 목포대학교 박물관, 1989.

탐라국의 동아시아 교섭과 신라

박 남 수
동국대 동국역사문화연구소 연구원

Ⅰ. 머리말

耽羅는 사서에 따라 州胡·聃牟羅·乇羅·托羅·耽牟羅·涉羅·儋羅 등 여러 이름이 있다. 洲胡와 涉羅의 경우 달리 보는 견해가 있긴 하지만, 이들 또한 학계에서는 대체로 탐라를 지칭한 것으로 보고 있다.[1] 고대 탐라와 한반도 제국과의 관계에 대해서는 대체로는 백제의 속국이었다가 신라의 삼국통일로 신라에 복속되었으며, 고려 숙종 10년(1105) 고려의 군현이 된 것으로 보고 있다.

2016년 12월 국정교과서 파동과 관련하여 "탐라국은 제주의 옛 왕국으로 고려 중기 이후 한반도에 복속"[2]되었다던가, "탐라국의 경우 고려 초기까지 독립국의 지위를 유지하고 있었고, 기존 검인정 교과서는 모두 '탐라'를 별도로 표기했는데…"[3]라고 하여, 고대 탐라의 한반도 제국과의 관계가 이슈로 떠오르기도 하였다.

『삼국사기』 신라본기 6, 문무왕 2년(662)조에는 武德 연간(618~626) 이래로 백제에 臣屬하였다가, 이때에 항복하여 신라의 屬國이 되었다고 하였다. 이와 관련하여 고대의 탐라는 백제의 부용국이었다가, 신라의

---

1 이에 대한 연구사는 장창은, 「古代 耽羅國 연구의 쟁점과 이해방향」, 『탐라문화』 57, 2018, 92·106쪽 참조.

2 「'제주도는 일본땅?' 국정교과서 파문」, 『KBS 뉴스』 2016.12.02.

3 「"탐라는 일본땅?"...국정교과서 '탐라국 누락' 수정될 듯」, 『헤드라인제주』 2016.12.05.

속국이 되었다는 견해[4]가 있는 한편으로, 탐라와 백제·신라의 관계를 조공관계로 특징짓는 것으로 보는 견해,[5] 그리고 백제의 속국이었다가 백제 멸망 이후 독립국의 지위를 누리다가 다시 신라에 복속되고, 고려에 이르러 군현제에 포함됨으로써 한반도의 영역이 되었다는 견해[6] 등이 있었다.

이처럼 고대 탐라에 대한 여러 가지 인식이 있었음에도 불구하고, 『삼국지』 위지 동이전의 州胡國으로부터 고구려 문자명왕 13년(504)조의 涉羅, 백제 문주왕과 동성왕조의 耽羅, 신라 문무왕과 애장왕조의 탐라 기사로부터, 탐라가 매우 이른 시기로부터 한반도의 마한을 비롯하여, 고구려·백제·신라와 교류하였던 사실을 인정할 수 있다.

이러한 관점에서 본고는 탐라와 신라의 관계를 당시 동북아시아의 국제관계와 관련하여 살피고, 신라의 동아시아 교역사에 탐라가 어떠한 위치에 있었는가를 밝히고자 한다. 매우 한정되고 이미 알려진 자료로써 이러한 과제를 살필 수밖에 없는 한계를 인정하지 않을 수 없지만, 고대 탐라의 역사상을 재구성하고자 하는 하나의 시도라는 점에서 제현의 질정을 바란다.

---

4 李清圭, 「耽羅 上古社會 變遷過程 研究」, 『省谷論叢』 27-4, 1996.

5 秦榮一, 「古代耽羅의 交易과 「國」 形成考」, 『濟州島史研究』 3, 濟州島史研究會, 1994.
이근우, 「탐라국 역사 소고」. 『역사와 세계』 30, 2006.
진영일, 「고대 탐라국의 대외관계」, 『탐라문화』 30, 2007.

6 森公章, 「耽羅方脯考」, 『續日本紀研究』 239, 1985 : 『古代日本の對外認識と通交』, 吉川弘文館, 1998. 森公章, 「古代耽羅の歷史と日本」, 『朝鮮學報』 118, 1986 : 위의 책.
筧敏生, 「耽羅王權과 日本」, 『耽羅文化』 10, 제주대 탐라문화연구소, 1990.

Ⅱ. 탐라국의 신라 來降과 신라의 탐라국 經略

탐라와 신라의 관계를 보여주는 직접적인 기사는 『삼국사기』 신라본기에 전하는 세 건의 단편적인 내용뿐이다. 곧 문무왕 2년의 탐라국 내항 기사와 문무왕 19년의 신라의 탐라국 경략기사, 그리고 애장왕 2년(801)의 탐라국 조공 기사이다.

A. 문무왕 2년(662) 봄 2월 탐라국의 임금인 좌평 도동음률이 와서 항복하였다. 탐라는 武德(618~626) 이래로 백제에 臣屬하였기 때문에 좌평으로써 官號를 삼았는데, 이에 이르러 항복하여 [신라의] 속국이 되었다.(耽[耽]羅國主佐平徒冬音律[津]來降. 耽[耽]羅自武德以來, 臣屬百濟, 故以佐平爲官號, 至是降爲屬國)(『삼국사기』 권 6, 신라본기 6)

B. 문무왕 19년(679) 봄 2월 사신을 보내어 탐라국을 경략하였다.(發使略耽羅國)(『삼국사기』 권 7, 신라본기 7)

C. 애장왕 2년(801) 겨울 10월 탐라국이 사신을 보내어 조공하였다.(耽羅國遣使朝貢)(『삼국사기』 권 10, 신라본기 10)

위의 기사에서 주목할 수 있는 것은, 먼저 이들 세 기사 모두 탐라를 '耽[耽]羅國'이라 일컬었다는 점이다. 이는 백제가 문주왕 2년(476) 방물을 바치고 은솔의 관위를 받은 주체를 '탐라국'이라 일컫다가, 동성왕 20년(498)의 탐라 친정시의 객체를 '耽羅'라 일컬은 것과 비교할 수 있다. 아마도 문자왕 13년(504) 북위에 사신 芮悉弗을 보내어 조공하면서 '섭라는 백제에 병합되어(涉羅爲百濟所幷) 섭라의 물산인 珂를 바치지 못한' 사실을 일컬었던 것은, 동성왕 20년(498) 백제의 탐라 친정과 관련될 것이다.

그런데 『일본서기』 繼體天皇 2년(508) 12월조에는 "남해중의 탐라인이 처음으로 백제국과 통하였다(南海中耽羅人初通百濟國)"고 일컬었다. 또한 신라는 耽[耽]羅國主가 佐平을 칭한 때를 武德(618~626) 연간으로 보고, 이때를 탐라가 백제에 臣屬한 때라고 여겼다.

이와 같이 탐라와 백제의 통교 시기에 대한 기록간의 차이는 결국 해당 사서가 취득한 정보의 차이에서 비롯한 것이 아닐까 생각해 볼 수 있다. 『삼국지』 동이전 한전에 보듯이 州胡는 3세기 중후반에 이미 韓中을 내왕하며 교역을 통하여 재화를 사들였다.(乘船往來, 市買韓中) '市買韓中'을 「汲古閣本」에는 '市買中韓'이라 하였다. 이에 대하여 '韓中'은 三韓 전체를 의미한다고 보거나, 마한 연맹을 주도했던 新彌國과 주변 소국으로 보는 견해, 마한으로 보는 견해 등이 있다.[7]

당시에 탐라에는 고인돌 축조 집단 외에 적석 묘역에 석곽묘와 옹관묘를 축조하는 집단이 있었고, 이 시기 유적이 제주도 해안 지역 전역에 걸쳐 분포하고 단위 유적의 규모도 너른 것으로 지적되고 있다.[8] 아울러 제주 산지항 축조 공사 때 출토된 五銖錢(4점), 貨泉(11점), 大泉五十(2점), 貨布(1점) 등 18점의 중국 화폐가 출토되었다. 또한 제주시 용담동 무덤유적에서 단검(1기)과 화살촉 도끼 투겁창 등 다량의 철제 유물과 함께 출토된 철제 장검(86cm, 2기)은, 손잡이 부분의 양쪽에 소용돌이[고사리] 모양의 장식이 부착된 것으로 세종시 용호리 유적과 포항 옥성리 유적, 김해 양동리 유적과 상통하며, 삼양동 유적 출토 玉環은 재질과 형태로 보아 낙랑의 것과 동일한 것으로 평가된다. 이러한 사실로 미루어 주호국시대에 탐라는 낙랑·대방과 마한·변진한·왜와 능동적으로 교역하

7 장창은, 앞의 논문, 93쪽

8 이청규, 앞의 논문, 53쪽.

였음을 알 수 있다.[9] 이러한 데는 당시 한반도 서남해안 일대에는 낙랑·대방 군현의 상인이 변한의 철을 매매하기 위해 내왕하였고, 여기에 마한과 진변한 상인들과 함께 州胡 곧 탐라의 상인들도 이들 지역을 내왕하면서 개별적으로 상업을 영위했을 가능성을 보여준다.

5세기 중후반에 이르러 탐라는 문주왕 2년(476) 백제에 방물을 바치면서도, 한편으로 고구려와 통교하여 珂 등을 공헌하였던 것으로 보인다. 그후 동성왕 20년(498) 백제 동성왕의 親征에 당하여 다시 백제의 영향하에 들어갔던 것이라 할 수 있다. 고구려 문자명왕이 북위에 사신을 보내 일컬었듯이 무령왕 4년(504) 무렵 국세를 회복한 백제가 최소한 서해 중부 이남의 제해권을 다시 장악함으로써 탐라와 고구려와의 내왕이 막혔던 것으로 보인다.

이와 달리 『일본서기』에는 탐라가 무령왕 8년(508) 백제와 처음으로 통교하였던 것으로 전한다. 이는, 백제가 그 이전에 일본에 탐라와의 관계를 알리지 않다가 이 무렵에 일본에 그러한 정보가 알려진 때문일 수도 있다. 아니면 탐라 내부의 모종의 정치적 변동 예컨대 지배 세력의 변화 등으로 인하여 백제와 통교한 세력의 주체가 바뀌었을 가능성도 없지 않다.

그후 隋 開皇(581~600) 初에 陳을 평정한 수의 戰船이 표류하여 耽牟羅國을 거쳐 백제를 경유하여 귀국하는 사건이 있었다.[10] 이 때까지 耽牟羅國을 칭한 것으로 보아, 탐라는 백제에 貢賦를 바치는 정도의 관계였다고 여겨진다. 다만 『삼국사기』 문무왕 2년(662)조에서 당나라 武德

9 김경주, 「고고유물을 통해 본 耽羅의 대외교역 漢式유물을 중심으로」, 『탐라사의 재해석』, 제주발전연구원, 2013, 153~156쪽. 장창은, 앞의 논문, 94~97쪽.

10 『隋書』 東夷列傳, 百濟. 『北史』 列傳, 百濟.

(618~626) 이래로 탐라국주가 '백제에 臣屬하였기 때문에 좌평으로써 官號를 삼았는데, 이에 이르러 항복하여 [신라의] 屬國이 되었다'고 함으로써, 백제 무왕 때에 이르러 탐라가 백제의 제도 문물을 적극적으로 수용하여 신속한 대가로 좌평의 관등을 받았던 것으로 보인다. 제주지역의 盤口瓶, 細頸瓶을 특징으로 하는 회색도기가 백제 후기 陶器 양식과 통하는 것은[11] 이러한 사정과 무관하지 않을 것이다.

신라가 문무왕 2년(662) '백제에 臣屬하였기 때문에 좌평으로써 官號를 삼았다'고 인식한 것은, 당시 신라에 내항한 耽[耽]羅國主 佐平 徒冬音律[津]에 의한 정보라고 여겨진다. 백제가 탐라국의 실체를 인정하고 臣屬의 대가로 佐平의 관직을 내렸던 사실을 반영한다고 하겠다. 백제는 근초고왕대 이래로 왜왕에 대하여 侯王의 작호를 내린 바 있거니와, 개로왕대에 왕족에게 左賢王·右賢王을 내렸고, 웅진 천도 이후로는 異姓의 귀족에게도 面中王·阿錯王·弗斯侯·弗中侯 등과 같은 작호를 내렸다.[12] 그들의 백제 관등은 佐平이었거니와, 耽羅國主 佐平은 이러한 관점에서 이해해야 하지 않을까 한다. 대왕으로서의 백제국왕이 있는 한편으로 그 휘하의 여러 왕 가운데 하나로서 耽羅國主에게 좌평이란 관등을 내리고 탐라를 관장하는 왕으로서 위치한 것이, '백제에 臣屬하였기 때문에 좌평으로써 官號를 삼았다'는 의미이지 않을까 한다.

문무왕 2년(662) 탐라국의 국주가 직접 신라에 내항한 것에 대하여 『고려사』 지리지에서는 이를 문무왕 원년(661)의 사실로 보았다.[13] 그러나 『고

---

11 이청규, 앞의 논문, 54쪽.

12 노중국, 「백제의 정치·경제와 사회 : 중앙통치조직」, 『신편 한국사』 6, 국사편찬위원회, 2002, 173~174쪽.

13 『고려사』 권 57, 지 11, 地理 2, 전라도 진도현, 탐라현.

려사』 지리지 탐라국 내항기사는 『삼국사기』의 기사를 전재하고 있어 『삼국사기』의 기년 문무왕 2년(662)에 내항한 것으로 보아야 할 것으로 보인다. 다만 탐라국의 내항을, 당시 동북아시아 정세와 관련하여 장차 한반도의 지배국이 되려는 신라국의 실정을 탐색하기 위한 것으로 보거나,[14] 『삼국사기』 편자가 탐라의 신라에의 복속을 빠른 단계에 이루어진 것에 맞춘 것에 불과한 것으로 보기도 한다.[15]

그런데 문무왕 2년(662)은, 齊明天皇 7년(661) 5월 23일 탐라가 일본에 王子 阿波伎를 보내고,[16] 용삭 원년(661) 8월 탐라국왕 儒李都羅가 당나라에 사신을 보내어 조공한[17] 직후였다. 여기에서 『삼국사기』의 탐라국주 '徒冬音律[津]'과 중국 사서에 보이는 '儒李都羅'의 관계가 문제가 될 수 있지만, 정보의 취득 과정에서 모종의 차이가 있게 된 것으로 여겨진다. 이러한 차이에도 불구하고 양자는 동일한 존재 곧 당시 탐라 국주를 지칭한 것이었다고 보아 좋을 것이다.[18]

---

14 진영일, 앞의 논문, 2007, 224쪽.

15 筧敏生, 앞의 논문, 270쪽 각주 12.

16 『日本書紀』 권 26, 齊明天皇 7년 여름 5월 23일.

17 『唐會要』 권 100, 耽羅國. 『册府元龜』 권 970, 外臣部 15, 朝貢.

18 『당회요』에는 탐라국주의 성을 儒李, 이름을 都羅라고 하였는데, 『일본서기』 권 29, 天武天皇 2년(674) 윤6월조와 天武天皇 六年(678) 가을 8월조에 耽羅王子 '都羅'가 등장하고 있어, '都羅'를 과연 이름으로 볼 수 있을까 하는 의문이 있다. 탐라국주 '徒冬音律[津]'과 '儒李都羅'의 관계에 대해서는 엄정한 음운학적 검토가 있어야 하겠지만, 추측한건대 '都羅'는 『삼국사기』의 '徒冬'에, '儒李'는 '音律'에 상응하지 않을까 한다. '都羅'의 당시 음가가 무엇인지는 분명하지 않으나, 오늘날 중국음으로 'dōu luó'이고, '徒冬'은 'tú dōng'이지만, '徒冬'의 '冬'은 "沍陰縣, 本高句麗冬音奈縣, 景德王改名. 在穴口島內. 今河陰縣"(『삼국사기』 권 35, 雜志 4, 地理 2, 新羅, 海口郡)의 사례에서 '沍' '河' 등

아무튼 탐라국주는, 신라 무열왕 7년(660) 7월 13일 백제의 사비성이 함락되고, 7월 18일 웅진성에 도피하였던 의자왕이 항복하는 사태에 직면하였다. 백제에 신속하였던 탐라국은 당시 나당연합군과 백제의 전쟁에서 자유로울 수 없었고, 왜국의 견당사 伊吉博得의 귀국선의 탐라 표류를 계기로 661년 5월 23일 백제의 연합군인 왜 정권에 사신을 파견하는 한편으로, 8월에는 당나라와 왜에 사신을 보내었다. 탐라가 5월에 王子 阿波伎 등을 왜에 보낸 것은 왜 사신의 표류라는 우연한 사건을 계기로 이루어진 측면이 있었다면, 8월에 당나라와 왜에 사신을 파견한 것은 계획적인 것이었다고 여겨진다. 탐라가 그 이듬해에 신라에 사신을 파견하여 항복하였다는 것은, 먼저 백제를 멸망시킨 나당연합군의 한 축이었던 당나라의 의사를 묻고, 나당 연합군의 또다른 한 축이었던 신라에 항복의 의사를 표시한 외교적 조치였다고 본다.[19] 곧 백제 의자왕의 항복에 따라 백제의 속국으로서 당나라와 신라에 대한 항복의 의사를 표한 것이, 당나라의 조공과 신라에 대한 내항이었다고 본다.

으로 음사하였던 것으로 여겨지며, '都羅'와 '徒冬'의 음이 서로 비슷하였을 가능성이 있다. 또한 중국 사서에 보이는 '儒李'의 중국음은 'rú lǐ'로서 '音律'의 중국음 'yīn lǜ'와의 관계를 설정할 수 있을 듯하다.

19 筧敏生은, 문무왕 2년 탐라국주 내항 기사는 『삼국사기』 편자가 신라에의 복속을 빠른 단계에 이루어진 것에 맞춘 것이라고 보았다. 또한 『고려사』 지리지 탐라현조에 '탐라는 본래 신라에 조공하고 있었는데 후에 백제에 복속하여 문무왕 원년에 재차 신라에 내항하였다'고 기술하였다 하고, 『고려사』 지리지의 '신라를 정통시한 관념에 규정된 설'은 채용할 것까지 없다고 평가하였다. (筧敏生, 앞의 논문, 270쪽 각주 12) 그러나 筧敏生이 지적한 『고려사』 지리지의 내용에는 백제의 복속과 문무왕 원년의 탐라국주의 내항 기사만이 있어 씨가 지적한 내용과는 차이가 있는 바, 씨의 선입견으로 인하여 해당 사료에 대한 오해가 있었던 것으로 여겨진다.

탐라국주의 내항에 대하여 문무왕은, 탐라가 항복하여 신라의 속국이 되었다고 여겼다. 당시에 신라와 탐라간에는 모종의 외교적 협약이 있었으리라 추측된다. 협약의 구체적인 내용은 전하지 않으나, 문무왕 19년(679)의 탐라국 경략(B)이나, 애장왕 2년(801) 탐라국의 조공 기사(C)에서 어느 정도 추측할 수 있지 않을까 한다.

신라는 문무왕 19년(679) 2월 사신을 보내어 탐라국을 경략하였다. 이를 신라의 탐라에 대한 본격적인 침략화로 보거나,[20] 신라의 군사적인 경략으로 탐라가 신라에 복속된 것으로 보기도 한다.[21] 또 한편으로 군사가 아닌 사신을 보내었다는 것으로 미루어 '신라 사신이 탐라에 와서 탐라왕을 설득하여 조공관계를 다시 회복시킨 사실을 반영한 것'으로 보기도 한다.[22]

사실 신라가 문무왕 19년(679) 2월 문무왕이 '탐라국'에 '發使'하였다는 것은, 국가간에 사신을 보내었다는 의미임에 분명하다.[23] 다만 문무왕은 사신을 보내어 '略'하였다고 하였다. 그런데 『삼국사기』에 보이는 '略'은

20 筧敏生, 앞의 논문, 270쪽.

21 森公章, 앞의 논문, 1986 ; 앞의 책, 263쪽.

22 진영일, 앞의 논문, 225쪽.

23 『삼국사기』에 보이는 '發使'의 용례는 대체로 州郡 등의 지방에 사신을 보내어 賑恤하거나 慰撫 또는 安憮, 隄防의 修葺, 勸農, 巡問, 죄수의 錄赦 등을 행할 때에 살필 수 있다. 그 밖에 諸郡邑의 疆境을 分定(『삼국사기』 권 10, 新羅本紀 10, 哀莊王 9년(808) 봄 2월)하거나, 세금의 독촉(『삼국사기』 권 11, 新羅本紀 11, 眞聖王 3년(889) 등에도 '發使'한 사례를 볼 수 있다. 또한 나라간에 사신을 보내는 것은 대체로 '遣使'를 사용하였으나, 문무왕이 당의 설인귀에게 보낸 답서에 '發使奏聞'과 함께 '更發遣使'라고 하여(『삼국사기』 권 7, 新羅本紀 7, 文武王 11년 가을 7월 26일) '發使'나 '發遣使', '遣使' 간에 별다른 차이점을 살피기 어렵다.

대체로 智略, 謀略, 雄略 외에도 威懷之略, 略地, 經略, 殺略 등의 용례가 있다. 이 가운데 威懷之略[24]은 군사적 위협과 회유를 통하여 다스리는 것을, 경략은 대체로 군사력을 동원하여 격파하거나 사신을 보내어 순종케 한 것을 지칭한다. 이에 신라 사신이 탐라에 와서 탐라왕을 설득하여 조공관계를 다시 회복시킨 사실을 반영한 것[25]이라는 지적이 있었다.

그런데 문무왕의 탐라국 경략과 유사한 사례가 나당전쟁이 한창인 동왕 15년(675) 2월에 있었다. 곧 당의 劉仁軌가 신라군을 七重城에서 격파하고 군대를 돌이키자, 당 고종이 '李謹行을 安東鎭撫大使로 삼아 經略하라'는 조칙을 내렸다. 이에 문무왕이 사신을 보내어 당나라에 사죄하고 문무왕의 관작을 복구하였다.[26] 당 고종이 취한 일련의 조치 곧 군대가 아닌 李謹行을 安東鎭撫大使 곧 사신으로 삼아 신라를 '경략'하게 함으로써 신라의 사죄를 얻어낸 것은, 문무왕이 사신을 발하여 탐라국을 '경략[略]'하였다는 것에 상응한다. 따라서 문무왕의 탐라국 경략은, 문무왕 2년 탐라국주의 항복으로 인한 속국으로서의 지위를 명확히 하고자 한 것이라 할 수 있다.

---

24 "…昔方貢之愆 責在連率 … 務盡威懷之略 揃拔害羣 輯寧東裔 使二邑還復舊墟 土毛無失常貢也"(『삼국사기』 권 19, 高句麗本紀 7, 文咨王 13년 여름 4월) 十三年夏四月)

25 사신을 보내어 '略'하였다고 하였는데, 이에 대해서는 '침략·공략하다'라기 보다는 '謀計하다'는 의미로 풀이하여 '신라 사신이 탐라에 와서 탐라왕을 설득하여 조공관계를 다시 회복시킨 사실을 반영한 것'이라고 보기도 한다.(진영일, 앞의 논문, 225쪽.)

26 "劉仁軌破我兵於七重城. 仁軌引兵還, 詔以李謹行爲安東鎭撫大使, 以經略之. 王乃遣使, 入貢且謝罪. 帝赦之, 復王官爵"(『삼국사기』 권 7, 新羅本紀 7, 文武王 15년 봄 2월)

그런데 663년 8월 17일 백제부흥군이 왜군과 함께 백강전투에서 당군에 패하여, 僞王子 扶餘忠勝·忠志 등과 士女 및 倭衆, 耽羅國使가 일시에 항복하였다고 하였다.[27] 따라서 탐라국은 662년 신라에 내항하였으나, 백강 전투 당시에 왜와 함께 백제부흥군의 군영에 속하였다고 할 수 있다. 이에 문무왕 2년(662) 탐라국주가 신라에 항복하였다는 것은 나당연합군에 대한 백제의 사비성 함락으로 인한 패배를 인정한 것이었고, 백제 부흥군의 활약으로 다시 백제-왜로 이어지는 동맹의 라인에 있었음을 알 수 있다.

탐라는 백강 전투 이후 665년 8월 13일 就利山 盟約을 마치고 그 사신이 신라, 백제, 왜와 함께 劉仁軌를 따라 당 고종의 태산 封禪儀式에 참여하였다.[28] 또한 태산의 封禪을 행한 665년 8월에 왜에 사신을 파견하였고, 666년 1월 11일과 667년 7월 11일에는 다시 왜에 사신을 파견하여 貢獻하였다. 이는 백제 멸망 이후에도 웅진도독부와 왜, 탐라로 이어지는 연계가 지속되었음을 의미한다.

668년 9월 21일 나당연합군이 고구려 평양성을 함락한 이후 문무왕 19년(679) 2월 문무왕의 탐라 경략 때까지, 탐라는 사신을 신라에 전혀 파견하지 않았지만, 왜에는 669년 1회, 674년 1회, 676년 2회, 678년 1회 등 모두 다섯 차례에 걸쳐 사신을 파견하였다.[29] 사실 이 시기는 신라와 당

---

27 『舊唐書』 권 84, 列傳 34, 劉仁軌.

28 『삼국사기』 권 6, 신라본기 6, 문무왕 5년(665) 가을 8월. 『資治通鑑』 권 201, 唐紀 17, 高宗조나 『册府元龜』 권 981, 外臣部 26, (唐) 高宗 麟德 2년(665) 8월조의 내용도 『삼국사기』와 동일하게 4국의 국사를 데리고 태산 봉선의식에 참가한 것으로 전한다. 다만 『舊唐書』 권 84, 列傳 34, 劉仁軌傳에는, 유인궤가 新羅 및 百濟·耽羅·倭 4국의 酋長을 거느리고 태산 봉선의식에 참여한 것으로 전하고 있어 차이가 있다.

나라 간의 갈등과 전쟁이 있었던 때였다. 669년 탐라 사신의 왜 파견은 668년 9월 고구려 평양성 함락과 관련될 것으로 여겨진다. 674년 윤 6월에 탐라가 파견한 久麻藝 등은 天武天皇의 즉위를 축하하는 사절의 성격을 띤 것이었다고 여겨지는데, 일본은 초청하지 않았다고 하여 이들 탐라사신 일행을 筑紫에서 返却하였다. 다만 이 때에 탐라의 국왕과 사신 등이 일본의 大乙上의 관위를 받았다고 한다.

그런데 676년에는 8월과 9월에 각각 耽羅調使 王子 久麻伎와 耽羅王 姑如가 筑紫와 難波에 도착하였다. 이들은 결국 그 이듬해 7월 8일에 귀국하였다. 이들 왕자와 국왕이 57여 일 차로 연이어 일본에 건너간 것은 매우 급박한 사정이 있었기 때문일 것이다. 아마도 675년 9월 신라의 천성 전투의 승리, 그리고 買肖城 전투에서 李謹行의 20만 군사를 격퇴한데 따른 탐라국의 정책적 방향을 논의하기 위한 것이 아니었을까 한다.

사실 이들의 귀국이 늦어진 것도 나당전쟁의 추이를 관망하고자 한 것이 아니었는가 추측된다. 곧 기벌포 해전으로 나당전쟁이 종결된 이후 676년 11월에서야 이들 탐라객이 귀국하였던 것에서 그러한 추측이 가능하다. 이들 탐라객이 귀국한 이듬해인 678년 8월 28일, 탐라는 다시 王子 都羅를 일본에 보내어 조공하였으나, 그는 이듬해 1월 22일에야 일본의 수도에 나아갈 수 있었다. 이처럼 이들 탐라사신들의 向京이 늦어진 것

29 669년 3월 1일 王子 久麻伎 등의 貢獻(『日本書紀』 권 27, 天智天皇 8년 春 3월 己丑), 674년 윤6월8일 王子 久麻藝·都羅·宇麻 등의 조공(같은 책, 권 29, 天武天皇 2년 閏 6월 壬辰), 676년 8월 1일 王子 久麻伎가 調使로서 筑紫에 이른 것(같은 책, 권 29, 天武天皇 4년 秋 8월 壬申), 676년 9월 27일 耽羅王 姑如가 難波에 도착한 것(같은 책, 권 29, 天武天皇 4년 秋 9월 戊辰), 678년 8월 28일 王子 都羅의 朝貢(같은 책, 권 29 天武天皇 6년 秋 8월 戊午) 등을 들 수 있다.

은, 일본 조정 내에서 그들의 使命에 대한 방침을 정하는 데 상당한 논란이 있었기 때문이 아닐까 추측해볼 수 있다.

그의 使命이 무엇이었는지는 나타나지 않으나, 都羅의 일본 파견은 678년 4월에 신라가 阿湌 天訓을 武珍州都督으로 임명한 데 따른 것이 아니었을까 한다. 이처럼 탐라가 일본에 계속 사신을 파견한 것은, 당시의 정세 곧 신라가 671년 7월 26일 나당전쟁 중에 소부리주를 설치하여 아찬 眞王을 도독으로 임명하고, 676년 11월 기벌포 해전에서 당나라를 격퇴하여 사실상 나당전쟁을 승리로 이끈 것, 그리고 678년 4월 무진주 도독을 임명하여 파견함으로써 전라도 일원까지 지배력을 확대한 것과 관련될 것이다.

사실 676년 8, 9월 耽羅王子 久麻伎와 耽羅王 姑如가 일본에 가서 체재 중일 때에, 일본의 사신이 676년 10월 10일 신라에 파견되어 677년 2월 11일에 귀국하였다. 일본 사신의 신라 체재 중에 기벌포 해전이 있었고, 그 결과는 일본 조정에 보고되었을 것임은 분명하다. 또한 신라에서 676년 11월 3일 金淸平이 일본에 파견되어 677년 8월 27일에 귀국하였다.

탐라의 왕과 왕자가 676년 8, 9월부터 677년 7월 8일까지 일본에 체류하였으므로, 귀국한 일본 사신으로부터 기벌포 해전의 결과를 익히 들었을 것이다. 또한 신라의 사신과 같은 해 11월 3일부터 다음 해 7월 8일까지 무려 8개월여 동안 함께 일본에 체류하였던 만큼, 양국 사신간에 상당한 정보의 내왕이 있었으리라 예상할 수 있다. 金淸平의 사명 가운데 '請政'이 있었던 만큼, 기벌포 해전의 결과에 따른 향후 대책 등에 대하여 신라-일본간의 협의가 있었을 것이고, 여기에서 신라는 탐라에 대한 정책 방향을 분명히 하였을 것이라 본다. 이처럼 일본에서, 이미 일본 조정과 탐라, 신라와 일본 조정, 그리고 신라와 탐라 간의 논의 과정이 있었을 것인 만큼, 신라 조정으로서는 679년 2월 탐라국에 군대가 아닌 사신만을 보내어 신라의 의지를 관철할 수 있었고, 그러한 사실을 '略'이라 표현하지 않았을까 한다. 신라는 현실적으로도 671년 7월 전격적으로 소부리주를 설치하였다고는 하나, 웅진 일원은 당과 웅진도독부의 점유 내지 신라와 상호 전쟁 중이었다. 이때에 신라의 실제적인 지배력이 탐라에까지 미치기는 어려웠다고 할 수 있다.

요컨대 문무왕 19년(679) 2월 신라가 사신을 보내어 탐라국을 경략할 수 있었던 것은, 문무왕 16년(676) 11월 소부리주 기벌포해전에서 신라가 당나라에 승리함으로써 나당전쟁을 일단락 짓고, 문무왕 18년(678) 4월 阿湌 天訓을 武珍州 都督에 임명함으로써 전라도 일원을 장악함과 아울러 탐라국에 이를 수 있는 항구를 확보한 때문이라 할 수 있다. 또한 일본에서의 신라사신과 탐라국 간의 논의, 일본조정과 탐라, 일본과 신라 간의 충분한 협의가 있었던 만큼, 무력이 아닌 사신의 파견만으로 탐라에 대한 신라의 정책을 쉽게 성사할 수 있었던 것이 아닌가 한다.

Ⅲ. 탐라국의 신라와의 정치 외교적 관계

각종 사서에는 탐라가 백제에 이어 신라에 부용하였다고 기술하였다.[30] 『고려사』 지리지나 『세종실록』 지리지에는 신라가 융성할 때에 탐라국의 15대손 高厚와 高淸의 형제 3인이 耽津에 건너가 조공하였다 하

30 "耽羅國, 一曰儋羅, 居新羅武州南島上, 初附百濟, 後附新羅."(『資治通鑑』 권 201, 唐紀 17, 高宗 麟德 2년(665) 8월 壬子.
"龍朔初 有儋羅者 … 初附百濟 麟德(664~665)中 酋長來朝從帝至太山 後附新羅"(『新唐書』 권 220, 列傳 145, 東夷 流鬼)

고, 『삼국사기』의 백제 문주왕과 동성왕조 기사 및 신라 문무왕 2년조의 기사를 전재하였다. 다만 양서 모두 탐라국주가 신라에 내항한 시점을 문무왕 원년(661)이라 하여 약간의 차이가 있을 뿐이다.[31]

사실 문무왕 2년(662) 탐라국주의 신라 내항과 문무왕 19년(679) 신라의 탐라국 경략에도 불구하고, 탐라국은 여전히 일본과 통교할 뿐더러 백제의 관등을 유지하였다. 또한 신라에는 애장왕 2년(801)에서야 조공한 기사(C)가 보일 뿐이다. 이 조공 기사는 신라가 타국으로부터 조공을 받은 유일한 기사이다.

앞서 살폈듯이 탐라는 문무왕 2년 신라에 항복하였다고 하나, 그것은 나당연합군이 백제를 멸망시킨 데 따른 백제 부용국으로의 항복이라 할 수 있다. 그러나 탐라국은 백제부흥운동과 당나라의 웅진도독부 설치, 백강전투에서의 나당 연합군의 승리, 취리산맹약과 나당전쟁을 거치는 와중에서, 기왕에 백제 부용국으로서 백제부흥군을 지원하였던 것으로 보인다. 백제부흥운동이 백강전투의 패배로 실패함으로써 탐라의 사신은 당의 유인궤를 따라 태산 봉선의식에 참여하였고, 그로 인하여 당나라에 의한 웅진도독부이지만 백제의 명맥을 잇는다는 점에서 신라보다는 웅진도독부측에 경도되었다고 할 수 있다. 이러한 성향으로 말미암아 백제부흥군을 지원하였던 천지천황의 일본 조정과도 긴밀하게 통교하였다고 본다. 일본 또한 백제부흥운동을 지원하였던 천지천황의 재위기에는 백제의 명맥을 잇고 있었던 웅진도독부의 백제와도 빈번하게 사신을 내왕하였다.[32] 탐라와 일본과의 통교도 탐라의 백제와의 친연성 곧 과거에

31 『고려사』 권 57, 志 11, 地理 2, 전라도, 진도현 탐라현. 『世宗實錄』 地理志 권 151, 全羅道 濟州牧.

32 鈴木靖民은, 天智 7년(668) 4월 庚午 이전의 사신은 웅진도독부로부터 파견되

백제의 부용국이라는 측면에서 일본과 통교하였다고 여겨진다.

그러나 일본의 조정은, 천지천황이 672년 1월 10일 사망하고 임신의 난을 겪었다. 이후 동북아시아 각국의 일본과의 외교는, 신라를 비롯하여 안승의 고구려와의 내왕으로 점철되었고, 기왕의 당이나 웅진도독부의 백제와의 내왕은 단절되었다.[33] 이러한 일본 내의 정치적 변화에 따라 674년 탐라의 사신이 筑紫에서 반각되었다. 676년의 일본과의 교섭 또한 탐라왕이 직접 일본에 건너감으로써 일본 조정과 교섭할 수 있었고, 678년의 사신 또한 일본에 도착한 지 5개월여 만에 일본의 평성경으로 향할 수 있었던 것이 아닌가 한다. 사실 674년 탐라의 사신이 筑紫에서 반각될 때에 처음으로 받은 大乙上이라는 관위는 天智天皇 3년(664)

었고, 이 때부터 天智 10년(671) 6월 庚辰의 최후 백제 사신까지는 백제 유민에 의해 사신을 파견한 것으로 보았다.(鈴木靖民, 「百濟救援の役後の百濟および高句麗の使について」, 『日本歷史』 241, 1968, 30~31쪽) 대체로 씨가 지적한 대로 天智 7년(668) 4월 庚午 이전의 백제 사신은 百濟鎭將으로 표현되고 있어 당의 유인궤 등이 웅진도독부에서 파견한 것은 옳지만, 그 이후 파견된 백제 사신은 백제 유민이라기 보다는 당의 백제에 대한 정책 곧 百濟復國論에 따라 당이 건립하고자 한 백제로 이해하는 것이 보다 정확한 것이라 여겨진다.

33 鈴木靖民은 백제의 일본 파견 사신이 天智 10년(671) 6월 庚辰 이후로 보이지 않은 것은 신라에 의해 압박을 받음으로써 이 시점에 이르러 완전히 백제가 소멸한 때문으로 보았다.(鈴木靖民, 위의 논문, 32쪽) 그러나 신라가 당의 백제 복국론에 대항하여 671년 7월 26일 나당전쟁 중에 소부리주를 설치하여 아찬 眞王을 도독으로 임명하였다고는 하나, 실제적으로 신라가 백제 전지역을 통치권 안에 둔 것은 676년 11월 기벌포 해전에서 당나라를 격퇴하여 사실상 나당전쟁을 승리로 이끈 이후, 678년 4월 무진주 도독을 임명함으로써 비롯하였다고 본다. 따라서 백제의 일본에 대한 사신 파견이 중단된 것은 일본 조정의 壬申의 亂으로 인한 집권 세력의 외교정책의 변화가 더 큰 요인으로 작용하지 않았을까 한다.

2월 9일 제정한 일본 26계의 관위 가운데 제19階로서, 天智天皇 10년(671) 1월 백제의 유망민인 佐平 餘自信·沙宅紹明이 大錦下(제9계)를, 鬼室集斯가 小錦下(제12계), 達率의 관위를 가진 이들이 大山下(제15계)·小山下(제18계) 등을 받은 것[34]에 비교할 때에, 일본 조정이 탐라국왕을 보는 관점을 여실히 드러낸다.

문무왕 19년(679) 신라의 탐라 경략 이후, 일본은 탐라와 몇 차례 통교하였다. 天武天皇 8년(680) 9월 23일 遣高麗使와 遣耽羅使가 사행을 마치고 돌아왔고, 天武天皇 13년(685) 10월 3일 탐라에 보낸 사신이 天武天皇 14년(686)년 8월 20일에 귀국하였다. 또한 탐라왕은 持統天皇 2년(688) 8월 25일 일본에 佐平 加羅를 보내어 방물을 바쳤고, 持統天皇 7년(693) 11월 7일에는 耽羅王子·佐平 등에게 물품을 차등있게 내렸다. 문무왕 19년 신라의 탐라 경략 이후, 일본은 전후 두 차례에 걸쳐 탐라에 사신을 보냈고, 탐라도 두 차례에 걸쳐 일본에 사신을 파견하였다.

그런데 일본의 遣耽羅使의 경우 遣高麗使와 함께 보낸 듯하다. 곧 天武天皇 8년(680)의 사행은 遣高麗使人과 遣耽羅使人이 함께 복명하였고, 天武天皇 14년(686) 8월 20일에 遣耽羅使人이 귀국하고 나서 같은 해 9월 20일에 遣高麗國使人이 귀국하였다. 이는 일본 조정에서 高麗 곧 안승의 고구려(보장국)와 탐라국을 동일한 지위로 보고 사신을 파견한 데서 비롯한 것이 아닐까 한다.

이들 일본의 遣高麗使人과 遣耽羅使人의 사행 목적은 분명하지 않다. 다만 天武天皇 8년(680)의 遣高麗使는 天武天皇 8년(680) 2월의 고구려 사신과 관련될 듯한데, 혹 문무왕 20년(680) 3월 보덕왕 안승과 文武王妹

---

34 『日本書紀』 권 27, 天智天皇 10년(682) 春 1월.

와의 혼인과 관련된 내용이 아닐까 추측해 볼 수 있을 듯하다.

天武天皇 14년(686) 일본의 사신은, 遣耽羅使人만이 天武天皇 13년(685) 10월 3일에 출발하여 天武天皇 14년(686) 8월 20일에 귀국한 것임을 분명하게 밝혔다. 이와 같이 사신의 출발과 귀국일자를 분명하게 전하는 것은 무엇인가 중요한 사안이 있었기 때문일 것이다. 이 시기에 주목되는 사안으로는, 唐에 보냈던 學生 土師宿禰甥·白猪史寶然과 百濟의 戰役 때 唐의 포로가 된 猪使連子首·筑紫三宅連得許의 귀국 문제가 아니었을까 한다. 그들의 귀국 경로는 분명하지 않으나, 이들의 귀국을 위해 遣耽羅使를 파견하였을 가능성이 높다. 아마도 齊明天皇 7년(661) 5월 23일 越州로부터 귀국하는 伊吉連博得 등이 탐라에 표착하자, 탐라가 王子 阿波伎를 보내어 송환하였던 전례로 미루어 일본의 견탐라사 파견이 이루어지지 않았을까 한다.

또한 당시의 遣高麗使는 大文의 보덕국 모반사건으로 고구려의 명맥이 끊이게 되자, 그 유민들을 위한 조치였다고 여겨진다.[35] 사실 일본 조

35 村上四男은, 天武天皇 13년(685) 일본의 遣高麗使는 고구려 망명자를 데려오기 위한 것으로 추측하였는데(村上四男, 「半島(金馬渚)の小高句麗國」, 『紀要(人文科學)』 8. 和歌山大學, 1958 ; 『朝鮮古代史研究』, 開明書院, 1978, 260쪽), 鈴木靖民은 이 시기 고구려 유민을 중시한 것은 사실이지만, 일본조정이 신라의 고구려유민에 대한 방책과 마찰을 일으키거나 개입할 까닭이 없다는 점에서 村上四男의 견해를 억측이라 하여 부정하였다.(鈴木靖民, 앞의 논문, 38쪽) 그러나 신문왕 4년(684) 11월에 금마저에서 일으킨 고구려 장군 대문의 모반이 진압되고, 天武天皇 13년(685) 5월에 일본의 遣高麗使가 파견되어 그 이듬해 9월 20일에 귀국하였다는 것, 그리고 후술하듯이 遣高麗使가 귀국한 지 7일만인 9월 27일에 歸化한 高麗人들에게 祿을 내렸다는 일련의 과정에서 보덕국민이 일본의 遣高麗使를 따라 일본에 망명하였던 사실을 보여준다. 고구려(보덕국)의 명운이 끊어진 상황에서 보덕국에 파견된 일본사신과 보덕국간에

정이, 遣高麗使가 귀국한 7일 후인 天武天皇 14년(686) 9월 27일에 歸化한 高麗人들에게 祿을 내린 것이나, 持統天皇 원년(687) 3월 15일에 이들 고구려 귀화인을 常陸國에 안치하고 田을 지급하여 생업에 종사할 수 있도록 한 것은 이러한 사정을 반영하리라 본다.

아무튼 일본 도당 유학생과 당의 포로가 된 자들은 遣耽羅使를 파견한 한 달여 뒤인 天武天皇 13년(685) 12월 6일 신라사를 따라 筑紫로 귀국하였다. 이후 견당 유학생이나 사신들은 신라를 거쳐 일본에 귀국하였는데, 항상 신라가 送使를 보내어 호송하였다.

신라는 持統天皇 4년(690) 9월 23일 送使 金高訓으로 하여금 일본 도당 유학승 智宗·義德·淨願과 軍丁 大伴部博麻 등을 데리고 筑紫로 호송하게 하였다. 또한 光仁天皇 寶龜 9년(778) 11월 10일 일본의 견당사 海上眞人三狩 등이 耽羅嶋에 표착하자, 일본조정은 光仁天皇 寶龜 10년(779) 2월 13일 견신라사를 파견하여 저들의 견당사를 찾아 돌려보낼 것을 요청하였다. 이에 신라는 光仁天皇 寶龜 11년(780) 정월에 이들을 찾아 사신을 보내 송환하였다. 당시에 일본이 신라 조정에 이들의 송환을 요청한 것은, 이미 天武天皇 13년(685) 도당유학생과 당 포로의 송환, 그리고 持統天皇 4년(690) 도당유학생의 송환을 신라가 주도했던 사정과 무관하지 않다. 이로 미루어 볼 때에 신라는 天武天皇 13년(685) 무렵에 이미 대일 교섭에 있어서 탐라의 외교권을 박탈하였던 것이라 믿어진다. 이러한 조치는 아무래도 문무왕 19년(679) 2월 신라의 탐라국 경략에 따른 것일 가능성이 높다.

모종의 협의가 있었으리라 여겨지며, 이들을 따라 보덕국민이 망명하였다면 이들 견고려사의 사명은 보덕국 유민의 망명과 관련된 것이라 보아 좋을 것으로 여겨진다.

그럼에도 불구하고 『삼국사기』에는 탐라를 '탐라국'이라 지칭하고 있어, 신라가 탐라국을 하나의 나라로 인식하였음을 알 수 있다. 문무왕 2년(662)조에는 신라에 내항한 주체를 '耽羅國主'라 하고, 항복하여 속국이 된 것으로 일컬었다. 또한 문무왕 19년(679)에는 경략의 대상으로서 '탐라국'을 지칭하였으며, 애장왕 2년(801)조에는 '탐라국'을 신라에 조공한 주체로 보았다. 이렇듯이 신라는 탐라국을 하나의 국가로 인식하였다.

중국의 사서 곧 『자치통감』이나 『신당서』, 『당회요』 등에서는, 탐라를 新羅 武州 南島상에 있는 신라에 부용한 나라[附新羅]로 보았는데, 이는 탐라국이 661년 당나라에 사신을 보내어 조공하고, 665년 당 고종의 泰山 封禪 때에 참여할 때의 인식을 반영한 것이라 할 수 있다. 『일본서기』의 耽羅와의 외교 관련 기록에서는, 王子 阿波伎(661. 5.), 王子 姑如(666. 1. 11.), 佐平 椽磨(667. 7. 11.), 耽羅王(669.3.18.), 王子 久麻藝·都羅·宇麻等(674.윤6. 8.), 國王 및 사신 久麻藝(674.8.25.), 調使 王子 久麻伎(676. 8. 1), 耽羅王 姑如(676. 9. 27), 王子 都羅(678. 8. 28.), 耽羅 使人(686. 8. 20.), 耽羅 佐平 加羅(688.9.23.), 耽羅王子·佐平(693. 11. 7.) 등을 확인할 수 있다. 이미 지적되듯이 이들로부터 탐라에는 국왕(탐라왕)과 王子가 있고, 王子姑如(666. 1. 11.)와 耽羅王姑如(676. 9. 27)의 사례에서 보듯이 국왕이 세습되었으며, 그 휘하에 백제의 관등인 佐平을 칭하는 관료가 있었음을 알 수 있다. 또한 대일 외교에 있어서 왕자가 사신으로 파견되는 경우가 많았으며, 왕자를 고위관료인 佐平이 보좌하여 파견되기도 하였음을 알 수 있다.

일본측 사료에는 일본에 보낸 탐라의 사신을 처음에는 貢獻(661.5.23, 666.1.11, 667.7.11, 669.3.11) 내지 來朝(665.8)라고 일컬었다. 그런데 그 후로 朝貢(674.윤6.8.)과 調使(676.8.1) 등으로 바뀌었다가, 다시 獻方物(688.8.25)의 형식으로 변화하였다. 貢獻과 來朝가 외교적 교섭의 내왕의 형식이라면, 朝貢과 調使는 상하의 관계가 설정된 상황에서 공조를 상국에 예물로 드리는 형식을 의미하며, 獻方物은 그 나라 특산물을 주는 것으로서 공조와는 다른 일종 외교적 예물의 증여 정도로 이해된다.[36]

일본 사료의 소중화적 서술을 감안한다고 하더라도 이러한 서술상의 변화에 보이는 탐라와 일본의 관계는, 백제멸망 후 백제 부흥운동기와 웅진도독부 기간 동안은 일본과 교류 차원의 교섭이었고, 그후 나당전쟁기에는 일본과 조공의 형식으로 긴밀히 교섭하였으며, 나당전쟁이 신라의 승리로 종결된 이후로는 다시 외교적 내왕 관계로 바뀌었다고 할 수 있다. 특히 '조공' 관계에서 다시 외교적 내왕 관계로의 변화는, 신라가 나당전쟁에 승리하고 나서 문무왕 19년(679) 신라의 탐라국 경략으로 신라의 부용국이 된 때문이었다고 여겨진다.

문무왕 19년(679) 신라의 탐라국 경략 이후, 신라는 대일 교섭에 있어서 탐라 관련 문제까지 주도하였다. 일본의 遣耽羅使의 경우는 항상 遣高麗使와 함께 파견되었고, 그것도 표착 일본사신을 찾기 위한 것이었던 것으로 추측되는데 그 마저도 신라와 일본이 직접 교섭하는 형식으로 바뀌었다. 이러한 관계는, 나당전쟁기에 일본에 파견된 탐라 사신을 '朝貢使' 내지 '調使'라고 일컬었으나, 나당전쟁이 신라의 승리로 종결되면서

36 寶龜 원년(770) 3월 일본에 파견된 신라사 김초정이, 외교형식과 관련한 土毛 논쟁시에, 일본의 재당대사 藤原河淸과 學生 朝衡 등의 서신을 전달하면서 물품을 바치기 때문에 調라 칭하지 않고 土毛라고 칭하였다는 데서(『續日本紀』 권 30, 稱德天皇 寶龜 元年(770) 3월 4일), 土毛 또는 方物과 調에 대한 당시의 인식을 살필 수 있다. 곧 당시 신라의 입장에서는 신라에서 생산된 물품을 土毛라고 하였고, 이를 외교적 증여물로 기능할 때에 '調' 또는 '國信物'이라 지칭하였던 것이다(박남수, 「통일신라의 대일교역과 애장왕대 '교빙결호'」, 『사학연구』 88, 2007 ; 『한국 고대의 동아시아 교역사』, 주류성, 2011, 237쪽).

일본과는 다시 교류의 형식인 '獻方物'로 바뀐 것에서도 짐작할 수 있다.

그러나 탐라는 일본에 마지막으로 사신을 파견한 693년 11월 7일까지도 옛 백제의 좌평 관등을 지닌 사신을 파견하였다. 이러한 백제 관등은 탐라국이 백제의 부용국이었을 당시에 수용된 것이리라 여겨지지만, 신라에게 내정을 크게 구애받지 않았던 사정을 보여준다. 앞서 일본의 견탐라사 파견과 함께 견고려사가 파견되었던 데서, 당시 탐라의 국가적 지위는 안승의 고구려와 유사하지 않았을까 한다.

안승의 고구려는 멸망한 고구려를 계승하여 종묘와 사직을 두고, 고구려 전통의 관등을 유지하였다. 다만 일본과의 교섭에 있어서는 항상 신라 송사의 도움을 받았지만, 외교적 접촉에서는 독립된 국가로서의 지위를 잃지 않았다. 당시 해군력이 없었던 고구려로서는 신라의 선박을 이용하지 않을 수 없었을 것이고, 신라는 송사와 함께 고구려 사신을 일본에 보내고, 송사는 築紫에서 되돌아오곤 하였다. 따라서 고구려의 일본과의 교섭은 독립된 국가로서의 면모를 잃지 않았다고 본다.

그럼에도 불구하고 고구려는 신라로부터 책봉을 받았고, 형제 나라의 의리로 신라를 대국으로 여겼다. 이는 당시에 신라가 황제로서의 지위에 있었음을 의미하며,[37] 문무왕 20년(680) 3월 보덕왕 안승에게 金銀器 등

---

37 김창겸은 662년(문무왕 2)에 耽羅國으로부터 朝貢을 받았던 것과 安勝을 高句麗王(뒤에 報德國王)으로 책봉하고 表文을 받은 사실로써 신라의 국왕은 중앙의 황제적 지위에서 주변국을 제후국에 봉한 것이라는 견해를 밝힌 바 있다. (김창겸, 「신라 국왕의 황제적 지위」, 『신라사학보』 2, 2004, 224쪽) 먼저 耽羅國으로부터 朝貢을 받은 시기는 애장왕 2년(801)의 일로서 이에 대한 필자의 착오가 있었던 것으로 보인다. 다만 신라의 황제적 지위에 대한 견해는 어느 정도 인정되는 부분이 없지 않다. 그럼에도 불구하고 문무왕 때의 탐라 복속이나 애장왕 때의 탐라 조공의 의미와 성격에 대해서는, 신라와 탐라간의 외교

을 내리며 문무왕의 누이와 혼인을 시키도록 하교하자, 같은 해 5월 안승이 표문을 올리면서 문무왕의 누이를 '帝女'라고 일컫는 데서도 확인할 수 있다. 또한 근래에 발견된 「大唐 故 右威衛將軍 上柱國 禰公墓誌銘 幷序」(678.10.2.)에서 일컬은 "僭帝一旦稱臣"[38]의 '僭帝' 또한 문무왕으로 여겨지거니와, 신라가 황제의 나라로서 안승의 고구려를 대하였다고 할 수 있다.

탐라국도 안승의 고구려와 마찬가지로 국왕과 왕자, 그리고 백제로부터 이어져 오던 좌평 등의 관등을 유지하였고, 일본과의 교섭도 비교적 자유로왔다. 그러나 고구려는 신문왕 3년(683) 10월 안승이 신라의 관등 소판에 임명되면서 고구려민이 黃衿誓幢으로 편성되고, 신문왕 4년(684) 11월에 금마저에서 일으킨 고구려 장군 대문의 모반이 진압됨으로써 그 명맥이 끊어졌던 것이다. 안승을 소판에 임명하고 고구려민을 9서당에 편성한 것은 일종 신라의 고구려 병합책의 일환으로서, 대문의 반란은 이에 대한 반발이었다고 여겨진다. 지적되듯이 신라가 신문왕 6년(686) 고구려인에게 신라의 京官을 수여하고 보덕성민으로써 벽금서당을 편성한 것은 신라의 고구려인에 대한 전략적인 최종 병합책이었던 것이다.[39] 이러한 정세 변화에 따라 일본은 天武天皇 13년(685) 견고려사를 파견하

적 관계 등을 검증하지 않고 단순히 '조공'이라는 어귀만으로 황제-제후의 관계를 설정한다면, 『일본서기』에 보이는 신라 등의 일본에 대한 조공 기사로써 한국 고대국가를 천자-제후의 관계로 설정하고자 하는 일본 학계와 동일한 잘못을 범하게 되며, 고대 중국과 한국의 관계 또한 '조공'이라는 문구에 얽매여 우리 고대사의 독자성을 멸실할 우려가 있다는 점을 지적해 두고자 한다.

38 拜根興, 「百濟移民墓志石刻資料匯集」, 『唐代高麗百濟移民研究』, 中國社會科學出版社, 2012, 306쪽.

39 鈴木靖民, 앞의 논문, 42~43쪽.

여 그 이듬해 9월 20일에 귀국하였고, 693년 11월 7일 탐라가 보낸 사신은 일본과의 교섭에 있어서 마지막 사신으로 기록되었던 것이다.

사실 탐라로서는 고구려의 명맥이 신라의 무력에 의해 끊기게 된 상황을 목도하였고, 백제 동성왕 때에 무력에 의한 진압 직전 상황까지 갔었던 경험으로 미루어, 신라에 대한 부용을 받아들이지 않을 수 없었을 것이다. 이후 탐라의 일본 사신 파견이 보이지 않고, 애장왕 2년 신라에 대한 조공 기사가 나타난 것은 이러한 배경 때문이리라 여겨진다.

Ⅳ. 탐라의 물산과 신라의 동아시아 교역

탐라의 물산에 관한 최초의 기록은 『삼국지』 魏書 30, 東夷傳 韓조 말미의 州胡조에 보인다. 주호는 『해동역사』 권 16, 世紀 16, 諸小國조에서 '탐라가 아닌가 의심스럽다'고 지적한 이래로, 淸末의 지리학자 丁謙(1843~1919)은 州胡를 지금의 濟州로 보았다. 현재 학계에서 이를 탐라의 전신으로 보는 데는 이론이 없다.[40] 『삼국지』에는 주호의 물산에 대하여 '소와 돼지 기르기를 좋아한다'고 기술하고, 배를 타고 韓中과 교역한다고 하였다. 아마도 주호인이 입었다는 가죽옷이란 이들 소와 돼지 등의 가죽으로 만들었을 것이다. 또한 한중과의 교역 기사에서 주호인들은 3세기 중후반부터 이미 해상 교역을 통하여 필요한 생필품을 한으로부터 구입하였음을 알 수 있다. 이는 탐라가 섬이라는 지정학적 위치상 피할 수 없는 것으로서, 주변 여러 나라와의 교역은 생존의 필수조건이

40 李丙燾, 1976, 「州胡考」, 『韓國古代史硏究』, 박영사, 297쪽.

었다고 하겠다.

그 밖에 탐라의 물산으로는 고구려 문자왕 13년(504) 고구려 사신 悉弗進이 북위의 世宗에게 사뢴 말 가운데 涉羅의 珂가 보인다.[41] 涉羅를 신라로 보는 견해도 있지만 대체로 탐라를 지칭한 것으로 본다.[42] 珂에 대해서는 희옥돌 또는 조개로 만든 말재갈 장식으로 보거나, 마노로 파악하기도 한다.[43]

그런데 『당회요』와 『신당서』, 『세종실록』에는 탐라[제주]의 물산을 다음과 같이 전한다.

D. 그 나라[백제]의 남쪽에서 바다로 석달을 가면 聃牟羅國이 있는데, 남

---

41 『魏書』 권 100, 列傳 88, 高句麗. 『三國史記』 권 19, 高句麗本紀 7, 文咨王 13년 4월.

42 장창은, 앞의 논문, 107~109쪽.

43 장창은, 위의 논문, 106~113쪽. 그런데 涉羅=신라설'에 있어서 과연 『진서』의 薛羅를 涉羅와 동일시할 수 있는가, 그리고 섭라의 산물이라는 '珂'를 마노라고 확정할 수 있는가, 무엇보다도 동일한 『위서』에서 왜 신라와 섭라의 명칭이 함께 등장하는가 하는 점 등에 대한 해명이 필요하리라 본다. 이에 대해서는 향후 보다 자세한 검토가 필요할 것이지만, 필자로서는, 아무리 과장이 있었다고 하더라도 正始 연간(504~507)에 과연 '백제가 신라를 병탄하였다'고 고구려가 북위에게 일컬을 수 있었을까 하는 의문을 비롯하여, 당시 백제가 남제와 송, 동진 등의 나라와 활발하게 교류하였으며, 『수서』에서 탐라(탐모라국)와 백제, 백제와 고구려(貊國)의 거리를 운위한 것은 고구려가 백제 병탄 이전에 탐라와 교류하였던 사정을 반영한 것으로 보아야 한다고 본다. 특히 5세기 후반 백제가 獫狁의 침략을 물리쳤다는 기사가 있고, 위 정시연간에 고구려의 약화된 모습에서 최소한 한반도 중서부 이남의 제해권은 백제의 통제하에 있었다고 보는 것이 자연스러운 바, 고구려의 '백제의 섭라 병탄'의 언급에 보이는 섭라는 탐라를 지칭한다고 보아야 하지 않을까 한다.

북으로는 천여 리이고 동서로는 수백 리이며, 토산물로는 노루와 사슴이 많다.[土多麞鹿] 百濟에 附庸되어 있다. 百濟에서 서쪽으로 사흘을 가면 貊國에 이른다고 한다(『隋書』 東夷列傳, 百濟).

E. 耽羅는 新羅 武州 바다 위에 있는데, 山島 위에 거처한다. 주위가 모두 바다에 접해 있고, 북쪽으로 백제까지 5일 거리로 떨어져 있다. 그 왕은, 성이 儒李이고, 이름이 都羅이다. 城隍이 없고, 5部落으로 나뉘어 만들었다. 그 屋宇는 둥근 담장으로 둘러싸고 풀로 지붕을 덮었다. 戶口는 8,000이고, 활(弓), 칼(刀), 방패(楯), 창(矟)이 있고, 문자의 기록은 없다. 오직 鬼神을 섬기고, 항상 백제에 속하여 부역하였다.[常役屬百濟] 龍朔 원년(661) 8월 朝貢使가 이르렀다(『唐會要』 권 100, 耽羅國).

F. 龍朔 初에 儋羅가 있었는데, 그 왕 儒李都羅가 사신을 보내어 入朝하였다. 나라는 신라 武州 남쪽 섬 위에 있는데, 풍속이 소박하고 누추하다. 큰 돼지 가죽[大豕皮]으로 옷을 입고, 여름에는 가죽으로 만든 집[革屋]에 거처하고, 겨울에는 굴방[窟室]에서 지낸다. 토지는 五穀이 나며, 경작하는데 소를 사용하지 않고 이빨모양의 쇠스랑[鐵齒]으로 땅을 고른다. 처음에 백제에 부용하였는데, 麟德(664~665) 중에 추장이 내조하여, 황제를 따라 太山에 이르렀고, 후에 신라에 부용하였다(『新唐書』 권 220, 列傳 145, 東夷 流鬼).

위의 사료 가운데, 『수서』(D)에서는 탐라[躭牟羅國]의 토산으로서 노루와 사슴[麞鹿]을 들었다. 그런데 『당회요』(E)와 『신당서』(F)의 기사에서는 노루와 사슴에 대한 정보는 전혀 보이지 않고 탐라의 생활과 규모, 군사 관련 내용이 중심을 이룬다. 『당회요』(E)와 『신당서』(F)의 탐라에 대한 정보는 661년 탐라 사신의 조공과 665년 당 고종의 태산 봉선 때에 획득한 것으로 보인다. 탐라국왕을 儒李都羅라고 특정하고, 태산 봉선 이후의 내용이 전혀 보이지 않는데서 짐작할 수 있다.

이에 백제의 사비성이 나당연합군에 의해 함락될 무렵의 탐라는, 5개 부락으로 구성되었고, 인구는 8,000명 정도였으며,[44] 활(弓), 칼(刀), 방패(楯), 창(矟)으로 무장한 군인이 존재하였으며, 五穀을 생산하고 돼지를 키웠음을 알 수 있다.

이들 자료 외에 고대 탐라의 물산과 관련된 것으로는, 天平 10년(738)의 「周防國正稅帳」에 보이는 耽羅方脯와 『延喜式』 권 24, 主計上式의 調에 보이는 肥後國과 後農國의 耽羅鰒, 『扶桑略記』 延長 7년(929) 5월 17일조에 보이는 海藻 등이 있다.[45]

또한 고려 건국 이후로 탐라는 태조 8년(925) 11월 方物을 貢上한 이래로 빈번하게 방물을 바쳤다. 문종 6년(1052) 3월에는 橘子의 歲貢을 100包子로 개정하였다고 한다. 문종 7년(1053) 2월에는 牛黃·牛角·牛皮·螺肉·榧子·海藻·龜甲 등을 바치고, 公服·銀帶·彩段·藥物 등을 회사받았다. 또한 문종 33년(1079) 11월에는 耽羅勾當使 尹應均이 큰 진주 두 매를 바쳐 이를 야명주로 일컫기도 하였다. 이들 탐라에서 고려에 바친 물품은 탐라의 산물로서, 아마도 통일 신라의 대외 교역 과정에도 주요한 역할을 하였으리라 여겨진다.

사실 天平 10년(738)의 「周防國正稅帳」에 보이는 耽羅方脯는, 部領使 大宰府少判事 從7位下 錦部連定麻呂가 天平 10년(738) 4월 19일 周防國에 첩을 보내어 그 대금 지출을 요청한 물품 가운데 하나이다. 당시의 물품은 造蘇 4升, 納壺 4口, 乳牛 6頭, 飼稻 48束을 비롯하여, 交易御履料 牛皮 2領(價 稻 170束), 交易鹿皮 15張(價 稻 61束), 耽羅方脯 4具(價

44 이청규, 앞의 논문, 680쪽.

45 森公章, 앞의 논문, 1985 : 앞의 책, 1998, 227~228쪽.

稻 60束), 市替傳馬 11匹(價 稻 2750束) 등인데,[46] 대금 지출 요청서는 天平 10년(738) 4월 19일 大宰府에서 이첩한 것이다. 이들 물품이 대재부에서 天平 10년(738) 4월 19일 무렵에 매입된 것임을 알 수 있다.

그런데 天平 10년(738) 정월에 金想純 등 147명의 사신단이 大宰府에 도착하였다. 이들은 平城京에 들어가지 못하고 대재부에 머물다가, 같은 해 6월 24일 대재부의 향응을 받고 放還되었다.[47] 이들 신라 사신의 방환은 735년 신라사신 金相貞 등이 신라를 '王城國'이라 일컬음으로써 返却되면서부터였다.[48] 이후 신라와 일본의 교섭은 갈등의 연속이었고, 효성왕 원년(737)에는 일본의 견신라사 일행을 신라 왕경에 들어오지 못하게 하여 돌려보낸 바 있다. 김상순의 사행은 이러한 시점에 이루어진 것이지만, 김상순 때부터 신라 사신단의 수는 이전 시기에 비하여 급격히 늘어났다. 이는 사신단이 반각되더라도 가지고 간 물건을 교역할 수 있었던 때문이었다.[49]

김상순 일행은 6개월여 동안 大宰府에 머물렀고, 天平 10년(738)의 「周防國正稅帳」에 보이는 물품은 大宰府에서 天平 10년(738) 4월 19일 周防國에 첩을 보내어 대금을 지불하도록 한 것이었다. 말하자면 대재부가 요청한 시기에는 147명의 신라사신단이 대재부에 머물고 있었던 것이다.

이에 天平 10년(738)의 「周防國正稅帳」에 보이는 耽羅方脯는 바로 신

---

46 「周防國正稅帳」, 東京帝大文科大史料編纂掛 編, 『大日本古文書(編年文書)』 권2, 1901, 130~146쪽. 東京大 史料編纂所 奈良時代古文書フルテキストデータベース(http://wwwap.hi.u-tokyo.ac.jp/ ships/shipscontroller)

47 『續日本紀』 권 13, 聖武天皇 天平 10년(738) 春 정월·6월 辛酉.

48 『續日本紀』 권 12, 天平 7년(735) 2월 癸丑.

49 박남수, 앞의 논문, 2007 ; 앞의 책, 264~265쪽.

라 사신단과의 교역물품일 가능성이 높다. 사실 동 正稅帳에 보이는 交易御履料 牛皮와 交易鹿皮는 교역에 의한 물품임을 표시하였거니와, 이는 시전에서 교환한 市替傳馬와는 엄밀히 구분되는 것이다.

牛皮는 신발을 만드는 재료로 교역한 것이고, 鹿皮 또한 신라 국왕의 신발 紫皮靴를 만드는 재료이다.[50] 이들 가죽 제품은 일찍이 신라의 사신들이 일본 조정에 '조공품'으로 가져 갔던 물품이기도 하다. 곧 신라가 사신을 보내어 일본에 보낸 물품 가운데 皮(679), 鹿皮·皮之類(681), 虎豹皮·鞍皮(686), 皮(688) 등을 들 수 있는데, 大宰府가 교역하였다는 牛皮와 鹿皮 또한 김상순 일행이 耽羅方脯와 함께 교역한 물품일 가능성이 높다.

그런데 牛·鹿은 탐라의 특산품이기도 하거니와, 耽羅方脯와 함께 교역되었다는 것이 특이하다. 또한 天平 10년(738)의 「周防國正稅帳」에 10월 21일 向京의 식료 제공자 가운데 耽羅島人 21명이 포함되어 있다. 이들은 牛·鹿皮의 교역과 耽羅方脯와 관련될 듯한데, 만일 그러하다면 이들 탐라도인은 김상순의 사신단 147명의 일원이었을 가능성이 높다. 이에 왜 신라사신단이 방환되었으면서도 이들만이 평성경에 갈 수 있었을까 하는 의문이 있다.

이들 대재부가 보낸 물품 가운데 牛·鹿皮나 耽羅方脯, 그리고 6頭의 乳牛와 소의 사료일 것으로 보이는 飼稻 등이 이들 탐라인의 향경과 관련되지 않을까 추측해 볼 수 있을 듯하다. 이들 21명의 탐라인이 신라사신 김상순과 함께 온 사신단의 일원이라면, 天平 10년(738)의 시점에서

---

50 金東旭, 「三國史記 色服條의 新研究」, 『三國史記 志의 新研究』, 신라문화선양회, 1991, 66쪽.

신라는 탐라의 특산물을 일본과의 교역 내지 외교적 증여물로 활용하고, 여기에 일군의 탐라인이 참여하였음을 알 수 있다. 추측컨대 이들 탐라인들은 乳牛의 사육이나 신발 등 가죽 제품, 탐라방포 등의 제작 기술과 관련하여 向京이 허용되지 않았을까 한다.[51]

신라와 탐라의 교류는 8세기 전반의 것으로 여겨지는 용천동굴의 도기를 비롯하여, 제주도 연안의 고내리 유적과 용담동 유적에서 영암 구림리 계통의 도기가 발견됨으로써 확인할 수 있다. 8~9세기 무렵의 영암 구림리 요지에서는 입 넓은 항아리, 사각편병, 주름무늬 유병, 단지와 시루 등 생활 도기와 유약을 바른 도기가 출토되었다. 이 가운데 유약을 바른 도기는 구림리가 시원을 이루는 것으로서 구림도기라고 일컫는 것이다. 이 도기는 앞서 제주 지역을 비롯하여 장보고의 청해진이 있었던 장도 유적지에서도 발견되고, 청해진 장도 토성 유적에서는 제주도의 현무암이 발견되기도 하여, 장보고 시기에 탐라와 신라의 교류 상황을 보여준다. 장도 토성의 현무암은 모종의 물품을 탐라국에 운송하고 배의 균형을 잡기 위해 현무암을 실어왔던 정황을 보여주는 것으로 이해할 수 있다.[52]

---

51 이들 탐라인을 표착민으로 보기도 하지만(森公章, 앞의 논문, 1985 : 앞의 책, 1998, 223~226쪽), 당시에 金想純 등 147명의 신라 사신단이 天平 10년(738) 정월에 大宰府에 도착하여 6개월여 동안 大宰府에 머물러 있었고, 그리고 동 기간에 「周防國正稅帳」에 보이는 耽羅方脯 등의 물품을 大宰府에서 교역한 것, 그리고 동 문서를 天平 10년(738) 4월 19일 周防國에 첩을 보내어 대금을 지불하도록 한 것, 그러한 과정에 탐라인 21명이 등장하고 있는 정황으로 미루어, 탐라인들이 신라사신 김상순 일행과 함께 일본에 파견되어 대재부에 머물다가 이들만이 向京한 것으로 보는 것이 옳을 것으로 판단된다.

52 박남수, 「장보고의 교관선과 교역물품」, 『한국해양사 II (남북국시대)』, 한국해

8세기 전반 용천동굴 출토 신라 토기(제주박물관)

청해진유적 출토 사면편병(광주박물관), 구림리 입넓은사각편병·도기단지(구림리 도기박물관)

사실 『고려사』 지리지나 『세종실록』 지리지에서 탐라라는 읍호가 신라의 융성기에 처음 탐진에 정박하였던 때문이라 하고, 상호간의 내왕으

양재단, 2013, 309~310쪽.

로 자손이 번성하고 신라를 정성껏 섬겼다고 한 것, 그리고 『扶桑略記』에서 신라인이 탐라를 오가며 탐라의 海藻와 교역하였다고 한 것은, 전라도 남해안의 탐진 지역과 탐라간의 교류에 따른 전승이라 할 수 있다.

한편 韓愈(768~824)의 昌黎文에 실린 「送鄭尙書」에는 "그 海外 雜國으로는 耽浮羅, 流求, 毛人, 夷亶之州, 林邑, 扶南, 眞臘, 於陁利 등이 있는데, 바람과 조류를 기다려 중국에 조공하거나 바다 가운데서 교역을 한다. … 嶺南에 … 외국의 재화가 날로 이르러 珠·香·象·犀·玳瑁·奇物이 중국에 넘쳐나 다 쓸 수 없을 정도이다"라고 하였다. 이는 長慶 3년(823) 4월 무렵의 정황을 기술한 것인데, 여기에 보이는 耽浮羅는 탐라국을 지칭한다.[53] 여기에서 지칭한 외국의 재화 곧 珠·香·象·犀·玳瑁·奇物 가운데, 珠·香·玳瑁는 제주와 관련될 듯하다. 『세종실록』 지리지에는 제주의 물산을 다음과 같이 정리하였다.

G. … 그 땅의 기후가 따뜻하며, 풍속이 미욱하고 검소하다. 개간한 밭(墾田)이 3천 9백 77결이요, 【논이 31결이다.】 토양이 밭벼[山稻]·기장·피·콩·메밀·밀보리 경작에 적당하다. 토공(土貢)이 대모(玳瑁)·표고·우모[牛毛]·비자·감귤·유자·유감(乳柑)·동정귤(洞庭橘)·금귤(金橘)·청귤(靑橘)·돌귤[山橘]·전복·인포(引鮑)·퇴포(槌鮑)·조포(條鮑)·오징어·옥두어(玉頭魚)·곤포(昆布)·돌유자나무[山柚子木]·이년목(二年木)·비자나무[榧子木]·좋은 말[良馬]이고, 약재는 진피(陳皮)·마뿌리[山藥]·석골풀[石]·초골풀[草]·소태나무열매[川楝子]·구리대뿌리[白芷]·팔각(八角)·영릉향(零陵香)·오배자(五倍子)·치자·향부자(香附子)·모과·묏미나리[柴胡]·푸른귤껍질[淸皮]·백변두(白扁頭)·바곳[草烏頭]·엄나무껍질[海東皮]·후박(厚朴)·오징어뼈·두충(杜沖)·순비기나무열매[蔓

53 진영일, 앞의 논문, 29쪽.

> 荊子]·석결명(石決明)·끼무릇뿌리[半夏]·누른국화[黃菊]·녹용·박상(舶上)·회향(茴香)·탱자껍데기[枳殼]이다.…(『세종실록』 권 151, 地理志 全羅道 濟州牧)

韓愈(768~824)의 「送鄭尙書」 가운데 보이는 재화 가운데 탐부라 곧 탐라의 산물로는 앞서 살핀 진주와 玳瑁를 들 수 있을 것이다. 그리고 『세종실록지리지』에 보이는 八角·零陵香·茴香·구리대뿌리[白芷] 등과 牛毛 등을 탐라의 산물로 꼽을 수 있다. 특히 『세종실록지리지』의 牛毛는 靴氈, 緋氈, 花氈, □裁氈 등과 같은 氈類의 재료이고, 구리대뿌리[白芷]·八角·零陵香도 衣香의 재료인데, 이들은 752년 일본에 파견된 김태렴의 「매신라물해」에서 살필 수 있다.

한편으로 9세기 중후반 무렵 당나라 강남·영남도의 사정을 보여주는 이븐 쿠르다지마(Ibn kuhrdadhibah, 820~912)의 『諸道路 및 諸王國志』와 남송 보경 원년(1225) 趙汝适이 편찬한 『諸蕃志』의 신라국조에서는 신라의 대외교역물품으로 麝香, 肉桂, 人參, 松子, 榛子, 石決明, 松塔子, 防風, 白附子, 茯苓 등을 살필 수 있다.[54] 이 가운데 사향은 『수서』에서 제주의 특산으로서 특기한 사슴과 관련될 가능성이 있으며, 석결명은 조선시대에 제주의 특산으로 꼽혔다.

요컨대 탐라국의 특산물로는 소·돼지, 珂, 사슴과 노루 등을 비롯하여, 韓愈(768~824)의 「送鄭尙書」에 보이는 탐부라(탐라)의 진주와 玳瑁, 그리고 일본측 기록인 「周防國正稅帳」(738)의 耽羅方脯와 乳牛·牛皮·鹿

54 馮承鈞, 1967, 『諸蕃志校注』, 臺灣 商務印書館, 1967, 88쪽. 무함마드 깐수(정수일), 「신라와 서역간의 문물교류」, 『新羅·西域交流史』, 단국대출판부, 1992, 228쪽.

皮, 『延喜式』(927)의 耽羅鰒, 『扶桑略記』 延長 7년(929) 5월 17일조의 海藻, 『고려사』의 橘子, 牛黃·牛角·牛皮·螺肉·榧子·海藻·龜甲, 진주 등을 살필 수 있다. 또한 『세종실록』 지리지에 보이는 제주 특산물 가운데 八角·零陵香·茴香·구리대뿌리[白芷] 등과 牛毛는 신라의 대외 교역품으로 일찍부터 등장한 물품이었다. 특히 『세종실록』 지리지의 牛毛는 신라의 대일수출품이었던 靴氈, 緋氈, 花氈, □裁氈 등과 같은 氈類의 재료이고, 구리대뿌리[白芷]·八角·零陵香 등은 衣香의 재료로서 모두 김태렴의 「매신라물해」(752)에서 살필 수 있다. 또한 이븐 쿠르다지마(Ibn kuhrdad-hibah, 820~912)의 『諸道路 및 諸王國志』와 남송 보경 원년(1225) 趙汝适이 편찬한 『諸蕃志』에 보이는 신라의 대외교역물품인 麝香과 石決明은 제주의 특산인 사슴과 석결명에 상응하는 물품이었다.

조선 전기의 제주 특산 가운데 珍珠와 玳瑁, 牛毛, 그리고 白芷·八角·零陵香 등의 향료, 사향, 石決明 등은, 이미 탐라국시대부터 개발된 산물이라고 할 수 있다. 이들 물품은 신라의 동아시아 교역에 있어서 일본이나 중국 강남 지역의 동서 교역에까지 교역되었던 것이다. 州胡 때의 소·돼지의 사육으로부터 6세기 무렵 涉羅의 珂, 그리고 수나라 때의 사슴과 노루 등 탐라국의 특산이, 백제·신라와 내왕하면서 고급 물품의 재료나 향료, 약재 등으로 새로이 개발되어 통일신라의 융성한 대외 교역품으로까지 자리매김하게 되었던 것이다.

Ⅴ. 맺음말

탐라의 대외교섭을 문무왕 2년의 탐라국 내항 기사와 문무왕 19년의 신라의 탐라국 경략기사, 그리고 애장왕 2년(801)의 탐라국 조공 기사를 중심으로 살피고, 탐라의 특산물이 신라 대외 교역사상 어떠한 위치에 있는가를 밝히고자 하였다. 이에 지금까지 논의한 내용을 정리하여 맺음말에 가름하고자 한다.

첫째, 신라가 문무왕 2년(662) '백제에 臣屬하였기 때문에 좌평으로써 官號를 삼았다'고 인식한 것은, 당시 신라에 내항한 耽[耽]羅國主 佐平 徒冬音律[津]에 의한 정보로서, 백제가 탐라국의 실체를 인정하고 臣屬의 대가로 佐平의 관직을 내렸던 사실을 반영한다. 또한 문무왕 2년 탐라국의 신라에 대한 내항은, 백제 의자왕의 항복에 따라 백제의 속국으로서 당나라와 신라에 대한 항복의 의사를 표한 것이, 661년 8월 당나라의 조공과 그 이듬해 신라에 대한 내항이었다고 본다. 이에 대해 문무왕은 탐라가 항복하여 신라의 속국이 되었다고 여겼다.

둘째, 문무왕 19년(679) 2월 신라가 사신을 보내어 탐라국을 경략하였다는 기사는 당시 통일전쟁을 둘러싼 동아시아의 정세 속에서 탐라가 기민하게 각국과 교섭하였던 사정을 반영한 것이었다. 곧 탐라국주는 문무왕 2년(662) 신라에 내항하였음에도 불구하고, 백제부흥군이 활약하자 백제 - 왜로 이어지는 동맹의 라인을 유지하였는데, 663년 백제부흥군의 백강전투 패전과 665년 당 고종의 태산 封禪儀式에 탐라국주 내지 사신이 보이는 것은 이러한 사정을 배경으로 한다. 그후 탐라국은 웅진도독부 내지 왜와 긴밀한 관계를 유지하였지만, 676년 기벌포 해전으로 나당전쟁이 종결되고 678년 4월 신라가 무진주 도독을 임명하여 전라도 일원까지 지배력을 확대하자, 동 시기 8개월 여 동안 일본에 함께 체재한 신라 사신과 탐라국주 간의 협의가 있었던 것으로 추측된다. 이에 신라는 문무왕 19년(679) 2월 신라가 무력이 아닌 사신의 파견만으로 탐라에 대한 신라의 정책을 쉽게 관철할 수 있었다.

셋째, 탐라국은 문무왕 19년(679) 신라의 경략에도 불구하고, 여전히 일본과 통교할 뿐더러 백제의 관등을 유지하고, 신라에 대해서는 애장왕 2년(801)에 조공하였다는 기사만을 살필 수 있다. 『삼국사기』에는 탐라를 '탐라국'이라 지칭하고 있어, 신라가 탐라국을 독립된 나라로 인식하였음을 알 수 있다. 곧 신라는 황제의 나라로서 안승의 고구려와 탐라에 대하여 각각의 종묘와 사직, 독자적인 내정과 외교권을 보장하였다. 그러나 신문왕 4년(684) 고구려의 안승에게 소판이라는 신라의 관등을 내려 신속화함으로써 고구려의 명맥이 끊겼고, 탐라의 경우 일본에 마지막으로 사신을 파견한 693년 11월 이후 신라에게 외교권을 박탈당하였던 것으로 보인다. 『자치통감』이나 『신당서』, 『당회요』 등 중국 사서에서 탐라를 新羅 武州 南島상에 있는 신라에 부용한 나라로 인식한 것이나, 『삼국사기』에서 탐라국이 애장왕 2년(801)에 조공하였다는 기사는 이러한 배경에서 이해할 수 있다.

넷째, 탐라국의 특산물로는 소·돼지, 珂, 사슴과 노루 등을 비롯하여, 8세기로부터 10세기에 이르는 진주와 玳瑁, 耽羅方脯와 乳牛·牛皮·鹿皮, 耽羅鰒, 고려시대의 橘子와 牛黃·牛角·牛皮·螺肉·榧子·海藻·龜甲, 진주, 그리고 『세종실록』 지리지의 제주 특산 가운데 八角·零陵香·茴香·구리대뿌리[白芷] 등과 牛毛는 신라의 대외 교역품으로 일찍부터 등장한 물품이었다. 특히 天平 10년(738)의 「周防國正稅帳」에 10월 21일 向京의 식료 제공자 가운데 耽羅島人 21명이 포함되어 있는데, 이들은 乳牛의 사육이나 牛·鹿皮나 耽羅方脯의 제작과 관련된 것으로 추측되거니와, 天平 10년(738)의 시점에서 신라는 탐라의 특산물을 일본과의 교역 내지 외교적 증여물로 활용하였고, 여기에 일군의 탐라인이 참여하였던 사정을 보여주는 사례로서 주목된다. 사실 제주의 특산물 가운데 珍珠와 玳瑁, 牛毛, 그리고 白芷·八角·零陵香 등의 향료, 사향, 石決明 등은, 백제·신라와 내왕을 하면서 새로이 개발되어 통일신라의 융성한 대외 교역품으로까지 자리매김한 물품이라 할 것이다.

신라와 탐라의 교류는 8세기 전반의 것으로 여겨지는 용천동굴의 도기를 비롯하여, 제주도 연안의 고내리 유적과 용담동 유적에서 영암 구림리 계통의 도기에서도 확인할 수 있다. 특히 「周防國正稅帳」에서 일본과의 교역에 일군의 탐라인이 참여하였던 사실을 살필 수 있거니와, 당시 신라사신 147명이 大宰府에서 반각되었음에도 불구하고 이들 탐라도인만이 平城京에 향하면서 일본측으로부터 식료를 제공받았던 것은, 탐라인들의 乳牛 사육이나 가죽물품 제작기술의 전수와 관련된 것으로 추측되지만, 이에 대해서는 향후의 과제로 남겨둔다. 이 문제는 당시 신라와 탐라의 대외 교섭에서의 역할 뿐만 아니라, 양국의 관계를 밝히는 주요한 단서로 여겨지기 때문이다.

참고문헌

『三國史記』『高麗史』『世宗實錄地理志』『海東繹史』

『三國志』『魏書』『隋書』『北史』『舊唐書』『新唐書』『唐會要』『資治通鑑』『册府元龜』

『日本書紀』『續日本紀』『延喜式』『扶桑略記』「送鄭尙書」『諸蕃志』

東京帝國大學 文科大學 史料編纂掛 編, 『大日本古文書』 권2, 1901.

李丙燾, 「州胡考」, 『韓國古代史硏究』, 박영사, 1976.

村上四男, 『朝鮮古代史硏究』, 開明書院, 1978.

무함마드 깐수(정수일), 『新羅·西域交流史』, 단국대출판부, 1992.

盧泰敦, 『고구려사 연구』, 사계절, 1999.

森公章, 『古代日本の對外認識と通交』, 吉川弘文館, 1998.

박남수, 『한국 고대의 동아시아 교역사』, 주류성, 2011.

拜根興, 『唐代高麗百濟移民硏究』, 中國社會科學出版社, 2012

村上四男, 「半島(金馬渚)の小高句麗國」, 『紀要(人文科學)』 8. 和歌山大學, 1958.

鈴木靖民, 「百濟救援の役後の百濟および高句麗の使について」, 『日本歷史』 241, 1968.

筧敏生, 「耽羅王權과 日本」, 『耽羅文化』 10, 제주대 탐라문화연구소, 1990.

金東旭, 「三國史記 色服條의 新硏究」, 『三國史記 志의 新硏究』, 신라문화선양회, 1991.

秦榮一, 「古代耽羅의 交易과 「國」 形成考」, 『濟州島史硏究』 3, 濟州島史硏究會, 1994.

李淸圭, 「耽羅 上古社會 變遷過程 硏究」, 『省谷論叢』 27-4, 1996.

김창겸, 「신라 국왕의 황제적 지위」, 『신라사학보』 2, 2004.

이근우, 「탐라국 역사 소고」. 『역사와 세계』 30, 2006.

진영일, 「고대 탐라국의 대외관계」, 『탐라문화』 30, 2007.

김경주, 「고고유물을 통해 본 耽羅의 대외교역 漢式유물을 중심으로」, 『탐라사의 재해석』, 제주발전연구원, 2013.

박남수, 「청해진의 설치와 장보고의 해상무역」, 『한국해양사Ⅱ(남북국시대)』, 한국해양재단, 2013.

장창은, 「古代 耽羅國 연구의 쟁점과 이해방향」, 『탐라문화』 57, 2018.

東京大史料編纂所 奈良時代古文書フルテキストデータベース (http://wwwap.hi.u -tokyo.ac.jp/ships/shipscontroller)

「'제주도는 일본땅?' 국정교과서 파문」, 『KBS 뉴스』 2016.12.02.

「"탐라는 일본땅?"...국정교과서 '탐라국 누락' 수정될 듯」, 『헤드라인제주』 2016.12.05.

탐라의 대일교섭
-『日本書紀』의 교류기록을 중심으로-

이 유 진
숭실대학교 초빙교수

I. 머리말

일찍이 중국 사서인 『三國志』를 통해 그 존재가 확인되는 탐라[1]는 『三國史記』에 의하면 百濟 文周王 2년(476) 백제에 方物을 바치고 백제관위인 恩率을 받았다[2]고 한다. 이후 동아시아 각국의 사료에 본격적으로 등장하는 탐라는 한반도의 고대 삼국뿐만 아니라 隋·唐으로 이어지는 중국과 교류하고, 7세기 후반에는 일본[3]과도 교섭하였다. 특히 660년 백제의 멸망을 계기로 중국·일본을 비롯한 동아시아 국가들과 정치·외교적 교류를 활발히 하였다. 661년 탐라왕 儒李都羅는 당에 사신을 파견했고,[4] 일본에도 왕자 阿波伎를 사신으로 보냈다.[5] 이듬해에는 佐平 徒冬音律을 신라에 보내[6] 동아시아 각국과의 교류를 본격화 하였다. 그러나

---

1 탐라는 『三國志』에는 '州胡', '島夷'로 기록되어 있다. 이외에도 '耼牟羅', '耽牟羅', '乇羅', '托羅', '涉羅', '儋羅' 등의 명칭으로 여러 사서에 기록되어 있다.

2 『三國史記』 권26 百濟 文周王 2년(476) 4월 조, "耽羅國獻方物, 王喜拜使者爲恩率"; 그러나 『日本書紀』 권17 繼體天皇 2년(508) 12월 조에는 "南海中耽羅人, 初通百濟國"이라 기록되어 있다.

3 이때의 일본은 아직 倭이지만 편의상 일본으로 통칭한다.

4 『新唐書』 권220 東夷傳 조에 "龍朔初, 有儋羅者, 其王儒李都羅遣使入朝, 國居新羅武州南島上, 俗朴 陋, 衣大豕皮, 夏居革屋, 冬窟室. 地生五穀, 耕不知用牛, 以鐵齒杷土. 初附百濟, 麟德中, 酋長來朝, 從帝至泰山, 後附新羅".

5 『日本書紀』 권26 齊明天皇 7년(661) 5월 조, "丁巳, 耽羅始遣王子阿波伎等貢獻. ……".

탐라의 대외교류와 관련된 기록은 그 수가 적고, 내용 또한 매우 소략하기 때문에 관련 교섭기록의 검토만으로 당시 탐라와 주변국과의 교류 상황을 파악하는 것은 어려운 일이다.

더욱이 고대 탐라와 일본의 교섭과 관련하여서는 일본의 사서에 남아있는 몇 건의 기록을 제외하고는 全無하다고 해도 과언이 아니다. 상황이 이렇다 보니 탐라와 일본의 교섭을 둘러싼 연구는 일본에서 먼저 시작되었다. 모리 키미유키(森公章)는 일련의 연구를 통하여 탐라가 주변국과 정치적 지배-피지배관계를 통한 조공외교를 펼치고 있었다[7]고 주장하였으며, 가케이 도시오(筧敏生)에 의하면 탐라는 지배층의 권력자체가 취약하여 백제의 질서에 의존하였고, 백제의 보호에 의해서만 결집되던 탐라지배층이 백제가 멸망하자 일본에 사신을 파견하여 왕권의 안정을 추구하였다[8]는 연구 성과를 발표하였다. 물론 이에 반해 고대 탐라는 동아시아의 일원으로 동아시아 각국과 서로 밀접하게 통교하고 문물을 습득하면서 독자적 생존을 모색하고 있었다[9]는 연구결과도 발표되었다.

탐라와 일본의 대외교섭과 관련하여 일본 측에 몇 건의 기록만이 남아있는 상황 하에서 양국의 대외관계와 교섭양상을 밝히기 위해서는 양국 교섭기사의 검토뿐만이 아니라, 당시 탐라와 일본을 둘러싼 동아시아의 정세가 중요한 영향을 미치고 있었다는 전제 하에 양국의 정치 상황 속

---

6 『三國史記』 권6 新羅 文武王 2년(662) 2월 조, "耽羅國主佐平徒冬音律(一作津)來降. 耽羅武德以來, 臣屬百濟, 故以佐平爲官號. 至是降爲屬國".

7 森公章, 「古代耽羅の歷史と日本」, 『朝鮮學報』 118, 1981; 同, 「古代耽羅と日本の交流」, 『月刊韓國文化』 18-6, 1996.

8 筧敏生, 「耽羅王權と日本」, 『續日本紀硏究』 262, 1989.

9 진영일, 「고대 탐라국의 대외관계」, 『탐라문화』 30호, 2007.

에서 대외정책의 연구가 병행되어야 할 것이다. 본고에서는『日本書紀』에 기록되어 있는 탐라의 대일교섭 관련기록을 검토하고, 당시 탐라와 일본을 둘러싼 당·신라 등 주변 동아시아의 정치적 상황을 분석하여 탐라의 대일교섭의 실상과 그 의의를 밝혀 보고자 한다.

Ⅱ. 661년 탐라의 대일교섭 시작과 그 배경

탐라와 일본의 대외교섭이 처음으로 시작된 것은 백제멸망 후인 661년 5월 탐라왕자 阿波伎 등이 일본에 貢獻하면서부터이다.『日本書紀』권26 齊明天皇 7년(661) 5월 丁巳 조와 그 分註에 인용된「伊吉連博德書」에 阿波伎가 일본으로 가게 된 경위가 자세히 기록되어 있다.

> 丁巳 耽羅가 처음으로 왕자 阿波伎 등을 보내 貢物을 바쳤다. 이키노무라지 하카도코(伊吉博得)의 書에 말하기를 "신유년(661) 정월 25일에 돌아와 越州에 도착하였다. 4월 1일에 越州로부터 上路로 동쪽으로 돌아왔다. 7일에 행렬이 檉岸山 남쪽에 도착하였다. 8일 닭이 울 무렵(새벽)에 서남풍을 타고 배는 大海로 나왔다. 바다에서 길을 잃고 표류하여 큰 고통을 겪었다. 8박9일 만에 겨우 耽羅嶋에 도착했을 때 바로 섬사람 왕자 阿波伎 등 9인이 불러 위로하고, 함께 客船(일본의 遣唐使船)을 타고 帝朝에 바치려 하였다. 5월 23일에 朝倉의 조정에 奉進하니, 耽羅가 조정에 들어온 것이 이때에 시작되었다. 또 智興의 傔人 야마토노 아야노 카야노 아타히타리시마(東漢草直足嶋)에게 참소를 당해 사신 등이 寵命을 받지 못하였다. 사신 등이 원망하여 하늘의 신에게 아뢰니, 타리시마(足嶋)는 벼락을 맞아 죽었다. 당시 사람들이 칭하여 말하기를 '大倭 天神의 앙갚음인가'라고 하였다"고 하였다[10]

라고 하여, 齊明 5년(659) 일본이 파견한 遣唐使가 661년의 귀국길에 탐라에 표착하였으나 탐라왕자의 도움을 받아 함께 일본으로 가게 된 사정을 설명하고 있다.

귀국길에 탐라에 표착하여 탐라왕자와 함께 일본으로 돌아온 견당사는 일본이 당에 파견한 제4차 견당사이다. 齊明 5년(659)에 임명된 제4차 견당사는 대사 사카히베노무라지 이하시키(坂合部連石布)와 부사 츠모리노무라지 키사(津守連吉祥)를 필두로 하여 2척의 배에 나누어 타고 나니와(難波)를 출발하였다.[11] 이 제4차 견당사의 파견은 전 해인 齊明 4년(658) 일본에서 아베노 히라후(阿倍比羅夫)의 북방원정결과 포로로 잡아 온[12] 미찌노쿠(道奥)의 에미시(蝦夷) 남녀 2인을 당의 천자에게 보이고자 파견한 것이다.[13]

견당사일행은 8월 11일 츠쿠시(筑紫)의 오츠우라(大津浦)를 통해 大海로 나아갔고, 9월 13일에는 백제 남쪽의 섬에 이르렀다. 14일 2척의 배는 다시 대해로 나아갔으나, 15일 배가 역풍을 만나 남쪽 섬(위치나 이름 미

10 『日本書紀』 권26 齊明天皇 7년(661) 5월 조, "丁巳, 耽羅始遣王子阿波伎等貢獻. 伊吉連博得書云, 辛酉年正月廿五日, 還到越州. 四月一日, 從越州上路, 東歸. 七日, 行到檉岸山明. 以八日鷄鳴之時, 順西南風, 放船大海. 海中迷途, 漂蕩辛苦. 九日八夜, 僅到耽羅之嶋. 便卽招慰嶋人王子阿波伎等九人, 同載客船, 擬獻帝朝. 五月廿三日, 奉進朝倉之朝. 耽羅入朝, 始於此時. 又, 爲智興傔人東漢草直足嶋, 所讒, 使人等不蒙寵命. 使人等怨, 徹于上天之神, 震死足嶋. 時人稱曰, 大倭天報之近".

11 『日本書紀』 권26 齊明天皇 5년(659) 7월 戊寅 조의 분주 「伊吉連博德書」에 제4차 견당사의 파견에서 귀국까지의 정황이 자세히 기록되어 있다.

12 『日本書紀』 권26 齊明天皇 4년(658) 3월 조, "……, 是月, 遣阿倍臣, 率船師一百八十艘, 討蝦夷國. ……".

13 森公章, 『遣唐使の光芒』, 角川選書468, 2010, p.71.

상)에 표착하였고 견당사절은 그 섬사람들에게 대부분 살해되었다. 5인 만이 살아남아 1척의 배로 간신히 당에 이르렀다. 윤10월 15일 역마를 타고 長安으로 入京하였으나 당시 高宗이 東都인 洛陽으로 옮겨 있었기 때문에 다시 낙양으로 가서 30일에 고종을 알현하였다. 11월 1일에 베풀어진 冬至會에서 다시 고종을 알현하였으나 12월 3일 勅旨를 받고 장안에 유폐되었다. 이후의 상황에 대하여는 『일본서기』 권26 齊明天皇 5년(693) 7월 戊寅 조에

> 12월 3일 韓智興의 傔人 카후치노 아야노 오마로(西漢大麻呂)가 우리 客(견당사)을 참언하였다. 객 등은 唐朝의 죄를 얻어 流刑에 처해지게 되었다. 전에 智興을 3천리 밖으로 유형에 처하였다. 객중의 이키노무라지 하카도코(伊吉博得)가 上奏하여 인하여 죄를 면하였다. 일이 끝난 후 勅을 내려 "국가는 내년에 반드시 海東을 정벌할 것이다. 너희들 倭客도 東으로 돌아갈 수 없다"고 하고 마침내 西京에 가두고 別處에 유폐하였다. 문을 닫고 막아 움직이지 못하게 하였다. 곤욕스럽고 고통스럽게 해를 보내었다[14]

라고 하여, 당시 백제원정을 준비하고 있던 당이 견당사를 귀국시키지 않고 장안의 別處에 유폐시켰던 사실을 전하고 있다. 아마도 당은 기밀 유지를 위해 견당사를 귀국시키지 않았을 것이다. 신라와 연합한 당은 이듬 해(660) 7월 백제를 멸망시켰고, 견당사일행은 9월이 되어서야 귀

---

14 『日本書紀』 권26 齊明天皇 5년(659) 7월 戊寅(3일) 조, "…… 十二月三日, 韓智興傔人西漢大麻呂, 枉讒我客. 客等獲罪唐朝, 已決流罪. 前流智興於三千里之外. 客中有伊吉連博德奏, 因卽免罪. 事了之後, 勅旨, 國家, 來年, 必有海東之政. 汝等倭客, 不得東歸. 遂匿西京, 幽置別處. 閉戶防禁, 不許東西. 困苦經年".

국허가를 받을 수 있었다. 11월 1일에 洛陽에서 백제의 義慈王, 태자 隆 이하의 왕족·귀족들이 포로로 잡혀 온 것을 본 이후, 11월 24일 낙양을 출발하여 이듬 해(661) 정월 25일 越州에 도착하였고, 4월 1일 월주를 출발하였다.

그러나 이 제4차 견당사는 귀국길에 다시 표류하여 탐라에 이르게 되었고, 그곳에서 탐라왕자와 함께 일본으로 가게 되면서 탐라와 일본의 첫 교섭이 시작된 것이다.

탐라에 표류한 일본의 견당사일행은 자신들이 당에서 보고 들은 대륙 및 한반도의 정세를 자세히 설명하였을 것이고, 백제멸망 이후 위기의식을 느껴 새로운 외교방안을 모색하고 있던 탐라는 백제와 긴밀한 관계를 유지하던 일본사신의 탐라표착을 계기로 왕자일행의 일본파견을 결정하였을 것이다.[15] 백제멸망 후 백제부흥운동이 활발하던 661~662년 사이에 탐라는 일본뿐만 아니라 신라와 당에도 사신을 파견하여[16] 국제정세의 파악과 새로운 외교관계의 수립을 위해 노력하였다.

---

15 森公章, 「古代耽羅の歷史と日本」, 『朝鮮學報』 108, 1986.

16 『新唐書』 권220 東夷傳 조, "龍朔初, 有儋羅者, 其王儒李都羅遣使入朝, 國居新羅武州南島上, 俗朴 陋, 衣大豕皮, 夏居革屋, 冬窟室. 地生五穀, 耕不知用牛, 以鐵齒杷土. 初附百濟, 麟德中, 酋長來朝, 從帝至泰山, 後附新羅"; 『唐會要』 권100 耽羅國 조, "耽羅在新羅武州海上. 居山島上, 周廻竝接於海. 北去百濟, 可五日行. 其王姓儒李名都羅. 無城隍, 分作五部落. 其屋宇爲圓牆, 以草蓋之. 戶口八千, 有弓刀楯矟, 無文記. 唯事鬼神. 常役屬百濟. 龍朔元年八月, 朝貢使至"; 『册府元龜』 권970 外臣部 朝貢3 조, "龍朔元年(661)八月, 多蔑國王摩如失利多福國王難修强宜說耽羅國王儒李都羅, 竝遣來朝, 各貢方物. 三國皆林邑之南邊, 海小國也"; 『三國史記』 권6 新羅 文武王 2년(662) 2월 조, "耽羅國主佐平徒冬音律(一作津)來降. 耽羅武德以來, 臣屬百濟, 故以佐平爲官號. 至是降爲屬國".

일본의 견당사와 함께 일본에 갔던 탐라왕자 阿波伎의 일본 내에서의 행적이나 그가 언제 귀국하였는지에 대한 기록은 남아 있지 않으므로 그 사정을 자세히 알 수는 없다. 그러나 제4차 견당사가 탐라왕자 阿波伎와 함께 일본에 도착하였을 때 齊明天皇은 츠쿠시(筑紫)에서 백제구원을 위한 출병을 준비하고 있었다. 阿波伎의 일본 파견을 계기로 탐라는 백제부흥운동에도 참여하였던 것 같다. 백촌강전투 후 백제의 扶餘忠勝·忠志와 함께 耽羅國使가 당의 劉仁軌에게 항복하는 기록이 보이기 때문이다. 『舊唐書』 권84 劉仁軌傳에, "…… 僞王子 扶餘忠勝·忠志 등 士女 및 倭衆과 아울러 耽羅國使를 거느리고, 一時에 아울러 항복하였다"는 기록을 통해 보는 한[17] 탐라가 직접적으로 백제부흥군에 원군을 파견했다는 기록을 찾을 수는 없지만, 倭衆과 아울러 耽羅國使를 거느리고, 一時에 아울러 항복하였다고 한 것을 보면 백제부흥군편에 가담하였던 탐라가 백제부흥군의 패전으로 함께 나당연합군에 항복할 수밖에 없었던 상황을 알려주는 것이라 할 수 있을 것이다.

Ⅲ. 한반도 정세의 격변과 天智朝와의 교섭

661년 탐라가 처음으로 왕자 阿波伎 등을 보내 일본과 교섭을 시작한 이후 天智朝에 이르러서도 탐라와 일본의 교섭은 계속되었다. 『日本書

17 『舊唐書』 권84 劉仁軌傳, "…… 仁軌遇倭兵於白江之口, 四戰捷, 焚其舟四百艘, 煙焰漲天, 海水皆赤, 賊衆大潰. 餘豐脫身而走, 獲其寶劍. 僞王子扶餘忠勝忠志等率士女及倭衆并耽羅國使, 一時並降".

紀』 권27에 기록되어 있는 양국의 교섭기사는 다음과 같다.

① 天智天皇 4년(665) 가을 8월 조

達率 타후혼 소(答炑春初)를 보내 나가토노쿠니(長門國)에 성을 쌓게 했다. 達率 오쿠라이후쿠루(憶禮福留), 達率 시히후쿠부(四比福夫)를 츠쿠시노쿠니(筑紫國)에 보내 오노(大野)와 기(椽)의 2城을 쌓게 하였다. 耽羅가 사신을 보내 조공하였다.[18]

② 同 5년(666) 봄 정월 조

戊寅 高麗(고구려)가 前部能婁 등을 보내 調를 바쳤다. 이 날 耽羅가 왕자 姑如 등을 보내 貢物을 바쳤다.[19]

③-1 同 6년(667) 가을 7월 조

己巳 耽羅가 佐平 椽磨 등을 보내 공물을 바쳤다.[20]

③-2 同 6년(667) 윤11월 조

丁酉 錦 14필, 纈 19필, 緋 24필, 紺布 24端, 桃染布 58端, 斧 26, 釤 64, 칼 62개를 椽磨 등에게 주었다.[21]

④-1 同 8년(669) 3월 조

己丑 耽羅가 왕자 久麻伎 등을 보내 공물을 바쳤다.[22]

④-2 同 8년(669) 봄 3월 조

---

18 『日本書紀』 권27 天智天皇 4년(665) 秋8월 조, "遣達率答炑春初, 築城於長門國. 遣達率憶禮福留·達率四比福夫於筑紫國, 築大野及椽二城. 耽羅遣使來朝".

19 『日本書紀』 권27 天智天皇 5년(666) 春정월 조, "戊寅, 高麗遣前部能婁等進調. 是日, 耽羅遣王子姑如等貢獻".

20 『日本書紀』 권27 天智天皇 6년(667) 秋7월 조, "己巳, 耽羅遣佐平椽磨等貢獻".

21 『日本書紀』 권27 天智天皇 6년(667) 閏11월 조, "丁酉, 以錦十四匹·纈十九匹·緋廿四匹·紺布廿四端·桃染布五十八端·斧廿六·釤六十四·刀子六十二枚, 賜椽磨等".

22 『日本書紀』 권27 天智天皇 8년(669) 3월 조, "己丑, 耽羅遣王子久麻伎等貢獻".

> 丙申 耽羅의 왕에게 5곡의 종자를 주었다. 이 날 왕자 久麻伎 등이 사행을 마치고 돌아갔다.[23]

라고 하여, 탐라와 天智朝의 교섭이 활발히 이루어지고 있음을 알 수 있다. 그러나 양국의 교섭기사를 검토하기에 앞서 이 시기의 동아시아 정세 및 일본의 정치적 상황에 대해 먼저 살펴볼 필요가 있다. 이 시기는 백촌강전투 이후 동아시아 각국이 외교적으로 새로운 국면을 맞이하는 시기였다.

660년 나당연합군에 의해 백제가 멸망하였지만 백제부흥운동은 계속되었고, 皇極 4년(645)이래 다이카개신(大化改新)을 추진하고 있던[24] 일본에도 백제로부터 구원요청이 이르렀다. 당시 일본은 齊明天皇 死後(661) 나카노오에황자(中大兄皇子)가 황태자로서 즉위식을 치르지 않고 稱制의 형태로 정치를 주도하며[25] 백제부흥운동을 지원하였다. 마침내 天智 2년(663) 9월 27,000명의 백제부흥군을 파병한 일본은 백제군과 연합하여 백제부흥운동을 추진하였으나 白村江에서 나당연합군에게 패하여 한반도에서 철군하였다.[26]

백촌강전투 이후 패전국 백제와 일본에 대한 당의 조치는 앞으로 있을

---

23 『日本書紀』 권27 天智天皇 8년(669) 3월 조, "丙申, 賜耽羅王五穀種. 是日, 王子久麻伎等罷歸".

24 『日本書紀』 권24 皇極天皇 4년(645) 6월 조.

25 『日本書紀』 권27 齊明天皇 7년(661) 7월 조, "丁巳崩. 皇太子素服稱制". 다이카개신의 주역으로 이후 실질적 정권담당자였던 나카노오에황자(中大兄皇子)는 668년 오미(近江)에서 천황으로 즉위하였다. 『日本書紀』 권27 天智天皇 7년(668) 春정월 조, "戊子, 皇太子卽天皇位".

26 『日本書紀』 권27 天智天皇 2년(663) 秋8월 조.

대고구려전을 위한 국제환경을 마련하기 위한 방편으로 이루어졌다.[27] 당은 대고구려전 준비를 위한 후방기지로서 구백제령에 鎭守使(일본 기록에는 百濟鎭將이라 함)를 설치하여 기미지배를 실시하고자 하는 의도 하에 劉仁軌를 주둔시켰다. 백촌강전투 이후 유인궤는 민심을 수습하고 戰地의 회복에 힘써 그 공로를 인정받아 帶方州刺史에 임명되었다. 고종은 또한 유인궤의 건의를 받아들여 義慈王의 태자 扶餘隆을 熊津都督으로 임명하였다.[28] 부여융은 백제멸망 후 당에 포로로 잡혀갔다가 백촌강전투 때에 당군으로 참여하였다. 백촌강전투를 계기로 당은 부여융과 더불어 백제멸망 후 당으로 잡혀갔던 상당수의 백제인들을 귀국시켜 민심을 수습하였다. 그리고 664년 2월 당의 칙사 劉仁願의 주도 하에 웅진도독 부여융과 신라의 金仁問 사이에 맹약이 이루어졌다.[29] 백제멸망 후인 663년 4월 문무왕을 鷄林州大都督으로 임명하였던 당은 백제지역에 대한 기미주지배를 확고하기 위하여 이러한 맹약을 주선하였던 것이다.

뿐만 아니라 또 하나의 패전국인 일본에 대해서도 일본이 백제유민과 함께 고구려를 지원하는 것을 막기 위한 외교활동을 전개하였다. 백촌강전투 이후 당의 '백제진장'(혹은 百濟國大唐行軍總管) 劉仁願은 664년 4월 사신 郭務悰 등 30인과 '百濟佐平' 禰軍 등 100여명을 일본에 파견하였다.[30] 여기에서 곽무종 등을 일본에 파견한 백제진장에 대한 검토가

---

27 池內宏, 「百濟滅亡後の動亂及び唐羅日三國の關係」, 『滿鮮史硏究』 上 第2册, 吉川弘文館, 1960.

28 『新唐書』 권108 劉仁軌傳.

29 『三國史記』 권6 新羅 文武王 4년(664) 2월 조, "角干金仁問伊飡天存與唐勅使劉仁願百濟扶餘隆, 同盟于熊津".

30 『日本書紀』 권27 天智天皇 3년 夏5월 甲子 조, "百濟鎭將劉仁願, 遣朝散大夫

필요할 것 같다. 정효운은『資治通鑑』권201 高宗 麟德元年(664) 겨울 10월 庚辰 조에 "유인궤가 군사들이 많이 지쳐있으므로 군사들의 사기를 높여달라고 上言하자 고종이 이를 받아들여 유인원을 파견하여 군대를 교체하였다"는 기록을 들어 이때의 백제진장은 유인궤이고『일본서기』의 기록은 잘못이라고 하였다.[31] 그러나『三國史記』권6 문무왕 3년(663) 5월 조에 '留鎭郎將 劉仁願'과 '檢校帶方州刺史 劉仁軌'의 이름이 보이고 "인궤는 인원과 군사를 합하여 무장을 풀고 군사를 휴식시키면서 군사의 증원을 청하니……"[32]라고 기록하고 있는 것으로 보아 이미 유인원은 664년 이전에 웅진에 들어와 있었으므로『日本書紀』의 기록을 들어 유인원이 곽무종 등을 일본에 파견한 것으로 보아도 무방할 것이다.

곽무종이 쓰시마(對馬)에 도착하자 天智朝에서는 우네메(采女) 츠우신(通信)과 僧 치벤(智弁)을 파견하여 유인원이 보낸 牒을 받아왔다. 9월에 天智朝는 츠모리노무라지 키미(津守連吉祥) 등을 파견하여 그 諜에 대한 勅旨를 전하였다. 츠쿠시다자이(筑紫大宰)의 명의로 된 勅의 내용은 곽무종이 당의 천자가 보낸 정식사절이 아니고, 國書도 당의 천자가 보낸 것이 아니므로 조정에 보낼 수 없다는 것이었다. 이 칙지는 12월에 곽무종에게 전달되었고, 앞으로도 '公使'가 아니면 入京할 수 없다는 뜻을 전하였다. 백촌강전투의 패배 이후 나당연합군의 일본침공이라는 위기의식

郭武悰等, 進表函與獻物".

31 정효운,「天智朝의 대외정책에 대한 일고찰」,『한국상고사학보』14, 1993.

32『三國史記』권6 문무왕 3년(663) 5월 조, "…… 百濟故將福信及浮圖道琛, 迎故王子扶餘豊立之, 圍留鎭郎將劉仁願於熊津城. 唐皇帝詔, 仁軌檢校帶方州刺史統前都督王文度之衆與我兵, 向百濟營轉鬪陷 …… 仁軌與仁願合, 解甲休士乃請益兵 ……".

이 고조되고 있던 상황에서 전쟁당사자인 당의 사절에 대한 일본 측의 경계는 당연한 것이었다. 이에 天智朝는 唐使의 입경거절 방침을 정한 것이다. 동맹관계에 있던 백제가 멸망하고, 또 하나의 동맹국인 고구려가 당의 침공 위협을 받고 있는 상황 하에서 일본이 당과 우호관계를 맺기는 어려웠을 것이다. 곽무종은 10월 초 勅과 선물을 받고 饗應을 받은 후 12월 한반도로 돌아갔다.[33]

백촌강전투 이후 天智朝는 호족들의 氏上을 정하고, 호족들이 소유하고 있는 民部·家部 등의 사유민을 파악하는 등, 패전 후 지배체제의 강화를 위한 개혁정책을 추진해 나갔다. 한편으로는 망명백제인에 대한 조치를 마련하여 664년 3월 백제 의자왕의 아들 善光(扶餘勇)을 나니와(難波)에 살게 하고,[34] 아울러 백제망명인들의 거주지도 마련해 주었다.

664년 이후 天智朝는 방어체제의 정비에 힘써 쓰시마(對馬), 이키(壹岐), 츠쿠시(筑紫) 등에 사키모리(防人)와 봉화대를 설치하고, 츠쿠시다자이후(筑紫大宰府)의 방비를 위해 미즈키(水城)를 축조하였다.[35]

---

33 『善隣國寶記』 所引 「海外國記」, "海外國記曰, 天智天皇三年四月, 大唐客來朝, 大使朝散大夫上柱國郭務悰等卅人, 百濟佐平禰軍等百餘人, 到對馬島, 遣大山中采女通信侶僧智辨等來, 喚客於別館, 於是智辨問曰, 有表書幷獻物, 以不, 使人答曰, 有將軍牒書一函幷獻物, 乃授牒書一函於智辨等而奉上, 但獻物撿看而不將也. 九月, 大山中津守連吉祥大乙中伊岐史博德僧智辨等, 稱筑紫大宰辭, 實是勅旨, 告客等, 今見客等來狀者, 非是天子使人, 百濟鎭將私使, 亦復所賚文牒, 送上執事私辭. 是以使人不得入國, 書亦不上朝廷, 故客等自事者, 略以言辭奏上耳. 十二月, 博德授客等牒書一函, 函上著鎭西將軍, 日本鎭西筑紫大將軍, 牒在百濟國大唐行軍摠管, 使人朝散大夫郭務悰等至, 披覽來牒, 尋省意趣, 旣非天子使, 又無天子書, 唯是摠管使, 乃爲執事牒, 牒是私意. 唯須口奏, 人非公使, 不令入京, 云云".

34 『日本書紀』 권27 天智天皇 3년(664) 3월 조, "以百濟王善光王等, 居于難波".

곽무종의 귀국 후, 일본은 망명한 백제지배층을 흡수하여 지배체제의 재건을 도모하였으며, 665년 2월 福信의 공적을 감안하여 그의 아들 鬼室集斯에게 관위 小錦下를 주어 일본의 관위질서 안에 편입시켰다. 또한 백제유민 400여명을 오미노쿠니(近江國)의 간자키군(神前郡)에 정착시켰다.[36]

이러한 天智朝의 정책을 통해 보면, 여전히 일본은 친백제정책을 고수하고 있고 당과의 관계는 경직되어 있음을 알 수 있다.

天智 4년(665) 9월 다시 당의 고종은 劉德高를 비롯하여 총 254인을 일본에 파견하며 서신을 전하였다. 이때 곽무종과 백제의 예군 등이 다시 사절에 포함되어 있었을 뿐만 아니라 나카토미노무라지 카마타리(中臣連鎌足)의 아들 죠우에(定惠)도 함께 귀국하게 하였다.[37] 죠우에(定惠)는 654년의 견당사와 함께 입당한 후 11년 만에 귀국한 것이다. 이는 일본과의 관계개선을 바란 당이 天智天皇의 측근인 나카토미노무라지 카마타리(中臣連鎌足)의 아들을 귀국시켜 양국관계 개선을 도모한 것으로 생각할 수 있다.

이러한 상황 하에서도 일본은 기존의 입장을 견지하여 유덕고 등이 쓰시마(對馬)에 도착한 직후에도 백제망명자를 통한 방어태세 강화에 주력

---

35 『日本書紀』 권27 天智天皇 3년(664) 是歲 조, "於對馬嶋壹岐嶋筑紫國等, 置防與烽. 又於筑紫, 築大堤貯水, 名曰水城".

36 『日本書紀』 권27 天智天皇 4년(665) 春2월 是月 조, "勘校百濟國官位階級. 仍以佐平福信之功, 授鬼室集斯小錦下. 復以百濟百姓男女四百餘人, 居于近江國神前郡".

37 『日本書紀』 권25 白雉天皇 5년(654) 2월 조 分注, "遣大唐押使大錦上高向史玄理, …… , 定惠, 以乙丑年, 付劉德高等船歸".

하였다. 위에 든 사료 ①에 보이는 바와 같이 天智 4년(665) 8월 達率 타후혼 순소(答㶱春初)를 나가토노쿠니(長門國)에 보내고, 達率 오쿠라이후쿠루(憶禮福留)와 시히 후쿠부(四比福夫)를 츠구시노쿠니(筑紫國)에 보내 오노키(大野城)와 기키(椽城)를 쌓게 하였다. 이들은 663년 9월 일본 수군이 패퇴하여 돌아갈 때 함께 일본으로 간 백제인들이다.[38] 오노키(大野城)와 기키(椽城)는 다자이후(大宰府)의 방비를 위해 건립한 것으로 산성의 성벽, 성문, 성내 건물군 등의 구조와 형식이 백제산성과 유사한 조선식산성이다.[39] 뿐만 아니라 664년부터 670년까지 쓰시마(對馬)에서 야마토노쿠니(大和國)에 걸쳐 조선식산성이 축조되었는데,[40] 이는 天智朝가 나당연합군의 침공에 대비한 방어태세의 강화에 망명해 온 백제인들을 활용하고 있음을 보여주는 것이다.

이러한 상황 하에서 天智 4년(665) 8월 탐라가 일본에 사신을 파견하였다. 이후 거의 매년 탐라와 天智朝의 교류가 이루어졌다. 이렇게 빈번한 탐라와 일본의 교류는 결국 백촌강전투 이후 강력한 영향력을 행사하고 있는 당을 중심으로 재편되어 가는 동아시아의 정세 속에서 각 지역간의 활발한 교류를 통한 우호와 협력체계가 이루어지는 가운데 탐라도 일본과의 빈번한 교섭을 통해 동아시아의 정세변화에 대응하고자 한 것으로 파악할 수 있을 것이다.

탐라의 天地朝와의 교섭에 대해 김은숙은 "탐라사신이 일본으로 향한

---

38 『日本書紀』 권27 天智天皇 2년(663) 9월 甲戌 조, "日本船師, 及佐平余自信·達率木素貴子·谷那晉首·憶禮福留, 幷國民等, 至於弖禮城. 明日, 發船始向日本".

39 西谷正, 「朝鮮式山城」, 『岩波講座 日本通史』 3, 岩波書店, 1994.

40 井上秀雄, 『古代東アジアの文化交流』, 溪水社, 1993, p.484.

항로가 한반도 남부 연안을 거쳐 츠쿠시(筑紫)로 가는 루트였을 것으로 추측되므로, 이 시기 탐라의 대일교섭에는 '백제진장'이나 신라가 관여하고 있었을 것이며, 제3국인 탐라사신이 당의 한반도 남부지배를 일본에 설명하여 당과 일본의 관계개선에 일조하게 하기 위한 것이었다"[41]고 추측하고 있지만, 탐라와 天地朝의 교섭 기사를 살펴보는 한 탐라가 당이나 신라의 영향(혹은 요청)을 받아 일본에 사절을 보냈다기보다는 탐라 독자의 의지로 대일교섭이 진행되고 있었음을 알 수 있다.

①~④까지의 사료를 통해 보면 탐라의 王, 王子, 佐平(사료③-1)이 사절로 파견되고 일본 역시 '탐라'라는 독자국과의 교섭으로 인식하여 답례품을 보내는 등(사료③-2, ④-2) 『日本書紀』의 교섭기사나 당시 당이나 신라에 대한 일본의 대응을 살펴보더라도 탐라의 대일교섭에 당이나 신라의 의도가 관여하고 있을 가능성은 찾아보기 어렵다. 백제멸망 이후에도 여전히 친백제정책을 고수하고 있던 天地朝와 당과의 관계는 여전히 경직되어 있었고, 나당연합군의 침공에 대비하는 상황이었다. 이러한 상황 하의 일본에 665년 탐라가 사신을 보낸 이후 거의 해마다 탐라와 天地朝의 교섭이 이루어지고 있는 것은 양국의 우호와 협력체계를 통해 동아시아 정세변화에 대응하고자 하였던 것이라고 할 수 있다.

이후 탐라는 就利山의 서맹의식과 고종의 泰山 封禪儀式[42]에도 참여

---

41 김은숙, 「백제부흥운동이후 天智朝의 국제관계」, 『일본학』 15, 1996, pp. 146~159.

42 『三國史記』 권6 新羅 文武王 5년(665) 秋8월 조, "王與勅使劉仁願熊津都督扶餘融, 盟于雄津就利山. …… 於是, 仁軌領我使者及百濟耽羅倭人四國使, 浮海西還, 以會祠泰山"; 『舊唐書』 권84 劉仁軌傳, "麟德二年(665), 封泰山, 仁軌領率新羅及百濟耽羅倭四國酋長赴會, 高宗甚悅, 擢拜大司憲"; 『新唐書』 권108 劉仁軌傳, "…… 及封泰山, 仁軌乃率新羅百濟儋羅倭四國酋長赴會. 天子

한다. 유인궤의 주도로 이루어진 것으로 보이는 이 봉선의식에 동아시아 각국의 수장들이 참여하였고 탐라 역시 여기에 참여하고 있는 것이다. 신라·백제·탐라·왜(일본)가 모두 참여하고 있는 이 봉선의식을 통해, 그동안 비록 한반도의 고대3국에 비해 소국으로 인식되고 있던 탐라가 당시 동아시아의 국제상황에 맞추어 주변국과의 교류를 활발히 해 나간 결과 그 위상을 많이 높이고 있음을 알 수 있다. 뿐만 아니라 태산의 봉선의식에 참여할 수 있을 정도로 탐라는 당에 의해서도 한반도의 고대3국과 마찬가지의 국가로 인식되고 있었던 것이다.

『資治通鑑』에 의하면 이 때 고구려도 태자 福南을 보냈다고 한다.[43] 그렇다면 이때의 봉선의식은 비록 유인궤에 의해 주도되었다고는 하지만 당을 둘러싼 동아시아 주변세력이 전부 참여하여 이루어진 것으로, 당시 동아시아 각국의 긴밀한 외교상황을 살펴볼 수 있는 좋은 예라 할 것이다.

물론 이때 봉선의식에 참여한 일본 사절에 대하여 이견이 제기되기도 하였다. 小錦 모리노키미 오이하(守君大石), 小山 사카히베노무라지 이하츠미(板合部連石積), 大乙 기시노키미(吉士岐彌)·기시노 하리마(吉士針間) 등을 665년 12월 당사 유덕고가 귀국할 때 송사로 파견하였을 것으로 추측하는 견해이다.[44] 모리노키미 오이하(守君大石)는 661년 백제

大悅, 擢爲大司憲".

43 『資治通鑑』 권201, 고종 麟德 2년(665) 7월 조, "上命熊津都尉扶餘隆與新羅王法敏釋去舊忌, 八月, 壬子, 同盟于熊津城. 劉仁軌以新羅·百濟·耽羅·倭國使者浮海西還, 會祠泰山, 高麗亦遣太子福男來侍祠". 同 10월 조, "上發東都, 從駕文武儀仗, 數百里不絶. 列營置幕, 彌亘原野. 東自高麗, 西至波斯·烏長諸國朝會者, 各帥其屬扈從, 穹廬毳幕, 牛羊駝馬, 塡咽道路. 時比歲豐稔". 同 11월 조, "上至濮陽".

부흥군으로 파병되었고, 사카히베노무라지 이하츠미(板合部連石積)은 653년에 견당유학생으로 제2차 견당사와 함께 당으로 건너간 인물이다. 이들은 모두 본국으로의 귀국기록이 확실치 않으므로, 모리노키미 오호이하는 백촌강전투 이후 당의 포로가 되어 웅진도독부에 억류되어 있다가 유인궤와 함께 당으로 가서 봉선의식에 참여하였고, 사카히베노무라지 이하츠미는 당에 있다가 고종을 따라 참여하였을 것으로 추정할 수 있으므로, 이들은 봉선의식에 참여하기 위하여 일본이 직접 파견한 사절은 아니라는 주장도 제기되고 있다.[45]

사정이 어찌되었든 이때 봉선의식에 참여하고 있는 동아시아 각국은 이러한 국제정세의 움직임 속에서 서로 긴밀한 교섭과 대응을 통해 대외정책을 추진해 가고 있었다.

사료①에서 살펴볼 수 있는 것처럼 탐라는 신라에서의 서맹의식, 당에서의 봉선에 참여했던 거의 동시기에 바로 일본에도 사절을 파견하여 교섭하고 있다. 그리고 이후 해마다 대일교섭(사료②, ③)을 행하고 있는 것을 보면 탐라는 독자적으로 주변국에 적극적인 대외교류를 추진하고 있었다고 볼 수 있을 것이다.

또한 일본의 입장에서도 한반도의 정세가 불안한 상황 하에서 일본이 다이카개신(大化改新)을 통해 율령국가를 완성시켜 가는데 한반도 및 당과의 교류뿐만 아니라 탐라를 통한 교류 역시 그 중요성을 높여 가고 있었을 것이다.

天智 6년(667) 3월 일본은 도읍을 오미(近江)로 옮겼다.[46] 물론 천도에

---

44 『日本書紀』 권27 天智天皇 4년 是歲 조, "遣小錦守君大石等於大唐, 云云. 等謂小山板合部連石積大乙吉士岐彌吉士針間. 蓋送唐使人乎".

45 松田好弘, 「天智朝の外交について」, 『立命館文學』 415·416·417, 1980.

반대하는 의견도 대두되었지만, 天智天皇은 천도를 단행하고 일본 최초의 율령인 오미령(近江令)을 제정하였다.

③-1, ③-2, ④-2의 사료에서 확인할 수 있듯이 667년에 耽羅가 보낸 佐平 椽磨에게 일본에서 비단 등의 물품을 내리고 있는 것을 보면, 이 시기에 이르러 일본은 오미령의 완성을 통해 주변국과의 교류에 있어 외국사절에 대한 의례와 예우를 규정해 놓고 그러한 규정을 탐라사에게도 적용하여, 백제멸망 이후 변화하는 동아시아의 국제정세에 발맞춰 탐라와 긴밀한 교류관계를 형성해 나가고 있었던 것이다.

Ⅳ. 天武·持統朝와의 교섭과 동아시아 정세

天智朝와 활발한 교섭을 벌인 탐라는 이어지는 天武朝와도 계속하여 교섭관계를 유지하였다. 『日本書紀』 권29에 보이는 탐라와 天武朝의 교섭기사는 다음과 같다.

⑤-1 天武天皇 2년(674) 윤6월 조
壬辰 耽羅가 왕자 久麻藝·都羅·宇麻 등을 보내 조공하였다.[47]
⑤-2 同 8월 조
戊申 등극을 축하하는 (新羅)사신 金承元 등 中客 이상 27인을 京으로 불렀다. 그리고 다자이(大宰)에 명하여 耽羅의 사신에게 詔를 내려

46 『日本書紀』 권27 天智天皇 6년(666) 3월 조, "己卯, 遷都于近江".

47 『日本書紀』 권29 天武天皇 2년(674) 閏6월 조, "壬辰, 耽羅遣王子久麻藝·都羅·宇麻等朝貢".

말하기를 "天皇이 새로이 천하를 평정하고 처음 즉위하였다. 이에 축하하는 사신 이외에는 부르지 않았다. 곧 너희들이 친히 본 바이다. 또 날씨가 춥고 물결이 험해지니 오래도록 머물러 있으면 도리어 너희들의 근심이 될 것이다. 그러므로 빨리 돌아가라"고 하였다. 그리고 본국에 있는 국왕과 사신 久麻藝[48] 등에게 처음으로 爵位를 주었다. 그 爵은 大乙上이었고 또 錦繡로 장식하였는데, 그 나라의 佐平의 관위에 해당한다. 곧 츠쿠시(筑紫)에서 귀국하였다.[49]

⑥-1 同 4년(676) 8월 조

壬申 초하루 耽羅에서 調를 바치러 온 사신 왕자 久麻伎가 츠쿠시(筑紫)에 이르렀다.[50]

⑥-2 同 9월 조

戊辰 耽羅王 姑如가 나니와(難波)에 이르렀다.[51]

⑥-3 同 5년(677) 2월 조

癸巳 耽羅의 사신에게 배 1척을 주었다.[52]

⑥-4 同 7월 조

---

48 『日本書紀』 권29 天武天皇 4년(676) 8월 조에는 '耽羅調使 王子 久麻伎'라고 보인다. 久麻藝와 久麻伎를 동일인으로 보는 견해에 대해서는 藤井茂利, 「日本書紀に見える耽羅王子名-'久麻伎' '久麻藝'の二重表記の問題をめぐって」, 『國語國文薩摩路』 25, 1980 참조.

49 『日本書紀』 권29 天武天皇 2년(674) 秋8월 조, "戊申, 喚賀騰極使金承元等, 中客以上卄七人於京. 因命大宰, 詔耽羅使人曰, 天皇新平天下, 初之卽位. 由是, 唯除賀使, 以外不召. 則汝等親所見. 亦時寒浪險. 久淹留之, 還爲汝愁. 故宜疾歸. 仍在國王及使者久麻藝等, 肇賜爵位. 其爵者大乙上. 更以錦繡潤飾之. 當其國之佐平位. 則自筑紫返之.

50 『日本書紀』 권29 天武天皇 4년(676) 8월 조, "壬申朔, 耽羅調使王子久麻伎泊筑紫".

51 『日本書紀』 권29 天武天皇 4년(676) 9월 조, "戊辰, 耽羅王姑如到難波".

52 『日本書紀』 권29 天武天皇 5년(677) 2월 조, "癸巳, 耽羅客賜船一艘".

甲戌 耽羅의 사신이 돌아갔다.[53]

⑦ 同 6년(678) 8월 조

戊午 耽羅가 왕자 都羅를 보내 조공하였다.[54]

⑧ 同 7년(679) 봄 정월 조

己卯 耽羅人이 京으로 향했다.[55]

⑨ 同 8년(680) 9월 조

庚子 高麗에 보냈던 사신[56]과 耽羅에 보냈던 사신들이 돌아와 함께 조정에 인사하였다.[57]

⑩-1 同 13년(685) 겨울 10월 조

辛巳 …… 이 날 아가타이누카히노무라지 다스키(縣犬養連手繈)를 大使로 삼고, 가와라노무라지 카네(川原連加尼)를 小使로 삼아 耽羅에 보냈다.[58]

⑩-2 同 14년(686) 8월 조

癸巳 耽羅에 보낸 사신들이 돌아왔다.[59]

라고 하여 탐라와 天武朝는 이전의 天智朝보다 더 활발히 교섭하고 있

---

53 『日本書紀』 권29 天武天皇 5년(677) 秋7월 조, "甲戌, 耽羅客歸國".

54 『日本書紀』 권29 天武天皇 6년(678) 8월 조, "戊午, 耽羅遣王子都羅朝貢".

55 『日本書紀』 권29 天武天皇 7년(679) 春정월 조, "己卯, 耽羅人向京".

56 이때의 高麗는 安勝의 報德國(671~683)을 지칭하는 것으로 보덕국의 대외교류에 대하여는 이재석, 「7세기 후반 報德國의 존재와 왜국」, 『일본역사연구』 31, 2010 참조.

57 『日本書紀』 권29 天武天皇 8년(680) 9월 조, "庚子, 遣高麗使人, 遣耽羅使人等, 返之共拜朝庭".

58 『日本書紀』 권29 天武天皇 13년(685) 冬10월 조, "辛巳, …… 是日, 縣犬養連手繈爲大使, 川原連加尼爲小使, 遣耽羅".

59 『日本書紀』 권29 天武天皇 14년(686) 8월 조, "癸巳, 遣耽羅使人等還之".

음을 알 수 있다. 『日本書紀』에 기록된 탐라와 일본의 교섭기사 중 가장 많은 사절의 왕래가 있었던 시기이고 탐라사절의 일본 파견뿐만 아니라, 일본의 사절도 탐라에 파견되어 활발한 교류관계를 이어가고 있는 시기였다.

이 시기는 일본이 672년 진신(壬申)의 난을 통해 즉위한 天武天皇의 강력한 권력을 통해 고대 율령국가를 완성시켜 가는 시기이며, 국제적으로는 나당연합군에 의해 고구려가 멸망하고 이후 나당전쟁으로 이어지는 혼란기였다.

671년 12월 天智天皇이 서거하자 황위계승을 둘러싸고 황태자인 오토모황자(大友皇子)와 天智天皇의 동생인 오아마황자(大海人皇子) 사이에 반목이 일어났다. 672년 요시노(吉野)에서 군사를 일으킨 오아마황자는 미노(美農)에서 東國의 군사를 모아 오미(近江)를 공격하여 승리를 거두었다.[60] 이것이 진신의 난이다. 진신의 난에서 승리한 오아마황자는 이듬해(673) 아스카키요미하라궁(飛鳥淨御原宮)에서 天武天皇으로 즉위하였다.

이때 다이카개신 이래의 주요 정치세력이 대부분 오토모황자를 지지하였으므로, 진신의 난 이후 이들 세력은 몰락하고, 天武天皇이 강력한 권력을 통하여 율령제를 더욱 정비하였다. 公地公民制를 강화하고, 天武 12년(684)에는 8色의 姓을 정하였으며, 황자에게 親王의 칭호를 사용하게 하였다. 또한 관위제를 확대하고[61] 기요미하라령(淨御原令)의 제정(689)[62]과 國史의 편찬을 시작하는 등 일본의 율령지배체제는 더욱 확고

60 『日本書紀』 권28 天武天皇 원년(672) 夏5월 是月 조.

61 『日本書紀』 권29 天武天皇 13년(685) 冬10월 己卯朔 조.

해 졌다.

이렇게 일본이 율령국가를 완성하기 위한 개혁을 단행하고 있는 가운데 동아시아의 국제정세는 혼란이 가중되었다. 668년 나당연합군에 의해 고구려마저 멸망하고 당은 안동도호부를 통해 한반도를 기미지배체제하에 편입시키고자 하였다. 그러나 한반도에서는 이에 대한 반발이 거세지며 670년 초 劍牟岑을 중심으로 고구려부흥운동이 일어나 평양을 점령하고 신라와도 연계하자 당은 안동도호부를 요동으로 옮길 수밖에 없었고, 신라는 계속하여 고구려부흥운동을 지지하며 나당전쟁이 본격화되었다.

이러한 상황 하에서 天武朝는 친신라정책으로 대외정책을 전환하였다. 前朝인 天智條의 기본방침은 친백제정책이었다. 따라서 백제부흥운동에 일본은 원병을 파병하였고, 백촌강전투의 패배이후에도 일본 내의 백제망명인들을 우대하며 친백제정책을 고수하여 빈번히 일본에 파견되는 당의 사절들을 경계했다.

그러나 진신의 난을 거쳐 天武天皇이 즉위하면서 일본 내에서는 친백제정책을 고수하던 天智條의 지배세력은 일소되었고, 나당전쟁에 승리한 신라와의 우호관계를 강화하려는 天武朝의 대외정책이 친신라정책으로 전환되며 당과의 관계는 소원해지기 시작하였다.

나당연합군에 의해 고구려가 멸망하기 직전에 신라는 일본에 사절을 파견하였다.[63] 이때부터 大寶 2년(702) 일본이 제8차 견당사를 당에 파견할 때까지[64] 30여 년간 당과 일본의 교류는 중단되었고, 이에 天武朝는

---

62 青木和夫,「淨御原令と古代官僚制」,『古代學』3-2, 1954.

63『日本書紀』권27 天智天皇 7년(668) 秋9월 조, "癸巳, 新羅遣沙喙級湌金東嚴等進調".

신라와의 빈번한 사절교류를 통해 당에 파견되었던 견당사와 학문생(학문승)의 귀국에 주력하였다. 天武 13년(684) 12월에 대당유학생 하지노스쿠네오히(土師宿禰甥), 시라루노 후비토호네(白猪史寶然)와 백촌강전투 때 당의 포로가 되었던 루츠카히노무라지 고비토(猪使連子首), 츠쿠시노미야케노무라지 도쿠코(筑紫三宅連得許) 등이 신라를 통해 귀국하였고,[65] 持統天皇 원년(687)에도 신라사를 따라 학문승 지류(智隆)가 이르렀다.[66] 持統天皇 3년(689)에 신라사는 학문승 마우소(明聰), 관치(觀智) 등을 데려왔다.[67] 持統天皇 4년(690)에도 학문승 지소(智宗), 기도쿠(義德), 쟈관(淨願) 등과 軍丁 오호토모 베노하카마(大伴部博麻)가 신라송사를 따라 귀국하였다.[68]

이러한 상황 하에서 탐라와 일본의 교류도 이전보다 더욱 활발히 전개되었다. 탐라의 사절이 일본에 도착하였을 뿐만 아니라 일본도 탐라에 사절을 파견하기 시작하였다. ⑨, ⑩-1, ⑩-2의 사료에 보이듯 일본도 탐라에 사절을 파견하며 양국 간의 교류는 통상적으로 이루어지고 있었다.

---

64 『續日本紀』 권2 文武天皇 大寶 2년(702) 6월 조, "乙丑, 遣唐使等, 去年從筑紫而入海, 風浪暴險, 不得渡海. 至是乃發".

65 『日本書紀』 권29 天武天皇 13년(685) 12월 조 "癸未, 大唐學生土師宿禰甥白猪史寶然, 及百濟役時沒大唐者猪使連子首筑紫三宅連得許, 傳新羅至. 則新羅遣使那末金物儒, 送甥等於筑紫".

66 『日本書紀』 권30 持統天皇 원년(687) 9월 조, "甲申, 新羅遣王子金霜林級湌金薩慕及級湌金仁述大舍蘇陽信等, 奏請國政, 且獻調賦. 學問僧智隆附而至焉".

67 『日本書紀』 권30 持統天皇 3년(689) 夏4월 조, "壬寅, 新羅遣級湌金道那等, 奉弔瀛眞人天皇喪. 并上送學問僧明聰觀智等".

68 『日本書紀』 권30 持統天皇 4년(690) 9월 조, "丁酉, 大唐學問僧智宗義德淨願, 軍丁筑紫國上陽咩郡大伴部博麻, 從新羅送使大奈末金高訓等, 還至筑紫".

물론 사료⑤-2를 살펴보면 이때 天武天皇의 즉위를 축하하기 위해 일본에 파견된 탐라사절은 入京하지 못하고 귀국하고 있다. 진신의 난을 거쳐 즉위한 天武天皇은 축하사절 이외에는 송환한다는 명목으로 탐라사절을 츠쿠시(筑紫)에서 방환하고, 입경시키지 않고 있다. 이러한 일본의 자세에 대해 가케이 도시오(筧敏生)는 당시 일본의 확고한 대외정책이 부재했기 때문이라고 이해하고 있지만,[69] 이는 당시 한반도의 정세를 고려한 일본 측의 외교정책의 일환이라고 할 수 있을 것이다. 이러한 사정은 탐라사의 입경 거부 기사 앞에 신라사의 입경은 허가하고 있는 것을 통해서도 알 수 있다.

일본은 탐라사를 입경시키지는 않았지만 탐라사에게 '大乙上'의 관위를 하사하였다. 그 이유에 대해 '그 나라의 佐平位'에 해당하기 때문이라고 밝히고 있다. 본래 佐平은 백제관위의 제1등에 해당하는 것이지만, 이때의 좌평은 탐라지배층이 백제와의 교류를 시작하며 다분히 의례적 관위로 받은 것으로 생각된다. 좌평의 관위에 비해 '大乙上'은 그 관위가 매우 낮은 것으로, 당시 일본 관위 19階 중 15位에 해당하는 것이기 때문이다. 『日本書紀』 권27 天智 10년(671) 정월 是歲 조에 백제의 망명귀족에 대한 관위수여 기사가 보인다. 이 기사에 의하면 좌평이었던 余自信에게는 大錦下(26階[70] 중 9位)가 수여되었고, 達率이었던 자에게는 大山下(19階 중 12位), 小山上(19階 중 13位), 小山下(19階 중 14位) 등이 수여되었다. 이를 감안한다면 이때 탐라사에게 수여된 관위는 달솔보다도 낮은 것이다. 탐라사에 대한 이러한 처우는 당시 일본이 인식하고 있

69 筧敏生, 『古代王權と律令國家』, 校倉書房, 2002, p.109.

70 649년 19階로 제정되었던 일본의 관위는 664년 이후 26階로 바뀌었다.

던 동아시아의 정세 속에서 생각해 볼 필요가 있다.

당시 한반도의 정세는 신라와 당이 결전을 앞둔 매우 긴박한 상황 하에 놓여 있었다. 이러한 상황을 잘 알고 있던 일본도 빈번하게 신라에 사신을 보내 만약의 사태를 대비하고 있었다. 이러한 위기상황이 고조되는 가운데 일본이 의도적으로 탐라에 대한 차등적 의식을 드러낸 것은 아닐까? 676년 왕자 久麻伎에 이어(사료 ⑥-1) 탐라왕 姑如가(사료 ⑥-2) 연이어 일본에 와서 오랫동안 일본에 체류하고 있는 것을 보면(사료 ⑥-4) 탐라는 일본과의 대외교류를 공고히 하며 한반도의 정세변화에 대비하고자 하였고, 이에 비해 일본 역시 한반도의 상황변화를 예의주시하면서 친신라정책 하에서 탐라에 대한 대응을 조절하고 있었던 것으로 생각해 볼 수 있다.

친신라정책으로 인해 당과 소원해진 일본은 신라와의 교류에 전적으로 의지하고 있던 국제관계를 다양하게 하고 주변국과의 관계를 더욱 공고히 해야 할 필요가 있었을 것이고, 이에 탐라와의 교섭은 일본의 동아시아 국제교류에 있어 중요성을 더해 갔을 것이다. 그러나 탐라와의 교류를 주도적으로 이끌고자 하였던 일본은 탐라와의 물자교역은 물론 한반도와 대륙의 정보 수집을 위해서도 있어서도 탐라는 매우 중요한 교류 상대였을 것이다. 일본뿐만 아니라 신라·당과 계속해서 교류하고 있던 탐라는[71] 당시 일본에게 우호관계를 유지해야 할 주요 대상인 동시에 최

71 『三國史記』 권6 新羅 文武王 19년(679) 2월 조, “發使略耽羅國”; 『三國史記』 권10 新羅 哀莊王 2년 冬10월 조, “耽羅國遣使朝貢”; 『韓愈文集』 권4 「送鄭尙書書」, “其海外雜國, 若耽浮羅流求毛人夷亶之州, 林邑扶南眞臘于陀利之屬, 東南際天地. 以萬數或時候風潮朝貢, 蠻胡賈人舶交海中, …… , 外國之貨日至, ……”.

소한의 경계심을 표출할 수밖에 없는 대상으로 인식되고 있었을 것이다.

한편 天武朝에 이르면 더욱 더 완성되어 가는 일본 율령에 국가 간 외교사절의 왕래 및 儀禮와 賜與에 관한 규정도 정비되었을 것이다. 외국사절에 대한 賓禮는 일반적으로 도착지 安置(大宰府, 國司) → 存問使의 파견(存問) → 領客使에 의한 京上(領客) → 나니와(難波)에서의 환영(迎船)과 나니와칸(難波館)에 安置 → 入京使의 郊勞(郊勞) → 조정에서 사절의 뜻 주상, 奉獻物 봉정 → 饗宴 → 賜與(授位, 賜祿 등) → 領鄕客使에 인솔되어 出京 및 귀국의 순으로 진행되었다.[72] 탐라와 일본 간의 교류는 점차 의례와 형식적인 면에서도 율령제의 정비에 맞추어 발전하고 있는 것을 알 수 있다. 사료 ⑥을 통해 보면 일본의 츠쿠시(筑紫)에 도착한 탐라사가 이후 나니와(難波)에 이르렀다가 배 1척을 賜與받은 것은 賓禮의 규정에 의해 사절의 예우를 받고 있음을 알 수 있다. 사료의 내용이 간략히 기록되어 있기는 하지만 탐라사 역시 외국사절의 빈례에 따른 절차를 따르고 있음을 알 수 있다.

뿐만 아니라 탐라사의 일본파견뿐만 아니라 일본 역시 탐라에 사절을 파견하며(사료 ⑨, ⑩-1, ⑩-2) 양국의 대외교섭은 더욱 빈번해 지고 있다. 안동도호부가 요동으로 이동한 이후 한반도의 정세가 조금씩 안정되면서 일본은 내부적으로도 일본 열도와 주변의 섬에 대한 지배권을 강화하려는 움직임을 보인다. 소위 '南島(즉, 琉球列島)使'를 파견하여 推古·舒明期 이후 단절되었던 南島人의 조공 촉진과 판도확대를 통한 南島路의 확보를 목표로 한 것이다.[73] 남도로의 확보를 통해 이후 견당사파견

---

72 森公章, 「古代難波における外交儀禮とその變遷」, 田中健夫編, 『前近代の日本と東アジア』, 吉川弘文館, 1995.

73 山里純一, 「南島覓國使の派遣と南島人の來朝」, 『古代日本と南島の交流』, 吉

의 루트를 역시 보다 안정적으로 획득할 수 있을 것이고, 이러한 南島와의 관계개선과 그 연장선상에서 탐라와의 보다 긴밀한 교류를 통해 일본의 남도와 탐라를 연결하여 탐라와의 지속적 교섭을 확대하고자 하였던 것이다.

이렇게 빈번히 이루어지던 탐라와 일본의 교섭은 天武天皇 사후에도 계속 이어졌다. 686년 9월 天武天皇이 사망하자[74] 天武天皇의 황후가 즉위하여 持統天皇이 되었다.[75] 持統天皇은 天武天皇의 율령지배체제 확립정책을 계승하였고 대외정책 역시 그대로 계승하여 탐라와의 교섭도 계속되었다. 즉 『日本書紀』권30 持統天皇 조에 기술된 양국의 교섭기사를 살펴보면

⑪-1 持統天皇 2년(688) 8월 조
辛亥 耽羅의 왕이 佐平 加羅를 보내어 방물을 바쳤다.[76]
⑪-2 同 9월 조
戊寅 耽羅의 佐平 加羅 등에게 츠쿠시칸(筑紫館)에서 잔치를 베풀고 물건을 각각 차등 있게 주었다.[77]

川弘文館, 2009.

74 『日本書紀』 권29 天武天皇 朱鳥원년(686) 9월 조, "丙午, 天皇病遂不差, 崩于正宮".

75 『日本書紀』 권30 朱鳥원년(686) 9월 조, "丙午, 天渟中原瀛眞人天皇崩. 皇后臨朝稱制".

76 『日本書紀』 권30 持統天皇 2년(688) 8월 조, "辛亥, 耽羅王遣佐平加羅, 來獻方物".

77 『日本書紀』 권30 持統天皇 2년(688) 9월 조, "戊寅, 饗耽羅佐平加羅等於筑紫館. 賜物各有差".

⑫ 同 7년(693) 11월 조

壬辰 耽羅의 王子와 佐平 등에게 (물건을) 주었는데, 각각 차등이 있었다.[78]

라고 하여 天武朝와 다름없는 교섭상황을 보이고 있다.

사료 ⑫의 기록이 『日本書紀』에 기록된 탐라와 일본의 마지막 교섭기사이다. 이후 탐라와 일본의 교섭기사는 『續日本紀』에 3건의 기록만이 보인다.[79] 8세기까지 이어지고 있던 탐라와 일본의 교섭기사는 이후 일본의 사서에서 자취를 감추지만, 일본의 기록에 탐라는 '耽羅嶋'라는 이름으로 10세기 이후까지 이어지고 있다.

Ⅴ. 맺음말

이상 『日本書紀』에 기록된 7세기 후반기 탐라와 일본의 교섭 기사를 검토해 보았다. 백제 멸망 직후인 661년부터 시작된 탐라와 일본의 교섭

---

78 『日本書紀』 권30 持統天皇 7년(693) 11월 조, "壬辰, 賜耽羅王子·佐平等, 各有差".

79 『續日本紀』 권13 聖武天皇 天平 12년(740) 11월 조, "……又以今月三日, 差軍曹海犬養五百依發遣, 令迎逆人. 廣嗣之從三田兄人等二十餘人申云, 廣嗣之船, 從知賀嶋發, 得東風往四箇日, 行見嶋. 船上人云, 是耽羅嶋也"; 『續日本紀』 권35 光仁天皇 寶龜 9년(778) 11월 조, "壬子, 遣唐第四船, 來泊薩摩國甑嶋郡. 其判官海上眞人三狩等, 漂着耽羅嶋, 被嶋人略留"; 『續日本紀』 권35 光仁天皇 寶龜 10년(779) 5월 조, "……又海路艱險, 一二使人, 或漂沒海中, 或被掠耽羅".

은 백제의 멸망, 백제부흥운동, 고구려의 멸망, 나당전쟁으로 이어지는 동아시아의 격변기에, 그리고 동시에 일본 내부의 다이카개신을 통한 율령국가 성립기에 활발하게 이루어지고 있었다. 7세기 후반이라는 동아시아의 격변기 속에서 탐라는 일본뿐만 아니라 한반도·당과 끊임없는 교류를 이어가며 일본과의 교류에 주력하였다. 탐라사와 관련된 자료가 극히 부족한 상황에서 『日本書紀』에 남아 있는 탐라의 대일 교섭기사는 매우 단편적이고 소략하긴 하지만 고대의 탐라가 일본과 항상적인 교류를 이어갈 정도로 발전된 모습을 증명해 준다. 天智朝를 거쳐 天武·持統朝로 이어지며 탐라의 대일교섭은 더욱 적극적으로 이루어졌다. 탐라사의 일본 파견뿐만 아니라 일본사도 탐라에 파견되면서 탐라와 일본의 교류는 더욱 빈번해졌다.

그러나 탐라와 일본의 교류관계는 『日本書紀』의 기록의 검토뿐만 아니라 동시기 일본의 南島 지역과의 교류와 연계해서 비교 검토해야 할 필요가 있다. 탐라의 대일교섭의 시작이 탐라에 표류한 일본 사절의 귀국과 함께 이루어지고 있는 점에 주목해 보면 일본의 해외진출 및 동아시아와의 해상교류에서 탐라 및 南島 지역의 중요성이나 탐라와 南島 지역의 교류 가능성을 확인해야 탐라의 대일교섭의 전모를 밝힐 수 있을 것이다.

[표 1] 일본견당사 일람

차수	출발	使人	항로	船數	도착지	入京日	귀국	비고
1	630 (舒明2)	犬上君三田鍬, 藥祉惠日	北路?				632.8	· 唐使 高表仁 渡倭
2	653 (白雉4)	大使 吉士長丹 副使 吉士駒	北路?	2			654.7	· 客船 121人,120人 · 귀국시 조난
3	654	대사 河辺臣	北路	2	萊州		655	

차수	출발	使人	항로	船數	도착지	入京日	귀국	비고
	(白雉4)	麻呂 부사 藥社惠日						
4	659 (齊明5)	대사 坂合部連石布 부사 津守連吉祥	北路	2	活州 越州	659	661.5 (제2선)	· 귀국시 제1선은 南海의 섬에 표착, 대사 등 살해되고 탐라왕자와 함께 귀국
5	665 (天智4) 667 (天智6)	守君大石, 坂合部連石積	北路				667.11 668	· 唐使 劉德高 등의 送使 · 唐使 法聰 渡倭
6	669 (天智48)	河內直鯨	北路				不明	· 賀平高麗使
7	702 (大寶2)	대사 坂合部宿禰大分 부사 河守邑治	南路		楚州	702.10	704.7 707.3 718.10	· 160人 5척의 배? (『萬葉集』)
8	717 (養老1)	대사 大伴宿禰山守 부사 藤原宇合	南路?	4		717.10	718.10	· 557人 · 井眞成 등 유학
9	733 (天平5)	대사 多治比眞人廣成 부사 中臣名代	南路?	4	蘇州	734.1	734.11 (제1선) 736.5 (제2선) 739.9 (제3선)	· 594人 · 菩提僊那 渡日 · 제4선은 당으로 돌아감 · 제3선은 귀국시 발해 경유, 발해사 수반
10	746 (天平18)	대사 石上乙麻呂						· 대사임명 후 관련 기록 없음
11	752 (勝寶4)	대사 藤原清河 부사 大伴宿禰高麻呂	南路	4		752.12	753.12 (제3선) 754 (제2선) 754.4	· 양주에서 귀국시 鑑眞 등 渡日 · 귀국시 제1선은 安南에 표착 · 대사 藤原清河는

차수	출발	使人	항로	船數	도착지	入京日	귀국	비고
							(제4선)	당에 돌아가 귀국하지 않음
12	759 (寶字3)	迎入唐大使使 高元度	渤海路	1			761.8	· 99인 · 蘇州에서 출발하여 발해로로 귀국시 귀국선 파손
13	761 (寶字5) 762 (寶字6)	대사 仲眞人 石伴 부사 石上宅嗣		4 2				· 7월 風波로 渡海하지 못하고 정지
14	777 (寶龜8)	대사 佐伯宿禰今毛人 부사 大伴宿禰益立	南路	4		778.1	778.10 (제3선) 778.11 (제4선) 778.11 (제2선) 778.11 (제1선)	· 唐使 趙寶英 渡日 → 漂沒
15	779 (寶龜10)	送唐客使 布勢清直	南路	2		780.2	781	· 唐客 孫興進의 送使
16	803 (延曆22) 804 (延曆23)	대사 藤原葛野麻呂 부사 石川道益	南路	4	福州 明州	804.12	805.6 (제1선) 805.6 (제2선) 806 (제4선?)	· 제3선 귀국시 조난
17	836 (承和3) 837 (承和4) 838 (承和5)	대사 藤原常嗣 부사 小野篁	南路	4	揚州	838.12	839.8 840.4 (제2선)	· 651人 · 귀국시 신라선 9척 고용하여 귀국 · 제2선 南海의 땅에 표착 · 엔닌 당에 유학
18	894 (寬平6)	대사 管原道眞						· 대사 管原道眞의 上奏로 정지

참고문헌

『三國史記』, 『舊唐書』, 『新唐書』, 『唐會要』, 『册府元龜』, 『資治通鑑』, 『韓愈文集』, 『日本書紀』, 『續日本紀』, 『善隣國寶記』.

井上秀雄, 『古代東アジアの文化交流』, 溪水社, 1993.

筧敏生, 『古代王權と律令國家』, 校倉書房, 2002.

森公章, 『遣唐使の光芒』, 角川選書468, 2010.

김은숙, 「백제부흥운동이후 天智朝의 국제관계」, 『일본학』 15, 1996.

이재석, 「7세기 후반 報德國의 존재와 왜국」, 『일본역사연구』 31, 2010.

정효운, 「天智朝의 대외정책에 대한 일고찰」, 『한국상고사학보』 14, 1993.

진영일, 「고대 탐라국의 대외관계」, 『탐라문화』 30호, 2007.

青木和夫, 「淨御原令と古代官僚制」, 『古代學』 3-2, 1954.

池內宏, 「百濟滅亡後の動亂及び唐羅日三國の關係」, 『滿鮮史研究』 上 第2册, 吉川弘文館, 1960.

松田好弘, 「天智朝の外交について」, 『立命館文學』 415·416·417, 1980.

藤井茂利, 「日本書紀に見える耽羅王子名 - '久麻伎' '久麻藝'の二重表記の問題をめぐって」, 『國語國文薩摩路』 25, 1980.

森公章, 「古代耽羅の歷史と日本」, 『朝鮮學報』 118, 1981.

______, 「古代耽羅の歷史と日本」, 『朝鮮學報』 108, 1986.

______, 「古代難波における外交儀禮とその變遷」, 田中健夫編, 『前近代の日本と東アジア』, 吉川弘文館, 1995.

______, 「古代耽羅と日本の交流」, 『月刊韓國文化』 18-6, 1996.

筧敏生, 「耽羅王權と日本」, 『續日本紀研究』 262, 1989.

西谷正, 「朝鮮式山城」, 『岩波講座 日本通史』 3, 岩波書店, 1994.

山里純一,「南島覓國使の派遣と南島人の來朝」,『古代日本と南島の交流』, 吉川弘文館, 2009.

탐라국의 대외교섭과 항로*

최 희 준
고려대학교 한국사연구소 연구교수

* 본 논문은 필자가 『耽羅文化』 58호(2018)에 게재한 「탐라국의 대외교섭과 항로」를 수정·보완한 것이다.

Ⅰ. 머리말

耽羅國은 오늘날 제주도에 위치했던 나라로 국내외 여러 史書에서 耽牟羅國·涉羅·儋羅 등으로 표기되어 등장하기도 한다. 일찍이 韓鎭書는 『海東繹史』에서 耽羅의 뜻을 '섬나라'로 풀이하였다. 이에 따르면 우리말에 '島'는 '剡(섬)'이고 '國'은 '羅羅(나라)'이며, '耽(탐)'·'涉(섭)'·'儋(담)'의 세 음은 모두 섬과 유사하다는 것이다.[1] 그 명칭이 말해주듯이 탐라국의 정체성은 섬나라라는 점에 있었다. 때문에 그 특성상 자급자족 되지 않지만 생존에 필요한 물자들은 반드시 외부로부터 수입해야만 했고,[2] 이는 바다 건너 외부 세력들과의 교류가 이른 시기부터 활발하게 이루어질 수 밖에 없는 직접적인 동인으로 작용하였다.[3] 그리고 이러한

---

1 『海東繹史』 권16, 世紀16 諸小國 耽羅, "海島國也 後魏書稱涉羅 隋書稱耼牟羅 唐書稱儋羅 又稱耽浮羅乇羅 皆一也 東國方音 島謂之剡國謂之羅羅 耽涉儋三音 並與剡相類 蓋云島國也".

2 一例로 소금을 들 수 있다. 16세기에 작성된 冲庵 金淨의 「濟州風土錄」에 보면, 제주도는 바다로 둘러싸여 있지만 소금이 나지 않아서 진도나 해남 등지에서 사들인다고 하였다.(『冲庵先生集』 권4, 濟州風土錄, "地環巨海而鹽不產 必貿於珍島海南等處") 이밖에도 「제주풍토록」에는 당시 제주에 沙器와 陶器, 놋쇠와 철 등이 산출되지 않았고, 쌀도 매우 귀했다고 전한다.

3 산지항과 곽지리에서 출토된 중국 화폐나 용담동의 철제유물, 삼양동의 환옥 제품 등은 일찍부터 제주도 사람들이 바다를 통해서 주변 세력들과 교역한 사실을 입증해주는 유물자료들이다.(國立濟州博物館, 『濟州의 歷史와 文化』, 통

교류가 오랜 경험의 축적 결과로 얻어진 안전하고 빠른 뱃길을 통해서 이루어졌을 것임은 두 말할 필요도 없겠다.

탐라국의 대외항로를 이해하는데 있어서는 몇 가지 강한 선입관들이 일정하게 작용하고 있다. 그 하나로 다수의 연구자들은 9세기 전반 제주도가 당과 일본, 그리고 신라를 잇는 항로의 중간 경유지로서 장보고 선단의 무역기지 역할을 담당했었다고 이해한다.[4] 그리고 그 근거로 현 제주도 서귀포시에 위치했던 法華寺의 존재를 강조하였다. 이들 주장에 따르면 제주도의 법화사는 장보고가 건립한 중국 赤山의 法華院, 완도 청해진의 法華寺와 동일한 성격의 사찰이었다. 즉, 제주 법화사 일대는 9세기 전반의 제주도에서 신앙 중심지였을 뿐만 아니라, 장보고 선단의 중간 기착지이자 상품의 보관소였다는 것이다.

그러나 현재로서는 이 같은 주장을 뒷받침해 줄 사료적 근거는 일절 찾아보기 어려운 실정이다. 더군다나 제주 법화사지에 대한 총 8차례에 걸친 발굴조사 결과, 사찰의 중심연대는 13~15세기였고 창건연대는 10세기를 상회하기 어렵다는 결론에 도달하게 되었다.[5] 결국 현재 확인된 자

천문화사, 2001, 71~78쪽)

4 文明大, 「地方文化財 濟州法華寺 復元을 爲한 學術세미나 요지」, 西歸浦市·法華寺復元推進委員會, 1985.
金文經, 「張保皐와 法華三寺」, 『신해양시대 제주도 국제자유도시 건설에 따른 법화사지 복원의 현대적 의미』, 제주불교사회문화원, 2000, 25쪽.
윤명철, 「제주도의 해양교류와 대외항로」, 『한민족의 해양활동과 동아지중해』, 2002, 476쪽.

5 법화사지는 크게 建物址區域과 蓮池區域으로 나뉘는데, 특히 건물지구역은 1차시기(1269년 이전), 2차시기(1269년~1400년경), 3차시기(1400년경~1600년경), 4차시기(1600년경 이후) 등 총 4시기로 구분된다고 보고되었다.(濟州大學校 博

료만으로는 제주 법화사지를 장보고와 직접 연결시켜 이해하기 곤란하다. 따라서 9세기 전반의 제주도를 장보고 사단이 이용한 동아시아 교역에서의 거점으로 상정하고, 다시 이를 근거로 제주도의 대외항로 발달을 입증하는 방식의 논리는 재고를 요한다.

사실 이 같은 주장들에는 중국 강남 지역과 일본 규슈를 잇는 항로의 중간 기착지로서 탐라국이 중요한 역할을 담당했을 것이라는 선험적 인식이 반영되어 있다. 그리고 이에 대한 근거로 주로 언급되는 것이 바로 일본 遣唐使들이 이용한 '南路'이다. 남로는 8세기 중반 이후 신라와의 관계가 악화된 일본이 한반도 남부 연안을 거쳐 당으로 건너가는 항로, 즉 北路를 이용하기 곤란해지자 8세기 후반 새롭게 개척한 항로였다.[6] 남로는 일본 규슈를 출항하여 五島열도를 거쳐 중국 절강성 해안을 향해 곧바로 가로질러가기 때문에 항해 도중에 제주도를 중요한 물표로 삼았을 가능성은 충분히 상정될 수 있다.

그러나 일본 사신단이 남로를 이용함에 있어서 제주도에 기착했다거나 탐라인들과 교역 활동을 벌였다는 기록은 아직까지 확인된 바 없다. 오히려 778년 남로를 이용해 당에서 귀국하던 견당사 일행이 항해 도중 해상에서 조난당하여 탐라도에 來着한 바 있는데,[7] 『續日本紀』에서 이

物館, 『法華寺址』, 1992; 강창화, 「濟州 法華寺址의 考古學的 硏究」, 『濟州歷史硏究』, 2000, 28~33쪽)

6 谷森饒男, 「日唐の交通路に就いて」, 『史學雜誌』 26-5, 1915; 木宮泰彦, 『日支交通史』 上, 金刺芳流堂, 1926.

7 『續日本紀』 권35, 光仁天皇 寶龜 9년(778) 11월, "遣唐第四船來泊薩摩國甑嶋郡 其判官海上眞人三狩等漂着耽羅嶋 被嶋人略留 但錄事韓國連源等 陰謀解纜而去 率遺衆卌餘人而來歸".

사건을 "漂着"으로 기록하였다. 표착은 정상적인 항로를 벗어나 표류하다가 도착한 것을 의미하므로, 당시 일본인들은 제주도를 南路라는 항로의 기착지, 또는 경유지로 생각하지 않고 있었음을 직접적으로 보여주는 것이다. 따라서 고대 일본인들이 남로를 이용했을 때 실제 제주도를 중요한 기착지로 활용하였는지에 대해서는 보다 엄정한 검토가 요구된다.

탐라국의 대외항로에 대한 기존의 연구들을 살펴보면 고대 동아시아의 주요 항로들을 제주도와 연결 지어, 당시 제주도가 지녔던 지정학적 중요성과 그 위상을 부각시키는데 집중하는 경향이 강하다. 때문에 장보고로 대표되는 신라의 상인들이나 일본의 견당사들이 제주도를 어떻게 활용했는지에 대한 입증이 강조되었던 것이다. 그러나 이 같은 연구 경향은 역설적으로 탐라국의 역사에서 탐라인들을 배제시키는 결과를 초래할 우려가 있다. 결국 탐라국의 대외항로를 이해하려면 탐라국 사람들이 어떤 항로를 이용하여 주변국들과 교섭했는가라고 하는 원론적인 물음에 보다 천착할 필요가 있다.

이에 본고에서는 탐라국이 주변국들과 교섭하는 과정에서 이용한 대외항로를 탐라사의 맥락에서 재검토해 보고자 한다. 이를 위해서 먼저 Ⅱ장에서는 황해의 주요 고대항로들이 언제, 누구에 의해서 개척·운용되는지에 대한 기존 연구들을 정리한다. 다음으로 Ⅲ장에서는 동아시아 각국의 사료에 산재되어 있는 탐라국의 교섭 기사를 모아 그 추이를 종합적으로 살피도록 한다. 마지막으로 Ⅳ장에서는 탐라국의 교섭 대상을 ① 한반도에 위치한 국가, ② 중국대륙에 위치한 국가, ③ 일본열도에 위치한 국가로 대별하고, 앞서 살핀 항로발달사와 국내외 정세를 반영하여 당시 탐라국이 대외교섭 과정에서 이용했던 항로를 각각의 교섭 대상별로 밝혀 보겠다.

Ⅱ. 황해 諸항로의 개척과 이용

항로는 애초에 무모한 항해나 뜻하지 않은 표류를 계기로 시작되었다가 점차 반복적인 왕래를 통해 안전성과 효율성이 검증되면서 형성된다. 황해의 항로 역시도 그러한데, 그 시원은 한반도와 중국대륙 사이의 인적 왕래와 문화 교류가 시작되었던 신석기시대에서 비롯되었다.[8] 당시에는 항해술과 조선술이 발달하지 못했기 때문에 육지나 섬을 바라보면서 위치를 확인하며 나아가는 視認距里 沿岸航海가 일반적이었다. 곧 산동반도에서 廟島列島를 따라 동북진한 뒤 지금의 旅順 서남쪽의 都里鎭에 이른 다음 長山群島를 차례로 지나 압록강 하구에 도달하였다. 압록강 하구부터는 한반도의 서해안을 따라 남진하여 옹진반도를 거쳐 남양만에 이르렀다. 이 같은 항로를 '黃海 北部 沿岸航路'라고 하는데,[9] 육지에 근접하여 항해하기 때문에 다른 항로에 비해서 상대적으로 안전한 항로였다.

이 항로는 賈耽이 道里記에서 기술한 '登州海行入高麗渤海道'[10]와도

---

8 崔夢龍, 「考古學資料를 통해 본 黃海交涉史硏究 序說」, 『震檀學報』 66, 1988, 176~177쪽.
崔夢龍, 「上古史의 西海交涉史 硏究」, 『國史館論叢』 3, 1989, 1~28쪽.

9 권덕영, 『신라의 바다 황해』, 일조각, 2012, 80~81쪽.
연구자에 따라서는 이를 '西海 北部 沿岸航路'라고 칭하기도 한다(정진술, 『한국의 고대 해상교통로』, 韓國海洋戰略硏究所, 2009). 그러나 '西海'는 話者의 기준에 따라서 바뀔 수 있는 상대적인 개념이므로 학술용어로 적합하지 않다고 생각한다. 따라서 본고에서는 보다 객관적 용어인 '黃海'를 사용하여 항로의 명칭을 정리하도록 한다. 후술할 '黃海 中部 橫斷航路'와 '黃海 南部 斜斷航路'도 이와 같은 경우이다.

일치한다. 등주해행입고려발해도는 登州에서 출발하여 大謝島·歸歆島·末島·烏湖島 등 묘도열도의 여러 섬을 거쳐 도리진에 이른 다음, 요동반도 연안의 青泥浦·桃花浦·杏花浦·石人汪·橐駝灣을 따라 烏骨江인 압록강 하구에 도달하고, 다시 서해 연안을 남진하며 烏牧島·貝江口·椒島·長口鎭·麻田島·古寺島·得物島를 거쳐 唐恩浦에 도달하는 바닷길이었다.[11] 이 항로를 이용하여 漢의 누선장군 楊僕이 고조선을 공격하였고, 그 후 隋와 唐도 고구려를 침공하였다. 또한 중국으로 건너가는 백제·신라의 사신이나 반대로 백제·신라를 방문하는 중국 사신들도 이 항로를 활용하였다.[12]

그러나 황해 북부 연안항로의 이용은 한반도 삼국의 각축전이 치열하게 전개되기 시작한 5~6세기부터 차츰 경색되어 갔다. 고구려가 항로를 차단하고 자국의 근해를 항해하는 백제나 신라의 선박을 견제하려 했기

---

10 『新唐書』 권43하, 地理7下, "其後貞元宰相賈耽考方城道里之數最詳 從邊州入四夷 通譯于鴻臚者 莫不畢記 其入四夷之路與關戍走集最要者七 …… 二曰登州海行入高麗渤海道".

11 『新唐書』 권43하, 地理7下, "登州東北海行 過大謝島龜歆島末島烏湖島三百里 北渡烏湖海 至馬石山東之都里鎭二百里 東傍海壖 過青泥浦桃花浦杏花浦石人汪橐駝灣烏骨江八百里 乃南傍海壖 過烏牧島貝江口椒島 得新羅西北之長口鎭 又過秦王石橋麻田島古寺島得物島 千里之鴨淥江唐恩浦口 乃東南陸行 七百里至新羅王城".

12 비록 설화이지만, 기원전 219년 秦의 始皇帝 명을 받아 불로초를 구하기 위하여 배를 타고 바다를 건넜던 徐市(『史記』 권6, 秦始皇本紀6 始皇 28년(B.C. 219), "既已 齊人徐市等上書 言海中有三神山 名曰蓬萊方丈瀛洲 僊人居之 請得齋戒 與童男女求之 於是遣徐市發童男女數千人 入海求僊人")가 실제로 제주도에 내착했다면, 황해 항로 발달의 역사적 맥락을 고려했을 때 그가 이용한 항로는 다름 아닌 황해 북부 연안항로였을 것으로 추정된다.

때문이다. 이에 백제와 신라는 중국 왕조들과의 통교를 위해 새로운 항로를 모색하였고, 그 결과 '黃海 中部 橫斷航路'가 개척되었다.[13] 특히 신라는 7세기 전반 고구려와 백제 양국의 군사적 압박을 타계할 목적에서 唐과의 교류를 강화하였는데, 이를 위해서는 고구려의 위협을 받지 않으면서 당과 왕래할 수 있는 새로운 항로가 절실하였다. 이에 신라는 지금의 황해도 서남단 장구진 인근에서 곧바로 황해를 가로질러 산동반도로 건너가는 황해 중부 횡단항로를 개척하였다. 이는 한반도와 중국대륙 사이의 최단거리 직선코스로 고구려의 위협이 적은 신항로였다.[14] 이 항로는 660년 당의 소정방이 신라의 金仁問과 함께 13만 군사를 거느리고 산동반도 城山을 출발하여 德物島를 거쳐 백제를 공격했을 때[15]도 이

13 申瑩植, 「韓國古代의 西海交涉史」, 『國史館論叢』 2, 1989, 20~21쪽.
권덕영, 앞의 책, 2012, 80~81쪽.
전덕재, 「新羅의 對中·日 交通路와 그 變遷」, 『역사와 담론』 65, 湖西史學會, 2013, 164쪽.
임동민, 「백제와 동진의 교섭 항로」, 『百濟學報』 17, 百濟學會, 2016, 99~106쪽.
박종욱, 「백제의 對中國交涉 航路 - 고구려의 해상 차단 관련 기록을 중심으로 -」, 『百濟學報』 19, 百濟學會, 2017, 146쪽.
연구자에 따라 명칭이나 구체적인 노선에 있어서는 약간의 차이가 존재한다. 본고에서는 한반도 중부와 중국 산동반도를 횡단하여 잇는 항로를 통칭하여 '황해 중부 횡단항로'라고 칭하도록 한다.

14 강봉룡, 『바다에 새겨진 한국사』, 한얼미디어, 2005, 82~83쪽.
고경석, 「신라의 對中 해상교통로 연구」, 『新羅史學報』 21, 2011, 118~119쪽.

15 『三國史記』 권5, 新羅本紀5 太宗武烈王 7년(660) 3월, "唐高宗命左武衛大將軍蘇定方 爲神丘道行軍大摠管 金仁問爲副大摠管 帥左驍衛將軍劉伯英等水陸十三萬 △△伐百濟 勅王爲嵎夷道行軍摠管 使將兵 爲之聲援".
『三國史記』 권5, 新羅本紀5 太宗武烈王 7년(660) 6월, "定方發自萊州千里隨流東下 二十一日 王遣太子法敏 領兵船一百 迎定方於德物島".

용되었다. 그 후에도 황해 중부 횡단항로는 중·하대 신라와 당 양국의 공식적인 사신 교환에 있어서 중추적인 역할을 담당하며 지속적으로 활용되었다.

한편, 안사의 난(755~763) 이후 당에서는 각지의 節度使들이 독자적인 세력을 형성하여 중앙 조정과 대립하기 시작하였다. 절도사들의 藩鎭은 재정권과 군사권, 행정권을 모두 장악하고 세습함으로써 사실상 독립된 왕국을 형성하였고,[16] 당은 더 이상 전 중국을 통일적으로 지배하는 제국의 지위를 유지하기 어렵게 되었다. 반면 강남 일대, 특히 長江 하구의 揚州, 浙江 하구의 明州·杭州 등은 당의 대표적인 국제무역항으로 성장하였다. 이에 당 황실은 새로운 경제적 활로를 찾아 강남 일대에 주목하였고, 황해를 무대로 활동하던 각국의 상인들은 강남으로 모여들었다. 8세기 후반부터 동아시아에서는 종래 엄격하게 통제되었던 사무역이 점차 발달하기 시작했던 것이다.

이 시기 당·신라·일본을 대상으로 한 동아시아 해상무역을 가장 적극적으로 주도한 이들은 재당 신라인을 포함한 신라상인들이었다. 장보고로 대표되는 이들 상인은 강남의 무역도시 양주·명주·항주로 모여드는 물화를 신라와 일본 등지에 신속하게 유통시킴으로써 이윤의 극대화를 추구하였다. 황해 중부 횡단항로가 개발된 이후 신라와 당의 사신들은 공식적으로 이 항로를 이용하여 왕래하였지만, 신라상인들에게는 이보다 빠른 항로의 개척이 요구되었다. 그도 그럴 것이 황해 중부 횡단항로를

16 『新唐書』 권210, 列傳135 藩鎭魏博, "安史亂天下 至肅宗大難略平 君臣皆幸安 故瓜分河北地 付授叛將 護養孽萌 以成禍根 亂人乘之 遂擅署吏 以賦稅自私 不朝獻于廷 效戰國 肱髀相依 以土地傳子孫 脅百姓 加鋸其頸 利怵逆汙 遂使其人自視由羌狄然 一寇死一賊生 訖唐亡百餘年 卒不爲王土".

통해서 새로운 중심지로 부상한 강남 지역을 왕래하려면 한반도 서쪽 연안과 중국의 동쪽 연안을 오르내리는 번거로움을 감수해야 했기 때문이다. 이에 신라상인들은 한반도 서남단에서 중국의 長江, 혹은 浙江 하구까지 비스듬히 연결하는 새로운 항로, 즉 '黃海 南部 斜斷航路[17]'를 개척하였다.[18]

圓仁의 「入唐求法巡禮行記」에는 일본사신이 839년 바다를 건너 귀국할 방법을 의논하면서 明州와 揚子江을 출발해 신라에 이르는 항로를 언급한 사실이 확인된다.[19] 이는 9세기 초 신라인들이 개척한 황해 남부 사단항로를 이야기하고 있는 것이다. 또한 896년에 신라사신 崔藝熙의

17 동일한 항로를 가리켜 '東支那海 斜斷航路', 또는 '東中國海 斜斷航路'로 칭하기도 하지만,(孫兌鉉·李永澤, 「遣使航運時代에 關한 硏究」, 『韓國海洋大 論文集』 16, 1981, 21쪽; 金在瑾, 「韓國·中國·日本 古代의 船舶과 航海術」, 『震檀學報』 68, 1989, 194쪽.) 엄밀히 따지면 국제법상 황해(Yellow Sea)는 동중국해(Eastern China Sea)와 구분되는 별개의 바다이다. 국제수로기구(IHO)의 규정에 따르면 동중국해는 제주도 서쪽(북위 33° 17')에서 중국 長江 하구까지 이은 직선을 경계로 북쪽의 황해와 구분된다.(International Hydrographic Organization, *Limits of Oceans and Seas 3rd Edition*, 1953, p.31) 본고에서 설명하는 사단항로는 대부분은 황해 상에 위치해 있으므로 동중국해 사단항로나 동지나해 사단항로라는 용어는 취하지 않는다.

18 권덕영, 앞의 책, 2012, 86~92쪽.
황해 남부 사단항로는 직선거리 약 600km를 중간 기착지 없이 단숨에 횡단해야 하는 항로로, 황해 북부 연안항로나 황해 중부 횡단항로에 비해 해상 조난의 위험성이 훨씬 높았다. 그리고 이 항로는 원양항해를 전제로 하기 때문에 앞선 두 항로에 비해서 보다 발전된 항해술과 조선술을 갖추지 않고서는 이용할 수 없는 항로였다.

19 『入唐求法巡禮行記』 권4, 開成 4년(839) 4월 2일조, "第二船頭長岑宿禰云 …… 案舊例 自明州進發之船 爲吹著新羅境 又從揚子江進發之船 又著新羅".

배를 타고 입당했던 眞澈大師 利嚴은 돛을 높이 걸고 파도를 넘은지 며칠 만에 鄞江에 도착하였는데,[20] 이곳은 오늘날 浙江省 寧波市 일대에 해당한다.[21] 900년에 입당한 靜眞大師 兢讓 역시도 중국으로 가는 큰 배를 얻어 타고 붕새가 움직이듯 남쪽으로 항해하여 "信宿之間", 곧 2~3일 만에 江淮지방의 경계에 도달했다고 한다.[22] 진철대사나 정진대사가 신라를 출발하여 며칠 만에 중국의 강남 지방에 도착할 수 있었던 것은 그들이 탄 배가 황해 남부 사단항로를 이용해 항해했기 때문이었다.

이후 11세기 중반이 되면 항해용 나침반의 사용과 북방 거란족의 위협 등 여러 가지 이유로 인하여 황해 남부 사단항로가 보다 활발하게 이용되었다. 1074년 고려가 金良鑑 일행을 송으로 파견했을 때 종전의 등주를 경유하던 사행로를 명주로 변경해 달라고 요청한[23] 이후, 고려의 사신단은 줄곧 황해 남부 사단항로를 이용하여 송을 왕래하였다. 1078년 명주에서 배를 타고 바다를 건넌 假左諫議大夫 安燾 일행[24]이나 1123년 같은 경로로 고려를 방문한 徐兢 일행[25]의 사례에서 보듯이, 송사신 역

---

20 「廣照寺眞澈大師塔碑銘」, "乾寧三年忽遇入浙使崔藝熙大夫方將西泛俹跡而西所以高掛雲颿遽超雪浪不銷數日得抵鄞江".

21 『清史稿』 권615, 志40 地理12 浙江 寧波府, "鄞江出四明山 合而北流 爲甬江".

22 「鳳巖寺靜眞大師圓悟塔碑銘」, "光化三秊伺鷁舟之西泛逐鵬運以南飛匪踰信宿之閒獲達江淮之境".

23 『宋史』 권487, 列傳246 外國3 高麗, "往時高麗人往反皆自登州 (熙寧)七年 遣其臣金良鑑來言 欲遠契丹 乞改塗由明州詣闕 從之".

24 『宋史』 권487, 列傳246 外國3 高麗, "元豐元年 始遣安燾假左諫議大夫陳睦假起居舍人往聘 造兩艦於明州 一曰凌虛致遠安濟 次曰靈飛順濟 皆名爲神舟 自定海絶洋而東 既至 國人歡呼出迎".

25 『宣和奉使高麗圖經』 권34, 海道1: 권35, 海道2.

시도 고려를 내방할 때 황해 남부 사단항로를 이용하였다.

지금까지 살펴본 황해의 여러 고대 항로들을 지도상에 표시해 보면 다음 [그림 1]과 같다.

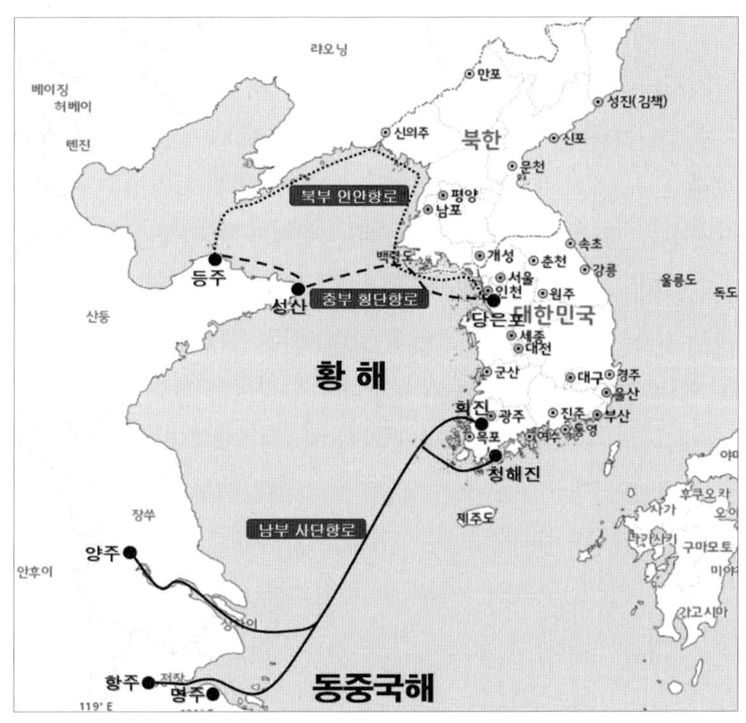

[그림 1] 고대의 황해 諸항로

Ⅲ. 탐라국의 대외교섭 추이

제주도와 관련한 정치체로 史書에 처음 등장하는 것은 『三國志』 東夷

專 韓條의 州胡이다. 주호는 제주의 주민집단을 지칭하는데, 키가 작고 언어가 마한과 달랐으며 머리를 빡빡 깎고 소와 돼지를 잘 키웠다고 전한다. 이 못지않게 중요한 것이 배를 타고 왕래하며 韓中에서 장사했다는 언급이다.[26] 여기서 韓中은 三韓지역을 가리킨다고 판단되므로, 이 기록은 당시 주호가 교역을 위해 배를 타고 한반도 남부지역으로 출항하였음을 알려준다.

사료상으로 耽羅國과 가장 먼저 교섭한 나라는 백제였다. 476년 탐라국은 백제에 사신을 파견하여 方物을 바쳤고, 이에 文周王은 기뻐하며 탐라의 사신을 恩率로 삼았다.[27] 이 해는 백제가 고구려군에 의해 수도 한성이 함락되고 웅진으로 천도한 바로 다음 해였다. 당시 백제는 왕실의 존폐가 걸린 위기 상황이었으므로 멀리 바다 건너 탐라국까지 영향력을 미칠 여력이 없었다. 그럼에도 불구하고 탐라국은 자발적으로 백제에 사신을 파견하고 방물을 전달하며 관계를 맺고자 했던 것이다. 이는 5세기 후반 탐라국을 대표하는 우두머리가 등장하여 제주도 내의 여러 지역 집단들을 통합한 뒤, 대내적으로는 위세를 과시하고 대외적으로는 정체성을 확립하기 위해 취했던 외교책의 일환으로 이해된다.[28]

498년 백제 동성왕은 탐라국이 방물을 바치지 않는다 하여 親征하기 위해 武珍州까지 행차했다가 탐라가 사신을 보내 죄를 빌자 그만두었

---

26 『三國志』 권30, 魏書30 烏丸鮮卑東夷傳 東夷 韓, "又有州胡在馬韓之西海中大島上 其人差短小 言語不與韓同 皆髡頭如鮮卑 但衣韋 好養牛及豬 其衣有上無下 略如裸勢 乘船往來 市買韓中".

27 『三國史記』 권26, 百濟本紀4 文周王 2년(476) 4월, "耽羅國獻方物 王喜 拜使者爲恩率".

28 이청규, 『해상활동의 고고학적 기원과 전개』, 景仁文化社, 2016, 306~307쪽.

다.[29] 동성왕의 무진주 행차가 실제 탐라국 정벌을 목적으로 한 것인지, 아니면 여전히 독자성을 견지하려 했던 영산강 유역의 정치체들에 대한 군사적 시위였는지는 분명하지 않다. 다만 웅진기 백제의 불안정한 정세를 파악한 탐라국의 이탈 움직임은 어느 정도 감지할 수 있다.[30] 하지만 무령왕 즉위 이후 백제의 정세가 안정되자 탐라국에 대한 백제의 영향력은 다시금 강화되었고,[31] 이를 반영하듯 『北史』 백제전에서는 탐모라국, 즉 탐라국을 덧붙여 언급하면서 백제에 附庸한다고 기록하였다.[32]

한편, 660년 나당연합군에 의하여 백제는 멸망하였고, 당은 백제의 옛 영토를 5都督府 37州 250縣으로 재편하여[33] 羈縻支配를 시행하였다. 백제유민들은 이에 저항하여 곳곳에서 부흥운동을 일으켰으나, 나당연합군의 강경한 진압으로 그 성공 여부는 쉽게 예측하기 어려운 상황이었다. 이처럼 한반도 남부의 정세가 급변하자 탐라국의 외교적 움직임에도 변화가 감지되기 시작하였다. 먼저 탐라국은 661년 8월 사신을 당에 파견하여 조공하고 방물을 바쳤다.[34] 이 같은 탐라국의 對唐 통교는 웅진도

---

29 『三國史記』 권26, 百濟本紀4 東城王 20년(498) 8월, "王以耽羅不修貢賦 親征至武珍州 耽羅聞之 遣使乞罪 乃止".

30 권오영, 「고대 제주와 동아시아」, 『유적과 유물을 통해 본 제주의 역사와 문화』, 서경, 2009, 89~90쪽.

31 『日本書紀』 권17, 繼體天皇 2년(508) 12월, "南海中耽羅人 初通百濟國".

32 『北史』 권94, 列傳82 百濟, "其南 海行三月有耽牟羅國 南北千餘里 東西數百里 土多麞鹿 附庸於百濟".

33 『三國史記』 권28, 百濟本紀6 義慈王 20년(660) "至是 析置熊津馬韓東明金漣德安五都督府 各統州縣 擢渠長爲都督刺史縣令以理之".

34 『冊府元龜』 권970, 外臣部15 朝貢 龍朔 원년(661) 8월, "多蔑國王摩如失利多福國王難修强宜說耽羅國王儒李都羅等 並遣使來朝 各貢方物 三國皆林邑之南

독부의 주선에 의해서 이루어진 것으로 추정된다. 그리고 이듬해인 662년 2월에는 탐라국의 國主 徒冬音律이 직접 신라를 찾아가 항복하고 신라의 屬國이 되었다.[35] 탐라국의 이러한 행보는 약 200년 가까이 밀접한 관계를 유지해 왔던 백제의 갑작스러운 멸망 앞에서, 당과 신라로부터 자국 안전을 보장받고 생존에 필요한 교역 루트를 확보·유지하기 위한 외교적 대응으로 판단된다.

그러나 탐라국의 입장에서 당과 신라의 처우가 이전 백제와의 경우에 비해 충분히 만족스럽지 못했던 듯하다. 신라와 통교하고 얼마 지나지 않아 탐라국은 백제부흥운동군을 지원하는 방향으로 외교 노선을 급선회했기 때문이다. 663년 白江전투에서 백제부흥운동군의 지휘부와 탐라국 사신이 함께 있었던 사실은[36] 당시 탐라국이 백제부흥운동에 일정한 역할을 담당하고 있었음을 직접적으로 확인시켜 준다. 665년 唐將 劉仁軌가 취리산 회맹을 마친 뒤, 신라·백제·왜와 더불어 탐라국까지 모두 네 나라의 사신들을 거느리고 이듬해 있을 태산의 봉선에 참여하기 위해 당으로 건너갔는데,[37] 이들은 모두 백제부흥운동과 그 진압과정에 직·간접적으로 관여했던 나라들이었다.

邊海小國也".
『唐會要』 권100, 耽羅國 龍朔 원년(661) 8월, "朝貢使至".

35 『三國史記』 권6, 新羅本紀6 文武王 2년(662) 2월, "耽羅國主佐平徒冬音律來降 耽羅自武德以來 臣屬百濟 故以佐平爲官號 至是 降爲屬國".

36 『舊唐書』 권84, 列傳34 劉仁軌, "餘豊脫身而走 獲其寶劍 僞王子扶餘忠勝忠志等率士女及倭衆幷耽羅國使 一時並降".

37 『三國史記』 권6, 新羅本紀6 文武王 5년(665) 8월, "王與勅使劉仁願 熊津都督扶餘隆 盟于熊津就利山 …… 歃訖 埋牲幣於壇之壬地 藏其書於我之宗廟 於是仁軌領我使者及百濟耽羅倭人四國使 浮海西還 以會祠泰山".

이후 唐軍을 한반도에서 완전히 축출하고 나당전쟁에서 승리한 신라는 679년 사신을 탐라국에 보내 경략하고[38] 이전의 복속관계를 복원하였다. 이 기사를 끝으로 사서에는 한동안 양국 간의 교류 기사가 보이지 않다가, 122년만인 801년, 신라 애장왕대에 탐라사신의 조공 기사[39]가 다시 확인된다. 이는 신라-탐라국의 宗屬關係가 신라 하대에도 유지되고 있었음을 확인시켜주는 기사이다. 비록 전하는 사료가 없어 확증할 수는 없지만, 양국은 이 같은 상호 관계 설정 아래 지속적으로 교섭을 진행해 왔을 것으로 추정된다. 왜냐하면 779년 탐라에 억류되어 있던 일본사신의 송환 문제에 신라가 영향력을 행사한 정황이 확인되기 때문이다.

이 해 일본 遣唐使는 당으로부터 귀국하는 길에 해상에서 조난을 당해 탐라에 표착하였고, 당시 判官이었던 海上三狩 등이 탐라에 억류되어 있었다.[40] 사태를 파악한 일본 조정은 신라에 사신을 파견해 일본사신의 송환에 도움을 요청하였고,[41] 탐라에 억류되어 있던 사신단 일행은 신라

---

38 『三國史記』 권7 新羅本紀7 文武王 19년(679) 2월, "發使略耽羅國".
일각에서는 이 기사를 "탐라를 침공하여 복속국으로 삼았다"라고 풀이하기도 하는데(森公章, 「古代耽羅の歷史と日本 - 7世紀後半を中心として -」, 『朝鮮學報』 118, 1986, 135쪽), 이는 지나친 해석이라고 생각된다. "發使"는 글자 그대로 외교사절을 보냈다든지 출발시켰다는 뜻이고, "略"은 문맥상 "침략·공략하다" 보다는 "謀計하다"는 의미가 적절하다. 즉, 이는 신라 사신이 탐라에 건너가 탐라왕을 설득하고 조공관계를 다시 회복시킨 사실을 반영한 것이다.(진영일, 「고대 탐라국의 대외관계」, 『耽羅文化』 30, 2007, 224~225쪽)

39 『三國史記』 권10, 新羅本紀10 哀莊王 2년(801), "耽羅國遣使朝貢".

40 『續日本紀』 권35, 光仁天皇 寶龜 9년(778) 11월, "遣唐第四船來泊薩摩國甑嶋郡 其判官海上眞人三狩等漂着耽羅嶋 被嶋人略留 但錄事韓國連源等 陰謀解纜而去 率遺衆卌餘人而來歸".

41 『續日本紀』 권35, 光仁天皇 寶龜 10년(779) 2월, "以大宰少監正六位上下道朝

를 경유하여 무사히 일본으로 돌아올 수 있었다.[42] 이는 신라가 8세기 후반에도 여전히 탐라국에 강한 영향력을 행사하고 있었고, 이러한 관계를 일본 조정에서도 인지하고 있었음을 보여주는 사례라고 하겠다.

한편, 탐라국은 7세기 후반 일본(왜국)에 집중적으로 사신을 파견한 바 있다. 백제 멸망 직후인 661년 탐라국은 일본에 왕자 阿波伎 등을 보내[43] 처음으로 통교하였고, 백제부흥운동이 완전히 실패로 끝난 직후인 665년[44]부터 666년,[45] 667년,[46] 669년,[47] 674년,[48] 676년,[49] 678년[50] 등 누차에 걸쳐 사신을 파견해 일본과의 교섭을 추진하였다. 679년 신라에 다시 복속되기 전까지 모두 8회에 걸쳐 사신을 일본으로 파견한 셈인데, 이들 사신이 백제의 관등인 佐平을 칭하고 있었다는 점이 특이하다. 679년 신라에 다시 복속된 후부터는 탐라국의 일본에 대한 사신 파견 횟수가 급감하여, 688년[51]과 693년[52] 두 차례의 사례를 끝으로 더 이상 확인

臣長人爲遣新羅使 爲迎遣唐判官海上三狩等也".

42 『續日本紀』 권35, 光仁天皇 寶龜 10년(779) 7월, "大宰府言 遣新羅使下道朝臣長人等 率遣唐判官海上眞人三狩等來歸".

43 『日本書紀』 권26, 齊明天皇 7년(661) 5월, "耽羅始遣王子阿波伎等貢獻".

44 『日本書紀』 권27, 天智天皇 4년(665) 8월, "耽羅遣使來朝".

45 『日本書紀』 권27, 天智天皇 5년(666) 정월, "耽羅遣王子姑如等貢獻".

46 『日本書紀』 권27, 天智天皇 6년(667) 7월, "耽羅遣佐平椽磨等貢獻".

47 『日本書紀』 권27, 天智天皇 8년(669) 3월, "耽羅遣王子久麻伎等貢獻".

48 『日本書紀』 권29, 天武天皇 2년(674) 윤6월, "耽羅遣王子久麻藝都羅宇麻等朝貢".

49 『日本書紀』 권29, 天武天皇 4년(676) 8월, "耽羅調使王子久麻伎泊筑紫".

50 『日本書紀』 권29, 天武天皇 6년(678) 8월, "耽羅遣王子都羅朝貢".

51 『日本書紀』 권30, 指統天皇 2년(688) 8월, "耽羅王遣佐平加羅 來獻方物".

되지 않는다. 흥미로운 사실은 688년과 693년에 파견된 탐라국의 사신들도 계속해서 佐平이라는 백제계 관등을 칭하고 있었다는 점이다.[53] 일본에서는 685년 탐라국에 사신을 파견하기도 하였다.[54]

10세기 초 후삼국이 정립되면서 신라는 그 세력이 크게 약화되었다. 이에 탐라국은 혼란한 한반도의 상황을 관망하다가 925년 고려의 태조에게 方物을 진공하기 시작하였다.[55] 고려가 후삼국을 통일한 후인 938년에는 탐라국의 太子 末老가 來朝하자 고려에서 星主와 王子라는 爵을 내려주기도 하였다.[56] 이로써 탐라국은 이전의 백제나 신라와 맺었던 관계처럼 독립국으로서 고려에 조공을 바치는 주변국, 즉 蕃國의 지위에서 고려와 교섭하게 되었다. 그러던 것이 고려가 1105년 탐라국을 耽羅郡으로 편재하고[57] 완전히 고려의 영토에 편입시키면서, 탐라국의 역사는 종언을 맞이하였다.

---

52 『日本書紀』 권30, 持統天皇 7년(693) 11월, "賜耽羅王子佐平等 各有差".

53 이는 안승의 보덕국이 일본에 파견했던 사신들 또한 옛 고구려의 관등을 그대로 사용하고 있었던 것과 동일한 맥락에서 이해가 가능하다. 즉, 신라는 탐라국이나 보덕국과 宗屬關係를 맺었다 하더라도 그 내정에 대해서는 깊이 관여하지 않았던 것으로 보인다.

54 『日本書紀』 권29, 天武天皇 13년(685) 10월, "縣犬養連手繦爲大使 川原連加尼爲小使 遣耽羅".

55 『高麗史』 권1, 世家1 太祖 8년(925) 11월, "耽羅貢方物".

56 『高麗史』 권2, 世家2 太祖 21년(938) 12월, "耽羅國太子末老來朝 賜星主王子爵".

57 『高麗史』 권57, 志11 地理2 羅州牧 耽羅縣, "肅宗十年改乇羅爲耽羅郡".

Ⅳ. 교섭 대상에 따른 탐라국의 항로

이상에서 살펴본 바와 같이 사료상 탐라국이 사신을 교환하며 공식적인 교섭을 추진했던 국가는 백제·신라·고려·당·일본(왜국) 등 모두 다섯 곳이 확인된다. 이들을 지리적 입지에 따라서 분류하면 백제·신라·고려는 ① 한반도에 위치한 국가, 당은 ② 중국대륙에 위치한 국가, 일본은 ③ 일본열도에 위치한 국가로 대별된다. 그렇다면 지금부터는 탐라국이 이들 국가와 공식적인 교섭을 위해 이용했던 항로에 대해서 차례대로 검토해 보도록 한다.

먼저 백제·신라·고려 등 ① 한반도에 위치한 국가들과 탐라국 사이의 항로에 대해서 살펴보도록 하자.

> A-1. 대개 탐라로 갈 때는 羅州에서 출발하여 직행으로 務安의 大堀浦, 靈岩의 火無只瓦島, 海南의 於蘭梁을 거쳐 7일 주야 만에 추자도에 도착하게 된다. 海南에서 출발했을 때는 三才浦를 따라가다가 巨要梁과 三內島를 거쳐서 이 섬에 이르게 되며, 耽津에서 출발했을 때는 軍營浦를 따라 가다가 高子島, 黃伊島, 露瑟島의 三內島를 거쳐 3일 주야 만에 추자도에 도착하게 된다. 제주로 가는 이 3개의 항로는 모두 이 섬을 거쳐 斜鼠島, 大火脫島, 小火脫島 등을 지나서 제주의 涯月浦나 朝天館에 닿게 된다. 그런데 대·소화탈도 사이는 두 개의 水流가 교차하여 흐르는 곳이므로 파도가 소리를 내어 울부짖는 험한 곳이므로 이 뱃길을 지나다니는 사람들에게 있어 이곳은 매우 위험한 지점이다.[58]

58 『高麗史』 권57, 志11 地理2 羅州牧 耽羅縣, “凡往耽羅者發羅州則歷務安大堀浦靈岩火無只瓦島海南於蘭梁凡七晝夜至楸子島發海南則從三寸浦歷巨要梁三

A-2. **耽津縣** 본래 백제 冬音縣이었는데, 경덕왕이 이름을 고쳤다. 지금(고려)도 그대로 쓴다.[59]

사료 A-1은 『고려사』 지리지 탐라현조에 세주로 기재되어 있는 15세기 당시 제주로 가는 항로 관련 기록이다. 이에 따르면 조선 전기 제주로 가는 항로의 출발지는 나주, 해남, 탐진(강진) 세 곳으로 모두 한반도 남서부 지역에 위치한 포구들이었다. 이곳에서 출발하면 모두 추자도를 거쳐 제주도 북부 연안에 위치한 애월포나 조천관에 닿는다고 하였다. 즉, 제주도 북부-추자도-한반도 남서부를 연결하는 '連陸航路'를 설명한 것이라 할 수 있다.[60]

사료 A-2는 『삼국사기』 지리지의 기록으로 신라 경덕왕이 백제의 冬

內島發耽津則從軍營浦歷高子黃伊露瑟島三內島皆三晝夜至楸子島 右三處舟船皆經此島 過斜鼠島大小火脫島至于涯月浦朝天舘盖火脫之間二水交流波濤洶湧凡往來者難之".

59 『三國史記』 권36, 雜志5 地理2 新羅 武州 陽武郡, "耽津縣 本百濟冬音縣 景德王改名 今因之".

60 18세기 후반 조선의 수륙교통로를 기록한 申景濬의 『道路考』 濟州海路에 따르면 예전 사람들은 제주도로 갈 때 출발하는 곳은 달라도 모두 추자도에서 바람을 기다려 大海를 건넜는데, 당시 사람들은 영암·해남·강진에서 출발하여 지름길로 所安島에서 바람을 기다려 곧장 제주로 건너간다고 하였다. 그리고 이에 대해서 소안도에서 제주로 향하는 해로는 매우 멀어 중간에 바람을 놓치면 쉽게 전복되기 때문에 당연히 추자도가 편안한 항로[定路]이며, 옛사람들의 대처가 지금 사람들보다 낫다고 평하였다(『道路考』 권4, 海路 濟州海路, "在昔往濟州者 發船處雖異 而皆入楸子島候風 以涉大海 而今則皆入所安島候風 以其徑路也 且以楸子島 更候風爲難 然而自所安向濟州海路甚遠 中間失風 易爲致敗 楸子島則濟州不過三百餘里 固當以楸子爲定路也 故地志麗史 言濟州海路 皆言楸子 此今人 不如古人處".).

音縣을 耽津縣으로 개칭하였다는 기록이다. 오늘날 전라남도 강진군 강진읍 일대로 비정되는 탐진현은 지명 자체가 '탐라(耽)를 잇는 나루(津)'라는 의미를 가지고 있고, 앞서 사료 A-1에서 제주로 출발하는 한반도 남서부 지역 포구 세 곳 중 하나로 등장하기도 한다. 따라서 이 지역은 조선시대는 물론이고 신라시대에도 제주도와 왕래하는 연륙항로의 출발지이자 도착지로 활용되었던 곳임을 확인할 수 있다.

이렇듯 '제주도 북부-楸子島-한반도 남서부'를 연결하는 항로는 탐라국에서 바다를 건너 뭍에 닿는 가장 빠르고 안전한 항로였다. 이 항로는 선사시대부터 가장 빈번하게 이용되었을 뿐만 아니라, 탐라국이 존속했던 기간 동안 백제나 신라, 고려 등 한반도에 위치한 국가들과 교류에도 중요하게 이용되었다. 탐라의 國主나 使臣들은 이 항로를 이용해 한반도 남서부 지역에 내착한 후 육로를 통해 백제의 웅진·사비, 신라의 금성, 고려의 개경으로 이동했을 것이다.[61] 백제·신라·고려의 사신들은 이와 반대로 한반도 남서부 지역까지 육로로 이동한 뒤 승선하여 이 항로를 이용해 탐라국으로 건너왔다고 판단된다.

제주도 북부의 탐라국 연륙항로 입·출항지로는 오늘날 제주시 일대의 포구들이 주목된다. 이 지역은 산지항 출토 漢代 화폐나 용담동 출토 철제유물, 삼양동 출토 環玉 등을 통해서 기원 전후한 시기부터 이미 漢 또는 漢郡縣과 직·간접적인 교역을 전개한 세력들의 존재가 상정된다.[62]

---

61 唐사신의 경우에도 바닷길을 통해서 오늘날 경기도 해안에 위치한 唐恩浦에 來着하면, 신라는 이들을 陸路로 王京에까지 이동시켰다. 「新羅國執事省牒」에 따르면 9세기 전반 신라를 방문한 일본사신의 경우에도 배를 타고 菁州(현 경남 진주 일대)에 내착한 뒤 신라 조정의 입국허가를 기다렸다.

62 강창화, 「고대 탐라(耽羅)의 형성과 전개」, 『유적과 유물을 통해 본 제주의 역

그리고 3세기를 전후하여 현 제주시의 용담동 등지에는 적석목관묘를 축조하고 위신재로 철제 의기류를 다량 부장하는 정치체들이 등장하여 거점취락을 형성하기 시작하는데, 이들 역시 대외교역과 밀접한 관련이 있는 것으로 판단된다.[63] 특히 탐라국의 대외교역과 관련하여 용담동 제사

[그림 2] 제주 용담동 제사유적 위치도(李淸圭·康昌和, 『濟州市龍潭洞遺蹟』, 濟州大學校博物館·濟州市, 1993, 14쪽)

사와 문화』, 서경, 2009, 105~107쪽.

63 金慶柱, 「耽羅 前期의 聚落構造와 社會相」, 『耽羅文化』 57, 2018, 47~52쪽.

유적이 주목되는데, 이 유적은 제주 앞 해안이 훤히 조망되는 언덕에 자리하고 있고, 주변에서 특정 시설물이 확인되지 않으며, 고급 도기와 제사장이 사용했던 각종 장신구들이 깨지거나 폐기된 상태로 출토되었다[64]는 점에서 부안 죽막동 제사유적에 비견된다. 용담동 제사 유적은 배를 떠나보낼 때마다 원거리 항해의 안녕을 기원하는 제사 행위가 이곳에서 이루어졌음을 시사한다.[65]

다음으로 탐라국이 唐에 사신을 파견한 7세기 중반은 앞서 Ⅱ장에서 검토한 바와 같이 아직까지 황해 남부 사단항로가 개척·운용되기 전의 시점이다. 따라서 661년 당에 건너간 탐라국의 사신이 이용한 항로에 사단항로를 상정하는 것은 불가하다. 당시 한반도와 당을 왕래하는 항로로는 황해 북부 연안항로와 황해 중부 횡단항로 두 뱃길이 이용 가능하였다. 661년은 나당연합군이 백제를 멸망시킨 기세를 몰아 고구려 원정을 단행한 해이자, 당이 백제의 옛 영토를 5都督府 37州 250縣으로 재편하여 기미지배하려 하였으나,[66] 백제부흥운동군의 맹렬한 저항에 고전을 면치 못하고 있던 때이기도 하다.[67] 이러한 시점에 탐라국의 사신이 당에 건너가 조공했다면, 이는 당, 또는 웅진도독부의 영향과 관련지어 이해하는 것이 자연스럽겠다.

그렇다면 당과 대치하고 있던 고구려의 연안을 따라 운항하는 북부 연

64 李淸圭·康昌和, 『濟州市龍潭洞遺蹟』, 濟州大學校博物館·濟州市, 1993, 211~213쪽.

65 강창화, 앞의 논문, 2009, 110쪽.

66 『三國史記』 권28, 百濟本紀6 義慈王 20년(660), "至是 析置熊津馬韓東明金漣德安五都督府 各統州縣 擢渠長爲都督刺史縣令以理之".

67 『三國史記』 권28, 百濟本紀6 義慈王 20년(660).

안항로보다는 당과 신라의 왕래에 이용되었던 중부 횡단항로를 이용했을 가능성이 매우 높다. 탐라국의 사신단이 중부 횡단항로를 이용하기 위해서는 우선 연륙항로를 이용해 한반도 남서부의 포구까지 건너간 후, 백제 옛 영토의 서쪽 연안을 따라 북상하다가 남양만을 거쳐 장산곶 부근에서 서쪽으로 황해를 횡단해 산동반도의 포구에 내착했을 것이다.

마지막으로 탐라국과 일본(왜국)의 사신이 왕래했던 항로를 검토해 보겠다. 탐라국과 일본의 교섭은 7세기 후반이라는 특정 시기에 11차례의 사신 교환이 집중적으로 이루어졌다는 특징을 보인다. 이 경우에도 앞서 살핀 당으로의 사신 파견과 마찬가지로 아직 황해 남부 사단항로가 운용되기 이전의 시기에 해당한다. 결론부터 얘기하자면 탐라국의 사신은 먼저 연륙항로를 통해 한반도 남서부 지역으로 건너간 후 한반도 남부 연안을 따라 이동해 대마도와 이키섬을 지나 규슈 북부지역에 내착하는 연안항로를 이용하였다.

이같이 판단하는 데에는 몇 가지 근거가 있다. 먼저 이 항로는 고대 한반도 남서부지역에서 일본으로 향하는 주요 노선으로 이용되었다. 다음 사료는 「入唐求法巡禮行記」의 내용 중 일부를 제시한 것이다.

B. 9월 2일 정오에 赤山浦에서 바다를 건넜다. 적산의 莫琊口를 나와 正東向으로 하루 낮 하루 밤을 갔다. 3일 날이 밝을 무렵에 동쪽으로 향하였는데, 신라국의 서쪽 산들이 멀리 보였다. 바람이 正北으로 바뀌어 옆으로 기운 돛으로 동남향으로 하루 낮 하루 밤을 갔다. 출항한 지 나흘째 되는 날이 밝을 무렵에 동쪽으로 향하니 산과 섬이 보였는데, 단을 이루면서 이어져 있었다. 뱃사공 등에게 물었더니, "저곳은 신라국 서쪽인 熊州의 서쪽 경계다"라고 하였다. (중략) 하루 내내 동남향으로 갔다. 동서에는 산과 섬이 이어져 끊이지 않았다. 밤 10시쯤에 高移島에 도착하여 정박하였다. 이곳은 武州의 서쪽 경계에 해당

> 하는데, 섬의 서북쪽으로 100여 리쯤 떨어진 곳에 黑山島가 있다. (중략) 6일 오전 6시쯤에 무주의 남쪽 경계인 黃茅嶋의 泥浦에 이르러 정박하였다. 이 섬은 丘草嶋라고도 부른다. (중략) 이곳은 신라국 제3재상이 말을 놓아 기르는 곳이다. 고이도를 따라 이 구초도까지는 산과 섬이 이어져 있고, 동남향으로는 멀리 탐라도가 보인다. 구초도는 신라 육지에서 바람이 좋으면 하루만에 도착할 수 있는 곳이다. (중략) 8일 (중략) 오전 10시쯤에 鴈嶋에 이르러 잠시 쉬었다. 당시 신라의 남쪽 경계로 內家의 말을 기르는 산인데, 동쪽 가까이에는 黃龍寺의 莊園이 있고, 人家 두세 채가 보인다. 서남향으로는 멀리 탐라도가 보인다. (중략) 신라국의 동남쪽에서 나아가 큰 바다에 이르렀다. (중략) 10일 날이 밝을 무렵에 동향으로 멀리 對馬嶋가 보였다. 낮 12시쯤에 앞쪽으로 본국의 산이 보였다. (중략) 저녁 무렵에 肥前國 松浦郡 북쪽 경계의 鹿嶋에 도착하여 정박하였다.[68]

일본 천태종 승려인 圓仁은 당에서의 구법 활동을 마치고 847년에 본국으로 귀국하였다. 사료 B에 따르면 圓仁 일행은 9월 2일 정오에 赤山

68 『入唐求法巡禮行記』 권4, 會昌 7년(847), "九月二日 午時從赤浦渡海 出赤山莫琊口 向正東行一日一夜 至三日平明向東 望見新羅國西面之山 風變正北 側帆向東南行一日一夜 至四日曉 向東見山嶋 段段而接連 問楫工等 乃云 是新羅國西熊州西界 …… 終日向東南行 東西山嶋聯翩 欲二更到高移島泊船 屬武州西南界 嶋之西北去百里許 有黑山 …… 六日卯時 到武州南界黃茅嶋泥浦泊船 亦名丘草嶋 …… 是新羅國第三宰相放馬處 從高移島到此丘考丘東本無草嶋 山嶋相連 向東南遙見耽維嶋 此丘草嶋 去新羅陸地 好風一日得到 …… 八日 …… 日欲巳時 到鴈嶋暫歇 時新羅南界內家放馬之山 近東有黃龍寺庄 往往有人家二三所 向西南望見耽羅嶋 …… 到新羅國東南 出到大海 望東南行 …… 十日平明 向東遙見對馬嶋 午時前路見本國山 …… 至初夜 到肥前國松浦郡北界鹿嶋泊船".

浦를 출발하였고, 동쪽으로 하루 낮 하루 반을 항해하여 신라의 서부 연안을 육안으로 확인할 수 있는 지점까지 접근하였다. 다시 하루 낮 하루 밤을 동남진하자 신라 熊州의 서부 연안과 섬을 바라볼 수 있었다. 여기서 다시 東南向으로 하루를 더 가서 오늘날 전라남도 荷衣島로 추정되는 高移嶋에 정박하였다. 9월 6일 圓仁 일행은 지금의 진도 밖에 위치한 巨次島로 추정되는 黃茅嶋, 곧 丘草嶋에 다다랐고, 다음으로는 오늘날 완도 주변에 위치한 雁嶋를 지나갔다. 그 후 9월 10일에 對馬嶋를 지나 일본의 해역으로 진입하였다. 이들 선박이 구초도를 지날 때는 동남향으로, 그리고 안도를 지날 때는 서남향으로 멀리 탐라도가 보인다고 언급한 점이 눈에 띈다. 이상 사료 B를 통해 확인한 圓仁 일행의 귀국 항로를 지도에 표시해 보면 다음 [그림 2]와 같다.

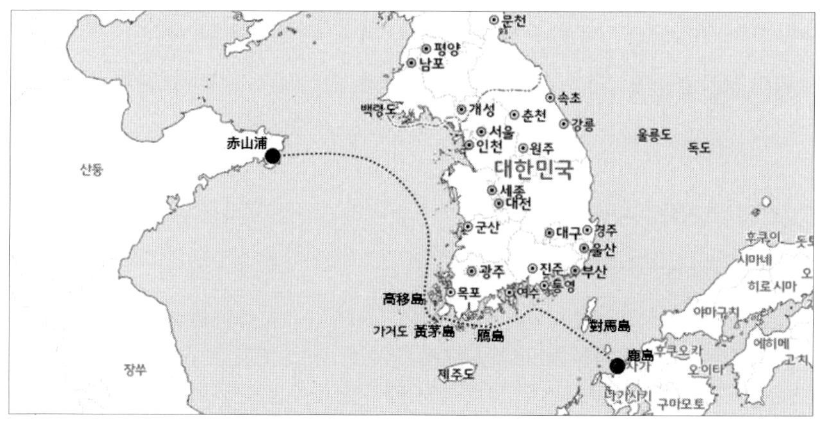

[그림 2] 847년 圓仁의 귀국 항로

이처럼 圓仁은 당 등주를 출발하여 3일 만에 신라 무주의 고이도에 도착하였고, 구초도를 출발한 지 4일 만에 일본 해역에 이르렀다. 한반도 남부 연안을 따라 중국과 일본을 왕래한 항로는 일찍부터 이용되었던 유명하고 안전한 항로로, 608년 隋의 사신으로 왜국에 파견된 裵世淸도 이와 유사한 항로를 이용해 왜국을 방문한 바 있었다.[69]

또한 탐라국 사신이 일본에 도착한 시기를 살펴보면 1월이 1회, 3월이 1회, 5월이 1회, 6월이 1회, 7월이 1회, 8월이 4회, 11월이 1회 확인된다. 8월이 4회로 가장 많기는 하지만 대체적으로 봤을 때 거의 계절에 관계없이 분포되어 있음을 알 수 있다. 이는 7세기 당시 탐라국 사신들이 일본으로 항해할 때 계절풍을 그다지 의식하지 않았음을 보여준다. 연해를 따라 이동하다가 쓰시마나 이키섬을 경유하는 징검다리 항로는 도항거리가 짧기 때문에 계절풍이 아니더라도 필요한 바람을 수시로 얻을 수 있기 때문이다.[70] 다시 말해 7세기 후반 일본을 방문한 탐라국의 사신들은 연륙항로를 통해 한반도 남서부 지역으로 건너간 후 한반도 남부 연안을 따라 동쪽으로 이동해 대마도와 이키섬을 지나 규슈 북부지역에 내착하는 연안항로를 이용했던 것이다.[71]

---

69 『北史』 권94, 列傳82 倭, "明年(大業 4년, 608) 上遣文林郎裴世淸使倭國 度百濟 行至竹島 南望耽羅國 經都斯麻國 逈在大海中 又東至一支國 又至竹斯國 又東至秦王國 其人同於華夏 以爲夷洲 疑不能明也 又經十餘國 達於海岸 自竹斯國以東 皆附庸於倭".

70 정진술, 앞의 책, 2009, 399~401쪽.

71 해류와 바람의 흐름을 이용하여 제주에서 규슈로의 직접 항해가 가능했다는 주장을 참고한다면(윤명철, 앞의 책, 2002) 일본으로의 직항로 이용 가능성을 굳이 배제할 필요는 없다. 다만 사료에 기재된 7세기 후반 탐라국의 공식 대일본교섭 항로로 한정한다면 제주-규슈 직항로의 이용은 상정하기 곤란하다.

Ⅴ. 맺음말

지금까지의 검토 내용을 간략하게 정리하는 것으로 결론을 갈음하고자 한다. 탐라국이 활약하던 시대에 황해를 중심으로 한 항로는 북부 연안항로와 중부 횡단항로, 그리고 남부 사단항로 등이 개척되어 이용되고 있었다. 신석기시대부터 이용된 북부 연안항로는 육지에 근접하여 항해하기 때문에 다른 항로에 비해 상대적으로 안전한 항로였다. 중부 횡단항로는 한반도와 중국대륙 사이를 최단거리 직선으로 연결하는 항로로, 삼국시대 고구려의 연안항로 차단에 대응하여 백제와 신라가 새롭게 개척하였다. 이 항로는 삼국통일전쟁 이후에도 신라와 당의 사신은 물론이고 일본사신까지 당과의 교류에서 지속적으로 이용되었다. 황해 남부 사단항로는 한반도 서남단에서 중국의 長江, 혹은 浙江 하구까지 황해를 비스듬히 가로지르는 신항로로 9세기 전반 장보고로 대표되는 신라상인들에 의해서 개척되었다. 이 항로는 신라 멸망 이후에도 고려와 송의 사신들이 왕래에 적극적으로 활용하였다.

한편, 탐라국은 5세기 후반 백제와 처음 통교하여 약 200년 가까이 신속관계를 맺었다. 660년 백제 멸망 직후 7세기 후반의 탐라국은 당과 신라, 백제부흥운동군, 그리고 일본 등 주변국들과의 새로운 외교 노선의 정립을 모색하였고, 결국 679년 신라와의 복속 관계를 확정한 뒤 신라말까지 이 같은 양국관계를 유지하였다. 10세기 초 신라가 쇠락하고 후삼국시대가 도래하자 탐라국은 925년 대상국을 바꿔 고려에 다시금 복속하기 시작하였다. 이후 藩國의 지위에서 고려와 관계를 유지하다가, 1105년 고려가 탐라국을 자국의 郡으로 편재하면서 탐라국의 역사는 종언을 맞게 되었다.

탐라국과의 공식적인 교섭이 확인되는 국가는 백제·신라·고려·당·일본(왜국) 등 모두 다섯 곳이다. 그리고 이들은 지리적 입지에 따라서 ① 한반도에 위치한 국가, ②중국대륙에 위치한 국가, ③일본열도에 위치한 국가로 대별된다. 탐라국과 백제·신라·고려 등의 국가들은 상호 교섭을 위해서 제주도 북부-楸子島-한반도 서남부를 잇는 연륙항로를 이용하였다. 탐라는 7세기 중반 1차례 사신을 당에 파견한 바 있는데, 당시의 탐라국 사신은 연륙항로를 이용해 한반도 남서부 지역으로 건너간 후, 한반도 서부 연안을 따라 북상하다가 남양만을 거쳐 황해 중부 횡단항로를 이용하였을 것이다. 7세기 중·후반에 집중되었던 일본과의 교섭에서는 연륙항로를 통해 한반도 남서부 지역으로 건너간 후, 다시 한반도 남부 연안을 따라 이동해 대마도와 이키섬을 지나 규슈 북부지역에 내착하는 연안항로를 이용하였다.

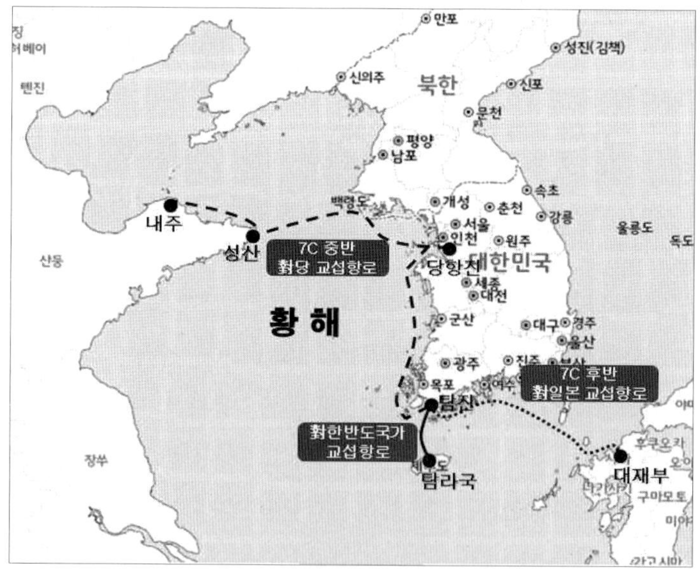

[그림 4] 탐라국의 교섭 대상별 대외항로

참고문헌

1. 사료

『三國史記』『高麗史』『道路考』『海東繹史』『冲庵先生集』「廣照寺眞澈大師塔碑銘」「鳳巖寺靜眞大師圓悟塔碑銘」

『史記』『三國志』『北史』『舊唐書』『新唐書』『册府元龜』『宋史』『日本書紀』『續日本紀』『入唐求法巡禮行記』『宣和奉使高麗圖經』『淸史稿』

2. 연구논저

강봉룡, 『바다에 새겨진 한국사』, 한얼미디어, 2005.

강창화, 「濟州 法華寺址의 考古學的 硏究」, 『濟州歷史硏究』, 2000.

康昌和, 「古代 耽羅의 實體와 物資의 交流」, 『동아시아 역사상과 우리 문화의 형성』, 경인문화사, 2005.

고경석, 「신라의 對中 해상교통로 연구」, 『新羅史學報』 21, 2011.

谷森饒男, 「日唐の交通路に就いて」, 『史學雜誌』 26-5, 1915.

국립제주박물관 편, 『유적과 유물을 통해 본 제주의 역사와 문화』, 서경, 2009.

권덕영, 『신라의 바다 황해』, 일조각, 2012.

권오영, 「고대 제주와 동아시아」, 『유적과 유물을 통해 본 제주의 역사와 문화』, 서경, 2009.

金慶柱, 「耽羅 前期의 聚落構造와 社會相」, 『耽羅文化』 57, 2018.

金文經, 「張保皐와 法華三寺」, 『신해양시대 제주도 국제자유도시 건설에 따른 법화사지 복원의 현대적 의미』, 제주불교사회문화원, 2000.

金在瑾, 「韓國·中國·日本 古代의 船舶과 航海術」, 『震檀學報』 68, 1989.

김창겸, 「당에서 신라를 다녀간 사신들의 항로와 해양경험 - ≪태평광기≫를 중심으로 -」, 『新羅史學報』 17, 2009.

류명환, 『여암 신경준과 역주 道路考』, 도서출판 역사문화, 2014.

木宮泰彦, 『日支交通史』 上, 金剌芳流堂, 1926.

文明大, 「地方文化財 濟州法華寺 復元을 爲한 學術세미나 요지」, 西歸浦市·法華寺復元推進委員會, 1985.

박종욱, 「백제의 對中國交涉 航路 - 고구려의 해상 차단 관련 기록을 중심으로 -」, 『百濟學報』 19, 2017.

森公章, 「古代耽羅の歷史と日本 - 7世紀後半を中心として -」, 『朝鮮學報』 118, 1986.

孫兌鉉·李永澤, 「遣使航運時代에 關한 硏究」, 『韓國海洋大 論文集』 16, 1981.

申瑩植, 「韓國古代의 西海交涉史」, 『國史館論叢』 2, 1989.

윤명철, 「제주도의 해양교류와 대외항로」, 『한민족의 해양활동과 동아지중해』, 2002.

이청규, 『해상활동의 고고학적 기원과 전개』, 景仁文化社, 2016.

International Hydrographic Organization, *Limits of Oceans and Seas 3rd Edition*, 1953.

임동민, 「백제와 동진의 교섭 항로」, 『百濟學報』 17, 百濟學會, 2016.

장일규, 「나말여초 서해 항로와 평택」, 『新羅史學報』 34, 2015.

전덕재, 「新羅의 對中·日 交通路와 그 變遷」, 『역사와 담론』 65, 湖西史學會, 2013.

정진술, 『한국의 고대 해상교통로』, 韓國海洋戰略硏究所, 2009.

진영일, 「고대 탐라국의 대외관계」, 『耽羅文化』 30, 2007.

崔夢龍, 「考古學資料를 통해 본 黃海交涉史硏究 序說」, 『震檀學報』 66, 1988.

______, 「上古史의 西海交涉史 硏究」, 『國史館論叢』 3, 1989.

3. 발굴보고서 및 도록

國立濟州博物館, 『濟州의 歷史와 文化』, 통천문화사, 2001.

李淸圭·康昌和, 『濟州市龍潭洞遺蹟』, 濟州大學校博物館·濟州市, 1993.

찾아보기

|가|

|나|

|다|

|라|

|마|

|바|

|사|

|아|

|자|

|차|

|타|

|파|

|하|

|기타|

필자 소개(집필순)

채 미 하　고려대학교 동아시아문화교류연구소 연구교수
김 경 주　제주문화유산연구원 부원장
장 창 은　제주대학교 사학과 조교수
박 남 수　동국대 동국역사문화연구소 연구원
이 유 진　숭실대학교 초빙교수
최 희 준　고려대학교 한국사연구소 연구교수

탐라문화학술총서 22
[탐라 천 년, 제주 천 년 01]

고대 동아시아와 탐라

초판 인쇄　2019년 3월 22일
초판 발행　2019년 3월 29일

집필자 채미하·김경주·장창은·박남수·이유진·최희준
발행인 한정희
발행처 경인문화사
총괄이사 김환기
편집부 한명진 김지선 박수진 유지혜
관리·영업부 전병관 하재일 유인순
출판신고 제406-1973-000003호
주 소 경기도 파주시 회동길 445-1 경인빌딩 B동 4층
전 화 031-955-9300 / 팩 스 031-955-9310
ISBN 978-89-499-4801-0 93910
가 격 20,000원